Malachit

IMPRESSUM

Verlag Akademie-der-Abenteuer
Boris Pfeiffer, Pfalzburger Straße 10, 10719 Berlin
E-Mail: info@verlag-akademie-der-abenteuer.de

© Verlag Akademie-der-Abenteuer, Berlin 2024
1. Auflage
Umschlaggestaltung: Michèle Meister unter Verwendung
eines Bildes von Marika Voss
Satz: Michèle Meister
Herstellung: Verlag Akademie-der-Abenteuer
Druck und Bindung: BoD GmbH, Norderstedt
www.verlagakademie.de

ISBN (print): 978-3-98530-140-9

Printed in Germany

Heide Damaschun

MALACHIT

**Geschichte über einen Bodenschatz, Bergleute,
Steinschneider und eine Dämonin**

mit Kollagen von Marika Voss

Eine Erinnerung an Pawel Bashows (1879-1950) Erzählwerk

Es lag einige Jahre zurück, als mir in der Bibliothek ein Geschichtenbuch in russischer Sprache mit dem Titel „Малахитовая Шкатулка" (Die Malachitschatulle)[1] von Pawel Bashow (1879-1950) in die Hände fiel. Die Große Sowjetische Enzyklopädie schrieb über den mir damals unbekannten russisch-sowjetischen Schriftsteller folgendes: „[...] Autor des Essaybuches „Erzählungen aus dem Ural" (1924) und fünf weiterer Essaybücher, hauptsächlich über Revolutionsgeschichte und Bürgerkrieg im Ural und in Sibirien, außerdem Autor der autobiografischen Erzählungen „Die grüne Heuschrecke" (1939) und „Fern und doch nah" (1949). Hauptwerk Bashows: Erzählungssammlung „Die Malachitschatulle" (Swerdlowsk, 1939), später ergänzt durch neue Geschichten aus den Sammlungen „Der Schlüsselstein" (1942), „Erzählungen der Ausländer" (1943) [...] Nach Motiven der Erzählungen entstanden der Kinofilm „Die Edelsteinblume" (1946), S.S. Prokofjews Ballett „Die Geschichte von der Edelsteinblume" (aufgef.1954), die gleichnamige Oper von K.B. Moltschanow (aufgef.1950) sowie zahlreiche Werke der Musik, Bildhauerei, Malerei."[2]

Der Schriftsteller weckte mein Interesse. Prokofjews Ballett war mir bekannt, und von dem Kinofilm über die Edelsteinblume hatte ich schon gehört. Viele Menschen im Nachkriegsdeutschland haben den Film angesehen. In Berlin kam er 1947 in die Kinos und lief gleichzeitig in allen vier Sektoren der geteilten Stadt.[3] Zudem konnten sich einige von mir befragte ältere Menschen erinnern, als Kind die Geschichte von der Malachitschatulle gelesen zu haben. Die Erinnerung an den Namen des Literaten, aus dessen Feder der Stoff stammte, war jedoch verblasst. Im Laufe der Jahre blieb offensichtlich die Bekanntheit seines Namens hinter der Bekanntheit seines Werkes zurück.

Anders als in Deutschland erfreuen sich Bashow und die Erzählungen aus dem Ural[4] in seiner Heimat, dem Mittleren Ural, einer ähnlich

---

1 Bashow, P.P.: Malachitovaja Skatulka. Moskva: Chudozestvennaja Literatura. 1992
2 Bolsaja Sovetskaja Enciklopedija. Moskva 1970. 3. Auflage, Band 2, S. 521
3 Der Spiegel, Nr. 16, 19. April 1947, S. 20
4 Bashows Erzählungen als Gesamtwerk werden mitunter nach dem Titel seines ersten,

Malachit aus Gumeschewsk,
Foto: Ferdinand Damaschun

großen Popularität und Beliebtheit wie es für die Gebrüder Grimm und die Kinder- und Hausmärchen im deutschen Sprachraum zutrifft.

Sowohl Bashow als auch Jacob (1785-1863) und Wilhelm Grimm (1786-1859) schufen mit ihren Oeuvres populäre Textsammlungen, die zur Herausbildung der kulturellen Identität vieler Menschen beitrugen, die Gebrüder Grimm im 19. Jahrhundert und Bashow mehr als einhundert Jahre später.

Bashow wurde von dem Drang geleitet, die traditionelle Erzählkultur der Hüttenwerksdörfer im Mittleren Ural vor dem Vergessen zu bewahren. Er ging an den Ursprung der Volkserzählungen – in die Bergwerke und Fabriken - und ließ Bergleute, Schürfer, Fabrikarbeiter oder Malachitschleifer zu Wort kommen. In ihrer angestammten Sprache, dem Dialekt der Gebirgsregion, erzählten sie die über viele Generationen weitergegebenen Geschichten, mit denen auch Bashow schon von Kindesbeinen an vertraut war. Während vieler Jahre hielt er das Gehörte fest und gab den Schilderungen der Erzähler später eine Schriftform. Inwieweit Bashow neben der Dokumentation des Erzählten außerdem auf bereits vorhandene volkskundliche Textsammlungen zurückgriff sowie seine Arbeitsmethoden sind Gegenstand der kulturwissenschaftlichen Forschung. Das betrifft ebenso das Umformen der gesprochenen Texte oder das Ergänzen durch eigene Ausführungen. Im Unterschied zu Bashows Motivation sammelten Jacob und Wilhelm Grimm aus wissenschaftlichem Interesse Volkserzählungen und Mythen. Auch sie gingen vorwiegend auf mündlich überlieferte Quellen zurück, rekonstruierten und bearbeiteten die Texte über einen Zeitraum von mehr als vierzig Jahren, schrieben neue Geschichten und hinterließen der Nachwelt die Kinder- und Hausmärchen. Ungeachtet der Arbeitsweise der Autoren bei der Ausarbeitung der Texte oder der literatur- und kulturwissenschaftlichen Einordnung sind im Ergebnis sinnstiftende literarische Werke entstanden, die für die Menschen auch heute noch Gültigkeit haben.

Ein Grund, warum der Literat Bashow in Russland als der große uralische Schriftsteller geschätzt wird, liegt zweifelsohne in dem

---

1924 erschienenen Essaybuches als „Erzählungen aus dem Ural" bezeichnet. Daneben findet man je nach Übersetzung die Titelvarianten Geschichten aus dem Ural, Sagen aus dem Ural oder Märchen aus dem Ural.

Zauber, der vornehmlich von den mystischen Passagen in den frühen Bergmannserzählungen ausgeht. Zugleich sind es Anstand und Achtung gegenüber dem Leben der einfachen Leute, die Bashows Erzählwerk prägen und die seine Popularität ausmachen. In einem Land, in dem jahrhundertelang ein Mensch nichts bedeutete, und schon gar nicht ein Bergmann oder Fabrikarbeiter, traten dieselben in das Zentrum der Handlungen, und sie wurden obendrein selbst zu Erzählern. Als 1939 die erste große Textsammlung mit dem Titel „Die Malachitschatulle" erschien, war das eine Neuheit im gesellschaftlichen Diskurs. Bis zur Oktoberrevolution wurde die russische Literatur durch den Adel beziehungsweise die gebildete Oberschicht repräsentiert. Arbeiterliteratur in Verbindung mit dem Bewusstsein des Wertes von literarischem Volksschaffen war erst im Entstehen begriffen. Zudem erwies sich die verbale Kreativität von Berufsgruppen wie Bergleuten, Schürfern, Hüttenwerksarbeitern und Steinschneidern als ein neues und einzigartiges Phänomen.

Augenfällig bei der literarischen und künstlerischen Reflektion der volkstümlichen Texte ist das künstlerische Interesse der Interpreten an der mystischen Figur der Herrin des Kupferberges, ihres unterirdischen Gartens und der geheimnisvollen Edelsteinblume. Die Malachitniza und andere mystische Wesen, die der Phantasie der Bergleute entsprangen, hatten überwiegend eine Rezeption der Texte als Märchen zur Folge, zweifellos gespeist von der uralten düsteren Faszination der Menschen für Bergwerke. Schon die erste Inaugenscheinnahme der Erzählungen ergab, dass die Herrin des Kupferberges beileibe keine liebliche Märchenfee ist. Im Gegenteil. Die Bergleute fürchteten die Dämonin. In der Figur spiegelten sich sowohl die unterirdische Natur der Kupfererzlagerstätte als auch die Arbeits- und Lebenswelten der Erzählenden. Ich begann zu ahnen, welche verborgenen Schätze die Erzählungen aus dem Ural bei einer intensiven Auseinandersetzung mit den Texten offenbaren würden. Tatsächlich erwies sich das Oeuvre Bashows als Fundgrube von Wissen über Naturräume, soziale Verhältnisse oder die Montangeschichte der Region des Mittleren Urals während bedeutender Jahrzehnte der Industrialisierung in Russland. In diesem Licht gesehen war das Leben in den Hüttenwerksdörfern auf einmal nicht mehr märchenhaft schön oder voll von romantischem Zauber. Es schien mir jedoch, dass sich gerade in der Art der Realitätssicht der Erzählenden die Einzigartigkeit und der Wert ihres kulturellen Vermächtnisses zeigten. Die Schlussfolgerung lag nahe, den betreffenden Ausschnitt aus der Montan- und Regionalgeschichte des Mittleren Urals im Dialog mit dem Erzählwerk Bashows neu zu betrachten. Vor allem die Geschichten des Kupferberg-Zyklus' ermöglichen den Leserinnen und Lesern sach- und zeitbezogene Einblicke in die natürlichen und gesellschaftlichen Räume während der zweiten Hälfte des 18. und der ersten Hälfte des 19. Jahrhunderts. Eine Kenntnis der rezipierten Erzählungen ist für das Verständnis der Abhandlung nicht erforderlich. Umfangreiche Textabschnitte werden zitiert und in Essayform kommentiert. Die Berichte von Zeitzeugen, Naturwissenschaftlern und Historikern ergänzen die Schilderungen der Erzähler und unterstreichen ihre Authentizität.

Heide Damaschun im März 2023

Herrin des Kupferberges eins, Collage, 12x15, 2019 (Ausschnitt Eidechsen)

Herrin des Kupferberges acht, Collage, 31,5x24,5, 2019

INHALT

INHALT

Dorfstraße mit Baum, Aquarell, 23x24

Uralischer Wald, Aquarell, 32x24

KAPITEL

01

Das Uralgebirge – unberührter Naturraum, Lebensraum und Quelle von Legenden

Das Uralgebirge, die natürliche Umwelt der Personen, von denen die folgenden Geschichten handeln, steht an zehnter Stelle der längsten Gebirge der Welt. Es bildet die von der Natur gegebene Grenze zwischen dem europäischen und dem asiatischen Kontinent.[5] Eine differenziertere Annäherung an den riesigen Steinkoloss ermöglicht das Studium seiner Topographie.

Der Uralreisende Falk bezeichnete den Ural Ende der 1760er Jahre als weltberühmtes Grenzgebirge Europas und Asiens, welches vom Eismeer mit großer Ausdehnung nach Süden bis in die Gegend zwischen der Wolga und dem Uralfluss streicht.[6] Insgesamt 2400 Kilometer beträgt seine Länge. Von Norden nach Süden wird der Ural von vierzig geographischen Breitenkreisen umspannt. Im 18. Jahrhundert pflegte man das Gebirge zu unterteilen in den Nordural, den Kathrinenburgischen und den Baschkirischen Ural.[7] Heute sind die Bezeichnungen Nordural, Mittlerer Ural oder Erzural sowie Südural gebräuchlich.

Im hohen Norden schließen sich direkt an die Karasee der Polarural sowie der Subpolarural als Vorläufer des Nordurals an. Während im Polarural und Subpolarural flaches Land dominieren, erreichen die Berge im Nordural eine Höhe von fast zweitausend Metern und formen ein Hochgebirge. Vom Konstantinow Kamen, der sich mit 483 Metern kurz vor der Karasee aus der Ebene erhebt, steigt die Bergkette stetig an. Zu den ersten wissenschaftlichen Beschreibungen des Nordurals gehören die Aufzeichnungen der Russischen Geografischen Gesellschaft

---

5   Der europäische Kontinent ist im Westen, Norden und Süden durch Meere begrenzt. Dagegen ist die Grenze zum asiatischen Kontinent im Osten nicht so leicht zu bestimmen. Infolgedessen hat im Jahre 1730 der schwedische Geograf Philip Johan von Strahlenberg (1676 – 1747) vorgeschlagen, dass das Uralgebirge die geografische Grenze zwischen Europa und Asien bilden sollte, was von Zarin Anna (1730-40) und der Akademie der Wissenschaften in Sankt Petersburg anerkannt wurde.

6   Falk, Johann Peter: Beyträge zur topographischen Kenntniß des Rußischen Reichs. Band 1-III. Akademie der Wissenschaften, Berlin 1785, S. 218

7   Ebenda

von 1846. Ihre Expedition erbrachte der Nachweis einer ununterbrochenen Wasserscheidelinie[8] in diesem Gebirgsteil.[9] Das Auge der Forscher traf auf ein unendliches Meer von Wäldern, durchschnitten von schlangenähnlichen Flüssen. Sie empfanden die Gebirgszüge als äußerst steil und die Bergspitzen als scharf. Es schien ihnen, dass jeder Gebirgszug wie aus dem Nichts aus der Tundra aufstiege.[10] Neben den Flussläufen und Gebirgskämmen prägen Gletscher und tiefe Täler die Landschaft. Wegen der dichten Bewaldung und des sehr rauen Klimas ist der Norden des Uralgebirges nur dünn besiedelt.

Der zwischen Nord- und Südural liegende Mittlere Ural hat den Charakter eines Mittelgebirges. An den Berghängen gibt es hohe, teils morastige Flächen, auf denen die saftigsten Kräuter gedeihen. Die Hänge fallen sanft und sind nicht ganz so dicht bewaldet wie im Norden. Das Klima ist ebenfalls rau und erschwert oder verhindert den Ackerbau. Inmitten dieser Landschaft befindet sich der Kupferberg, das geographische Zentrum des Reiches der mythischen Gestalt der Herrin des Kupferberges.

Der Südural wurde Mitte des 18. Jahrhunderts von Uralreisenden als ein wildes, mit Fichten, Tannen, Lerchen, Birken und Erlen bewaldetes Gebirge beschrieben. Es gibt hier wie im fernen Norden sehr hohe Berge, aber auch sanftere Erhebungen, und nasse Niederungen formen die Landschaft. Die hohen Berge sind mit den europäischen Alpen vergleichbar. Auf den höchsten Gipfeln liegt während des ganzen Jahres Schnee. Verbreitet sind außer unzähligen Quellen und Bächen auch kleine Gebirgsseen mit hellem, sehr kaltem Wasser. Wegen der natürlichen Rauigkeit des Gebirges ist es eher dünn besiedelt und für Landwirtschaft wenig geeignet, anders als die westlichen und südlichen Vorgebirge des Urals mit ihrem milden Klima, wo Ackerbau und Viehzucht betrieben werden.[11] Weiter südlich in Richtung Kasachstan dehnt sich die Steppe aus. Die Übergänge zwischen den beschriebenen

---

8 Die oberirdische Wasserscheidelinie des Uralgebirges trennt die Niederschlags-Einzugsgebiete der Flüsse auf den westlichen und den östlichen Berghängen und bildet eine imaginäre Grenze zwischen Europa und Asien.

9 Elsner, R.: Eine Grenze mitten in Russlands unendlichen Weiten: Der Ural. In: OWEP 1/2017. www.owep.de, aufgerufen am 20.1.2022

10 Ebenda

11 Falk, Johann Peter: Beyträge zur topographischen Kenntniß, S. 221

Teilen des Uralgebirges sind fließend; es gibt keine definierten Grenzlinien.

Nicht allein die Oberfläche und die räumliche Ausdehnung machen das riesige Gebirge außergewöhnlich. Seine Naturräume muten geradezu wie ein extravaganter Schöpfungsakt von Mutter Erde an. Der Mittlere Ural, über den im Folgenden erzählt wird, verdient in dem Zusammenhang besondere Aufmerksamkeit. Eine kurze, aber sehr poetische Beschreibung der Einzigartigkeit der dortigen Landschaft stammt von der Schriftstellerin Marietta Shaginyan.

„Auf Schritt und Tritt begegnet man einer neuen Erfindung der Natur, trifft auf eine Gebirgskette oder taucht tief in einen Schwarzwald ein, wo die Kiefern rein und weitverzweigt sind... Man erklimmt einen Hügel und erblickt riesige Täler bis zum Horizont. Dann erreicht man plötzlich eine Schlucht, überquert einen smaragdgrünen Fluss, der durchsichtig ist wie ein Bergkristall oder passiert ein Dickicht aus grüngoldenen Büschen an einem blauen See. Der See liegt ganz ruhig ... Keine Seele, kein Rauch, kein Fußabdruck auf dem Sand ... Die Stille ist verträumt, geheimnisvoll."[12]

In den Bergen entspringen unzählige Quellen, die hunderte von Flüssen speisen. Sie ergießen ihr Wasser in eine endlose Zahl von Seen, oder sie fließen unterirdisch und bilden Moorlandschaften und Sümpfe.

Viele der bizarren Berge sind keine gewöhnlichen Berge aus Deck-Erde, Felsgestein, Schiefer oder Quarz, sondern sie bestehen vollständig aus Mineralerzen. Einige beherbergen unvorstellbar reiche Erzvorkommen in ihrem Inneren. Das Schiefergebirge im Zentrum des Mittleren Urals nahe bei Jekaterinburg zum Beispiel enthält Kupfererze, auch Bleiglanz mit Silber. Östlich von Jekaterinburg, an dem Fluss Sysert, lagern Gold-, Kupfer-, Blei- und Eisenerze. Am reichsten ist der Mittlere Ural an Eisenerzen, die in dem waldigen Gebirge gleich unter dem Rasen und der Deck-Erde an unzähligen Orten gefunden wurden.[13]

Ähnliches wie der Uralreisende Falck, der diese Beobachtung

---

12 Sorokino, L.: Sohn des arbeitenden Urals. In: Bashow, P.P.: Malachitovaja Skatulka, Moskva 1992, S.3
13 Falk, Johann Peter: Beyträge zur topographischen Kenntniß, S. 221

gemacht hat, stellte auch der Mineraloge Lepechin im Jahr 1770 fest. Der Forscher hat außerdem in seinen Aufzeichnungen vermerkt, dass auf den unbewachsenen Stellen der Berge zahllose Stücke von rötlichem Eisenerz im Gelände aufgetürmt lagen.[14] Das war nicht durch Zauberhand geschehen, sondern das Ergebnis der starken Verwitterung der Mineralerz-Berge infolge des rauen und wechselvollen Gebirgsklimas und des Einwirkens großer Mengen von Niederschlagswasser. So ist auch zu erklären, dass im Mittleren Ural unzählige Höhlen zu finden sind, wie beispielsweise die Höhle im Eisberg nahe bei Kungur. Lepechin beschrieb, dass ihr Eingang selbst in den Sommermonaten durch eine dicke Eisschicht verstopft war. Einige Höhlen bilden weit verzweigte Höhlensysteme mit Grotten und unterirdischen Seen.

Wie sich diese Natur auch von einer gefährlichen Seite zeigen konnte und das Leben der hier ansässigen Menschen bedrohte, illustriert Lepechins Schilderung nächtlicher Ereignisse vom 14. Juni 1770:

Die Dunkelheit war eingebrochen. Einige Reisende hatten es vorgezogen, in dem Dörfchen namens Aisabai zu übernachten. Sie beunruhigten sich zunehmend durch ein aufziehendes Gewitter mit entsetzlichen und unaufhörlichen Regengüssen, begleitet von Donnerschlägen einer fast unerträglichen Lautstärke. Bei jedem Blitz und Knall erwarteten sie ihr letztes Stündchen. Die umliegenden Berge und Klüfte des Gebirges schienen den Knall der Donnerschläge zu verdoppeln. Das Hornvieh brüllte, die Pferde wieherten, die Schafe blökten, und dazu erfüllte das Heulen der Hunde den Raum. Keiner hatte je in seinem Leben etwas Ähnliches erlebt.[15]

Die Stärke des Gewitters war offenbar durch die Eisenerzberge vor dem Dorfe verursacht worden. Bei Tagesanbruch zeigte sich, dass die Herberge unversehrt geblieben war, aber der nächststehende Berg hatte seinen Gipfel verloren. Er lag am Boden, in zahllose Teile zerfallen.

Viele der ruinenähnlichen Bergriffe im Mittleren Ural sind durch Blitzschläge getroffen und zertrümmert worden. Die so entstandenen

---

14 Lepechin, I.: Tagebuch der Reise durch verschiedene Provinzen des russischen Reiches im Jahr 1770. Zweiter Teil. Altenburg 1775, S. 95

15 Ebenda, S. 81

Spalten im Gebirge gaben dem Wasser freien Lauf und beschleunigten die Verwitterung des Bergkörpers. Noch Mitte des 18. Jahrhunderts lagen an unzähligen Orten des Gebirges die Mineralerzbrocken lose verstreut oder aufgeschichtet in der Landschaft. Es verwundert nicht, dass dieser Gebirgsteil des Urals auch als Erzural bezeichnet wird.

Der außergewöhnliche Reichtum an Bodenschätzen in dem Mittleren Ural führte dazu, dass die Menschen schon in Vorzeiten aus den leicht zu gewinnenden Erzen Metall in kleinen Rennherden schmolzen. Das sind Lehmöfen, die mit Gestein verkleidet waren. Das Erz wurde zusammen mit Holzkohle eingefüllt und unter Feuer gesetzt. Durch Blasebälge führte man Luft zu, so dass beim Verbrennen hohe Temperaturen entstanden, und das Kupfer oder Eisen schmolz. Es blieb im Ofen zurück. Weil es noch mit Schlacke versetzt war, wurde es als Renneisen bezeichnet. Um aus dem Renneisen Metallgegenstände, Werkzeuge oder Waffen herzustellen, mussten die Schlackenreste mechanisch, mittels Durchschmiedens, entfernt werden.

War die Technologie des Metallschmelzens aus Mineralerzen erst einmal bekannt, wuchsen auch die Möglichkeiten der Weiterverarbeitung. Es gab keinen Mangel an Rohstoffen. Die auf dem Boden liegenden Erzbrocken mussten nur gesammelt werden, um aus ihnen Metalle zu gewinnen. Als diese Vorräte verbraucht waren, gingen die Menschen dazu über, die direkt an der Erdoberfläche liegenden Erzvorkommen für ihre Zwecke zu nutzen. An das Erz zu gelangen, war nicht schwierig. Es musste nur die obere Deck-Erde entfernt werden, „der Rasen", wie der Uralreisende Falck schrieb. Danach konnten die Mineralerze ohne großen Aufwand im Tagebau geschlagen und verarbeitet werden.

So wandelten sich die unberührten Naturräume bereits mit dem Beginn der geschichtlichen Zeit zu Lebens- und Wirtschaftsräumen der Menschen. Vor allem während der ersten Jahrzehnte des 18. Jahrhunderts hat die ursprüngliche und weitgehend unberührte Urallandschaft des Mittleren Urals durch das rasche Wachstum von Bergbau und Schwerindustrie zusehends die Form der heutigen Kulturlandschaft angenommen.

Damit ging einher, dass die veränderten geographischen Landschaften und Lebensräume poetisch reflektiert wurden in

Bildern der Phantasie, in Legenden oder Mythen. Sie spiegelten sich zudem in den Traditionen der Uralbewohner. Auch ihre kulturellen Überlieferungen sind geeignet, sich eine Vorstellung von den Eigenheiten des riesigen Gebirges zu machen. Jedes der im Uralgebirge ansässigen Bergvölker, der Mansen, Udmurten, Tataren, Baschkiren oder Kirgisen hat seine eigenen Erzählungen und Traditionen, die sowohl dem Wohlergehen des Clans dienten als auch dem Bewahren und Überliefern von Geschichte und Kultur.

Eine Legende über eine schwarze Schlange, die für die Baschkiren ein bedeutendes Tier ist, hat der Uralreisende Lepechin in seinem Tagebuch notiert. Das Gift dieser Schlange fügt den Menschen und den Tierherden großen Schaden zu, und es kann auch tödlich wirken. Die Tradition verlangt, dass jeder Baschkire die Pflicht hat, wenn er eine solche Schlange sieht, sie zu töten. Den Kopf des Tieres muss er mit einem Pfeil an den Erdboden heften. Die Baschkiren glaubten, dass andere schwarze Schlangen zu der Getöteten kämen und eine heilende Wurzel mitbrächten. Sie legten sie auf die Wunden und erweckten die Tote wieder zum Leben.[16]

Legenden von dem großen Schlangendrachen oder der kleinen himmelblauen Schlange haben auch die Russen in ihren Volkserzählungen weitergegeben.

Eine andere Tradition der Baschkiren betraf den Berg Tura-Tau, den dieses Volk als heilig verehrte. Fremde durften den Berg nicht betreten. Ein tatarischer Besucher setzte sich über das Tabu hinweg und betrat das geheiligte Gelände, was ihm teuer zu stehen kam. Seine ganze Familie ist innerhalb kurzer Zeit verstorben, zuerst sein Sohn. Bei dem Dahinscheiden habe der junge Mann erzählt, dass er verschiedene Raubtiere gesehen hätte, die von dem heiligen Berg heruntergerannt wären und die seinen Körper zerrissen hätten. Die übrige Familie soll dasselbe grausame Schicksal ereilt haben.

Erzählt wurde auch noch vom einem Mann, der einen Fuchs gejagt und den Berg verhöhnt hätte. Er sei wegen seines frevelhaften Tuns von einem buntscheckigen Bären zerrissen worden.[17]

---

16 Ebenda, S. 105
17 Ebenda, S. 20

Fast vor der Haustür von Jekaterinburg befindet sich der Asow-Berg. Er ist Teil eines Gebirgszuges, bestehend aus einer Vielzahl von Felsen, von denen jeder auf seine eigene Weise schön ist. Ein Berg sieht aus wie ein schlafender Drache, auf dessen Rücken man klettern und die Umgebung bewundern kann, ein anderer hat die Form eines gefrorenen Kriegers. Es gibt einen Felsen, der wie ein Baum aussieht, der aus dem Boden zu wachsen scheint. Der Hauptgipfel des Felsmassives liegt 589 Meter über dem Meeresspiegel. Man sagt, dass der Asow-Berg seinen Namen wegen seiner felsigen Spitzen erhielt. „Asow" bedeutet übersetzt «Zahn».

Der Asow-Berg hat heute den Ruf eines heiligen Ortes, über den es eine Vielzahl von Legenden gibt, unter anderem über den Räuber Asow, der sich hier versteckt hielt oder über das Mädchen Asowka. Dem Volk der Mansen soll der Berg in Vorzeiten als Opferstätte gedient haben, und die Alteingesessenen erzählen, dass in einer Höhle des Bergmassivs ein Schatz aus alten Messern, Kultfiguren und Götzenbildern gefunden wurde.[18] Der Höhleneingang aber sei schon lange verschüttet. So ist es nur folgerichtig, dass der große uralische Schriftsteller Pawel Bashow der Nachwelt zwei phantastische Erzählungen über diese Höhle und das Mädchen Asowka überliefert hat.

In beiden Erzählungen geht es um ein altes Volk, das in einer Höhle des Asow-Berges gelebt hat, wahrscheinlich das Volk der Tschuden, das wiederum selbst Gegenstand einer Reihe anderer Legenden ist. Die zahlreichen Goldvorkommen der Gegend hatten für das alte Volk keine große Bedeutung, doch das Gold lockte Söldner, Händler oder Goldschürfer auf der Suche nach Reichtum an. Ein verwundeter Krieger der Kosaken, der von der schönen Asowka, Tochter des Stammesältesten, gepflegt und geliebt wird, macht dem Volk die schädlichen Folgen dieses Metalls für seine Lebensweise klar. Das alte Volk verlässt ohne die schöne Asowka die angestammte Heimat, zieht in den Norden, nachdem Gold und Edelsteine in die Höhle gebracht und versteckt worden sind. Der Krieger stirbt, der Eingang der Höhle schließt sich, und seitdem bewacht die traurige Asowka das Gold ihres Volkes.

---

18 Tatsächlich wurden 1940 einige solcher Artefakte gefunden, die in Museen von Jekaterinburg und Polewskoi aufbewahrt werden.

23

Eine dem Mädchen Asowka ähnliche mystische Figur ist die Herrin des Kupferberges, über die sich die Bergleute und die Malachitschneider verschiedene Legenden erzählten. Es ist wiederum Pawel Bashow zu verdanken, dass er die überlieferten Bergmannserzählungen aus dem Umfeld des Kupfererz-Bergbaus in Schriftform gebracht und veröffentlicht hat.

Alle diese Überlieferungen sind aus der natürlichen und sozialen Umwelt ihrer Zeit erwachsen. Der ihnen anhängige Dualismus erlaubt es den heute lebenden Menschen, Wissen über Lebensweise, Arbeit, Kultur oder Traditionen der früheren Generationen zu erlangen. Bashows Erzählwerk im Allgemeinen und die Bergmannserzählungen des Kupferberg-Zyklus' im Besonderen sind in dem Kontext geradezu beispielhaft.

Sie überliefern den Mythos von der Herrin des Kupferberges ebenso wie Informationen über den Bergbau und das Metallschmelzen vor dreihundert Jahren im Syserter Bergwerksbezirk. Die Geschichten bilden Leben und Arbeit der Bergleute in den Hüttenwerksdörfern des Mittleren Urals ab. Sie schildern Schönheiten und Hässlichkeiten bis hin zu der Tatsache, dass es Zeiten gab, als ein Menschenleben nichts bedeutete, obwohl wir nur das eine Leben haben. Beide Erzählstränge dieser Überlieferungen, das Phantastische oder Mystische, und die Natur- und Lebensräume der Bergleute und Malachitmeister werden im Weiteren ausgebreitet.

Den Erzählbogen eröffnen die mystischen Passagen des Kupferberg-Zyklus'. Es werden die Szenarien der Geschichten nacherzählt, in denen das mystische Wesen[19] der Herrin des Kupferberges Gestalt annimmt.

---

19 Als Synonyme für Wesen werden gebraucht: Figur, Charakter, Erscheinung, Dämonin, Geist

Herrin des Kupferberges eins, Collage, 12x15, 2019 (Ausschnitt Köpfe)

KAPITEL

02

Die Herrin des Kupferberges, Phantasiewesen der Bergleute

Die Eigentümerin der Bodenschätze am Kupferberg

Alle Geschichten des Kupferberg-Zyklus' sind in sich abgeschlossen, führen aber Inhalte der anderen Erzählungen weiter oder setzen sie als bekannt voraus. Das betrifft beispielsweise die Orte der Handlungen, die Fabriken des Unternehmers Turtschaninow, und die Region des Mittleren Uralgebirges, in der sich die Geschehnisse ereignet haben. Der Syserter Bergwerksbezirk, etwa 50 Kilometer südlich von Jekaterinburg gelegen, stellt den gemeinsamen geographischen Hintergrund aller Kupferbergerzählungen dar.[20] Hier gibt es zahlreiche Kupfer- und Eisenerz-, Marmor- oder Goldvorkommen. Dementsprechend verkörpert die Kupfererzlagerstätte von Gumeschewsk die geologische und geographische Mitte der Aktivitäten der Herrin des Kupferberges. Das Kupfererzvorkommen von Gumeschewsk ist 1702 wiederentdeckt worden[21]. Die Bergleute gaben der Lagerstätte den Namen Kupferberg, zumal das Kupfererz zu Beginn der Bergbautätigkeit noch bis an die Erdoberfläche reichte und bei Gumeschewsk sogar einen der erwähnten spektakulären Mineralerz-Berge bildete. Die Zeit der Handlungen fällt überwiegend in die zweite Hälfte des 18. und die erste Hälfte des 19. Jahrhunderts. Zudem gibt es Bezüge auf die Gründerjahre der Montanindustrie in den 1700er Jahren und auf das Ende des Turtschaninow-Unternehmens im Jahre 1912.

Wenn die alten Bergleute erzählen, dass das Eisenerzvorkommen des etwa 15 Kilometer nördlich von Gumeschewsk gelegenen Dorfes Krasnaja Gorka der „eiserne Hut" der Herrin sei, dann kann angenommen werden, dass sich ihr Reich weitläufig um den Kupferberg herum ausdehnte. Jedoch fungiert der Kupferberg als der Hotspot des Übergangs zwischen dem Diesseits, der Welt der Lebenden und dem Jenseits, der Welt der Toten und der Steine. Die Zugänge zu der unterirdischen Welt sind durch riesige Gesteinsbrocken verschlossen,

---

20 Aus erzählerischen Gründen bezeichnet die Autorin den Bergwerksbezirk als Kupferbergregion oder als Kupferbergbezirk.
21 Im Kapitel Fünf wird die Geschichte des Bergwerkes ausführlich dargestellt.

die ein Sterblicher nicht überwinden kann ohne das Mitwirken der Herrin. In ihr Reich gelangt man durch lange Treppen, Stollen und einen Steinwald:

„Hohe Bäume ragen empor, aber nicht solche, wie man sie in unseren Wäldern trifft, sondern aus Edelsteinen. Die einen aus Marmor, die anderen aus Serpentinstein. [...] Am Fuße der Bäume wächst Gras, auch aus Edelsteinen. Lichtblau, rot ... in den unterschiedlichsten Farben... Keine Sonne ist zu sehen, aber hell ist es wie vor Sonnenuntergang. Zwischen den Bäumen gleiten goldene Schlänglein tänzelnd dahin. Das Licht geht von ihnen aus."[22]

Hier sind wichtige Merkmale des Reiches der Dämonin beschrieben: ein durch Wald und Stein eingegrenztes Gebiet, unterirdische Lage, Edelsteine und Gold sowie an Stelle von Sonnenlicht reflektiertes Licht aus der Unterwelt. Vereinzelt sind Bergmänner - und einmal eine Frau - in diese Welt gelangt, jedoch meist während eines Schlafzustands oder einer Situation der Schwäche.

Ein vordringliches Anliegen der Herrin ist es, diese schillernden Reichtümer zu bewachen und gegen Übergriffe von außen zu verteidigen, zudem hat sie auch die Bergwerksbesitzer und die Bergleute im Auge.

In der Erzählung *„Herrin des Kupferberges"*, die in der Regel den Kupferberg-Zyklus eröffnet, stehen das mystische Wesen der Herrin und ein Bergmann im Zentrum des Geschehens. Das Aussehen, das Verhalten, die Erscheinungsbilder sowie die Wirkungsorte der Dämonin werden in dieser Geschichte anschaulich gemacht. Die schillernde Beschreibung der Figur vermittelt einen ersten Eindruck von dem, was die alten Bergleute den jungen Männern der nachfolgenden Generationen erzählt haben könnten. Sie erfanden den Namen „Herrin des Kupferberges" und personifizierten auf diese Weise die mystische Erscheinung.

„Herrin des Kupferberges" - darin drückt sich sowohl Status als auch Lebensraum der Figur aus. Das mystische Wesen ist Eigentümerin der Bodenschätze, darunter der Mineralerze des Kupferberges, und in dieser Eigenschaft wacht sie über ihre Besitztümer in der

---

22 P.P. Bashow: Die Malachitschatulle. Märchen aus dem Ural. Verlag für fremdsprachige Literatur: Moskau 1960, S. 79

unterirdischen toten Welt der Steine. Sie beobachtet das Geschehen im Berg, und sie ergreift, wenn es ihr als notwendig erscheint, drastische Maßnahmen gegenüber den Beamten der Bergbehörden oder gegenüber dem Gnädigen Herrn zum Schutz dieser Welt, der Kupfer- und Eisenerzminen, der Minerale und Edelsteine im Erdinneren. Ihr Name wird in den Kupferbergerzählungen selten vollständig erwähnt. Meist wird sie als „Herrin" bezeichnet, zuweilen als die „Steinerne", die „Unholdin" oder nach dem Kupfererzmineral Malachit zudem als „Malachitniza". Im Allgemeinen vermeiden es die Bergleute, den Namen der Herrin auszusprechen oder das unterirdische Reich der Dämonin in irgendeiner Weise zu erwähnen, weil sie großen Respekt vor dem Wesen haben.

Die Macht der Herrin war groß, was sich vornehmlich in den dämonischen Kräften manifestierte, über die sie verfügte. Sie konnte Edelsteine in Wasser verwandeln, so wie umgekehrt, das Wasser der Tränen in Edelsteine verzaubern. Wenn es ihr angeraten erschien, zerstörte sie die edelsten Steine. Übrig blieben Wasser, Pulver oder schrecklicher Gestank.

Die Herrin vermochte es, Berge zu versetzen. Gruben und Schächte stürzten ein oder verschwanden, wenn sie über die Bergwerksbetreiber oder die Bergbeamten des Zarenstaates verärgert war. Sogar ganze Lagerstätten von reichhaltigen Erzen konnte sie im Handumdrehen in das Erdinnere ziehen und den Bergbau verhindern, was in der Erzählung *„Die Herrin des Kupferberges"* als Drohung handlungsrelevant ist.

Sie beobachtet die Arbeiten in den Gruben und das Wirken der Hüttenwerksverwalter, die sich im Recht glaubten, den Erduntergrund nach Belieben und ohne Rücksicht auf die Natur ausbeuten zu können. Die unbelebte Materie der Steine im Erduntergrund war der Lebensraum der Herrin, den sie als Bewohnerin und Eigentümerin gegen Übergriffe verteidigen musste. Sie selbst existierte auch als Steinwesen. Folglich war sie in dieser Daseinsform nicht aus Fleisch und Blut. Sie aß nicht, trank nicht, ihre Bekleidung bestand aus Stein, und ihre Wohnräume und Möbel waren aus Erzen, aus Marmor oder aus Edelsteinen gefertigt.

Erscheinungsbilder der Dämonin

Wenn sich die Herrin den Bergleuten zeigte, konnte das in anthropomorphen - menschlichen - Bildern geschehen. Sie nahm vorwiegend die Gestalt einer überirdisch schönen Frau an. Die Herrin war klein von Statur. Sie sah anders aus als die einheimischen Frauen, denn ihr blauschwarz glänzender Zopf hing nicht frei herunter. Er schien am Rücken angewachsen zu sein, erzählten die Bergleute. An seinem Ende waren glänzende Bänder hineingewunden, die einmal grün, andermal rötlich schimmerten und mit feinem Klang klirrten wie dünne Kupferplättchen. Alles hatte Ähnlichkeit mit frisch aus dem Berg geschlagenen Kupfererz. Auch ihre Kleidung bestand aus Malachiterz von bester Qualität. Seine Oberfläche glänzte wie Seide, so dass man in Versuchung kommen konnte, das Gewand zu streicheln. Die Frau hatte grüne Augen, die Farbe der Malachitkristalle.[23]

Bashow gebraucht für die Beschreibung des anthropomorphen Bildes der Herrin das altmodische Wort „Dewka" für Mädchen. Einerseits resultiert das aus der Körpergröße des Wesens. Andererseits trugen im alten Russland nur unverheiratete Frauen einen Zopf. In den deutschen Übersetzungen der Kupferbergerzählungen wird die Herrin auch als Jungfrau, „Malachitjungfrau", bezeichnet. Das jungfräuliche Aussehen vermittelte den Eindruck eines unschuldigen, unberührten jungen Wesens, das jeder Bergmann in seiner Phantasie gern als Frau für sich haben wollte.

Tatsächlich zeigte sich darin das Infernalische ihres Charakters, denn sie konnte auch ganz anders in Erscheinung treten. Sie verfügte über zahlreiche Doppelidentitäten.[24] Zuweilen nahm sie die Gestalt einer Eidechse an. Ihr selbst stand auch ein riesiges Heer von Eidechsen zur Verfügung, die sie als ihre Untertanen mit verschiedenen Aufgaben betraute.

Zudem zeigte sich das Infernalische in den wechselnden Erscheinungen der Dämonin darin, dass sie sich unversehens von einer

---

23 Die Edelsteinblume. Sagen aus dem Ural, gesammelt von Pawel Bashow. Stuttgart: Urachhaus 1990, S.10

24 Lipovetsky, M: The uncanny in Bazhov"s Tales. Questio Rossica 2014, Nr. 2. http://hdl.handle.net/10995/27732, S. 222

Frau in eine Eidechse mit einem Menschenkopf verwandeln konnte. Der Bergmann Stepan Petrowitsch war Zeuge dieser Verwandlung, und er erzählte:

„Anstelle der Hände und Füße hatte sie jetzt grüne Pfoten, ein Schwanz wuchs ihr hinten heraus, über den Rücken bis zum Gürtel lief ein schwarzer Streifen, aber der Kopf war der eines Menschen." [25]

Hybride Wesen werden als fremd, unnatürlich, unrein empfunden und erzeugen Unbehagen, Ekel oder Schrecken, so wie es der Bergmann in der Geschichte *Die Herrin des Kupferberges* zum Ausdruck brachte. Auf ihre Ankündigung, ihn heiraten zu wollen, reagierte Stepan mit großem Entsetzen: „Pfui, welch ein Ansinnen! Ich soll eine Eidechse heiraten?" [26]

Diese Gefühle wurden bei den Bergmännern auch während solcher Situationen hervorgerufen, als die Herrin im Nebel ohne sichtbaren Körper erschien, gleichsam wie ein Gespenst. Manchmal ließ sie nur ihre Stimme ertönen. Sie sprach die Sprache der Menschen, ein weiteres Zeichen ihres dämonischen Charakters, denn sie redete außerdem in einer für die Menschen unverständlichen Sprache. Als der Bergmann Stepan bei einer Rast unter einer Eberesche eingeschlafen war, wurde er von einer Stimme geweckt. Eine Frau plapperte kauderwelsches Zeug vor sich hin und führte offensichtlich intensive Selbstgespräche. Es schien, als ob sie scherzte und Spaß hätte, denn sie lachte unentwegt. Niemand war in ihrer Nähe. „Heilige Mutter Gottes! Das ist ja niemand anders als die Herrin selber! [...] Wie kann ich bloß fortkommen, ehe sie mich bemerkt?" [27]

Der Bergmann bedachte seine Situation und überwand die Angst. „Wenn sie auch eine Unholdin ist, so ist sie doch auch bloß ein Mädchen. Na, und er ist ein Bursche, und es wäre doch eine Schande, wenn er vor einem Mädchen Angst haben sollte." [28]

---

25 P.P. Bashow: Die Malachitschatulle, S. 15
26 Ebenda, S. 17
27 Ebenda, S. 15
28 Ebenda

Die Bergmänner fürchten die Unholdin

Die Furcht und der Respekt der Bergleute vor diesem schönen und zugleich fremden, unheimlichen, dämonischen Wesen zieht sich durch alle Kupferbergerzählungen. Die Herrin wurde nicht gerufen und ihr Erscheinen niemals erbeten. Selbst in der Not flehte man sie nicht um Hilfe an, ja, es wurde möglichst gar nicht über sie gesprochen. Es lag im Ermessen der Dämonin, wann, wie und wo sie sich zeigte, wem sie half oder wen sie bestrafte. Sie erschien, wenn sie ein Anliegen hatte. Dabei benutzte sie variable Erscheinungsbilder an unterschiedlichen Orten. Zu Stepan Petrowitsch nahm sie oben in der irdischen Welt, direkt über dem Kupfererzbergwerk Verbindung auf. Sie zeigte sich ihm in gleich drei verschiedenen Bildern: als Eidechse, als schöne Frau und als Hybride. Ihre Verwandlung unterlag keiner offensichtlichen Logik, sie war unberechenbar.

Einen Verwalter suchte sie in der unterirdischen Welt des Malachiterzbergwerkes auf. Sie schwebte als betörende Frauengestalt durch die Stollen und Schächte, so, als ob überall Türen und Gänge im Berg gewesen wären. Die Steinerne sprach mit dem Mann, foppte ihn und trieb ihn schließlich in den Jähzorn. Dann zeigte sie sich von ihrer gefährlichen Seite. Sie tötete ihn.

Zu der Eigenschaft der Unberechenbarkeit kam ein weiteres auffälliges, geradezu infantiles Verhaltensmerkmal:

„Sie saß keinen Augenblick ruhig, beugte sich vor, als ob sie etwas auf der Erde suchte, warf sich zurück, neigte sich zur Seite, dann zur anderen, sprang auf, winkte jemandem mit den Händen, beugte sich wieder vor. Ein Mädel wie Quecksilber!"[29]

Aufregung, Impulsivität und Unruhe schienen nicht so recht zu ihrer Stärke und ihrer Macht zu passen; sie sind jedoch Kennzeichen für das Dämonische, das Unwirkliche in der Figur der Herrin des Kupferberges und machen sie mysteriös, beängstigend und ziemlich gefährlich.[30]

Die Herrin konnte sich unsichtbar machen, mit einer Nebelwolke umhüllen oder verblassen. Es wurde erzählt, dass sie lediglich ihre

---

29 Die Edelsteinblume, S. 10
30 Schwabauer, N.A.: Tipologija fantastitscheskich personashej w folklore gornorabotschich Sapadnoj ewropy i Rossii. Dissertazija. Jekaterinburg: UGU, 2002, S. 149

geschmückte Frauenhand zeigte und einen ungewöhnlichen Stein auf eine Werkbank legte oder einem Handwerker als Geist den Rücken streichelte. Manchmal bediente sie sich nur ihrer Stimme, um ihre Anwesenheit deutlich zu machen.

Ein solches Verhaltensspektrum der Dämonin hatte zur Folge, dass die Bergleute verunsichert waren und sie fürchteten. Die Männer konnten sich das Unheimliche ihres Wesens nicht erklären und folglich in ihrem Verhalten nicht auf eine Begegnung mit der Steinernen einstellen oder in irgendeiner Weise vorbereiten. Die Angst wurde noch dadurch verstärkt, dass die Herrin nach jedem Zusammentreffen mit Menschen befahl, über das Gesehene auf keinen Fall zu sprechen und alles zu vergessen. Die Bergleute haben sich wohl nicht immer an die Verbote gehalten, sonst wären die Kupferbergerzählungen kaum überliefert worden. Verhaltensnormen oder Vorsichtsregeln bei einer Begegnung mit der Dämonin waren in den überlieferten Bergmannserzählungen nicht enthalten. Daher blieb ihnen am Ende nur die Angst vor dem Unerklärlichen.

Die Steinerne sucht einen Bräutigam

Die Bergleute erzählten, dass die Steinerne sexuell attraktiv wäre und einen Bräutigam suchte. Ihr Interesse richtete sich auf junge und unverheiratete Männer. Es war ohnehin verboten, dass sich Frauen in der unterirdischen Welt der Bergwerke aufhielten.

Durch verschiedene Mittel versuchte die Herrin, einen ledigen Mann für sich zu gewinnen. Dazu gehörte nicht nur die Aussicht auf eine märchenhafte Mitgift, sondern sie verführte die Männer vor allem durch ihr Erscheinen als überirdisch schönes Weib. Die Kandidaten wurden hinsichtlich des Mutes, der Ehrlichkeit sowie der Loyalität getestet. Zudem prüfte die Unholdin, wie die Männer zu ihrem gegebenen Wort standen. So erhielt Stepan Petrowitsch in der Erzählung „Die Herrin des Kupferberges" von der Steinernen den Auftrag, dem Verwalter des Kupferbergwerkes, dem stinkenden Bock, eine beleidigende Nachricht mit einem prekären Inhalt zu überbringen. Die Herrin erwartete von dem Verwalter, dass der Abbau von Eisenerz in dem Dorf Krasnaja Gorka eingestellt würde.

Der Bergmann erfüllte den Auftrag und überbrachte dem Verwalter die Nachricht. Dafür wurde er nicht etwa reich belohnt und glücklich bis an das Lebensende. Im Gegenteil. Er musste Schlimmes erdulden, denn man kettete ihn wegen seiner unerschrockenen Rede als Sträfling und Arbeitssklaven im Bergwerk an, und er erhielt ein Arbeitssoll, das er niemals erfüllen konnte. Es könnte eine Prüfung der Steinernen gewesen sein. Wahrscheinlich ist zudem, dass sich Stepan ihr gegenüber verpflichtet und seine „Seele verkauft" hat. Jedenfalls sorgte sie mit ihrem Eidechsenheer dafür, dass Stepan sein Soll erfüllte. Er schlug große Massen Malachits bester Qualität für den Bergwerksbesitzer, Herrn Turtschaninow[31].

Stepan war ein sehr gut aussehender Mann. Die Bergleute erzählten, dass er schon eine Braut habe. Die Herrin umgarnte ihn in der unterirdischen Welt mit Glitzer und Reichtum. Der Bergmann stand schließlich vor der Wahl zwischen zwei Frauen: der lebenden, aber armen Nastja und der betörend schönen Steinbraut mit der märchenhaften Mitgift. Er widerstand der Verführung, entschied sich für die Welt der Menschen und gegen die Welt der toten Steine. Das wiederum bereitete der Herrin Schmerz und Kummer, denn aus ihren schönen grünen Augen kullerten Tränen. Sie verwandelten sich in atemberaubend prächtige Smaragde, ihr Abschiedsgeschenk für den Bergmann. Außerdem übergab sie Stepan ein weiteres Geschenk, eine magische Schatulle, gefertigt aus edelsten Malachitsteinen und gefüllt mit wertvollem Schmuck.

So wie von der Herrin gewünscht, wurde die Förderung von Eisenerz in Krasnaja Gorka eingestellt. Stepan konnte jedoch bis an sein Lebensende nicht glücklich werden, obwohl er und seine Braut aus der Leibeigenschaft entlassen wurden und als freie Menschen lebten. Er hatte die Aufforderung der Steinernen missachtet: „Denke daran: vergiss mich, wenn du wieder oben bist."[32]

Stepan war es nicht gelungen, sie zu vergessen, er war ihrer Magie erlegen. Er wurde in seinem kurzen Leben nie wieder froh. Die Körperkräfte und die Gesundheit schmolzen dahin, während er immer öfter die Nähe der Herrin am Ort ihrer ersten Begegnung suchte. Die

---

31 Der Bergwerkseigentümer und das Turtschaninow-Unternehmen werden im Kapitel Sechs ausführlich beschrieben.

32 Die Edelsteinblume, S. 17

Bergleute erzählten, dass der Seelenfrieden eines Mannes, der die Malachitniza getroffen hätte, für immer zerstört wäre. Es brachte kein Glück, ihr begegnet zu sein. Ganz im Gegenteil. Sie war wahrhaftig eine Dämonin, und die Männer hatten keine Freude an ihr. Daher vermieden es die Bergarbeiter auf jede erdenkliche Weise, mit der Steinfrau in Kontakt zu kommen. Sie taten alles, das Böse zu umgehen und nicht von ihm erfasst zu werden.

Tabu: Vereinigung der Herrin mit einem sterblichen Mann

Die Zeichen deuten darauf hin, dass sich beide, die Herrin und der Bergmann, nicht vergessen konnten und wahrscheinlich auch weiter begegnet sind. Ein mystisches Wesen und ein irdischer Mann, das waren Antipoden. Beide lebten in unvereinbaren Welten, in der unbelebten Unterwelt der Toten und der irdischen Welt der Lebenden. Es gab keine Gemeinsamkeiten, auf die sich eine Paarbeziehung hätte begründen können. Eine Vereinigung war unmöglich und ein Tabu. Trotzdem nahm dieses Thema in den Vorstellungen der Bergarbeiter einen Raum ein. Die tägliche Nähe zum Tode, die Mühsal der Grubenarbeit mitten im Bauch von Mutter Erde, musste bei den überwiegend jungen Männern erotische Phantasien zur Folge haben: Sex mit der verführerischsten aller Frauen, trotz Tabu. Vornehmlich die Erzählung *„Die Malachitschatulle"* regt diesbezüglich zu Spekulationen an. Im Zentrum des Themas „Kinder eines irdischen Mannes und eines mystischen Wesens" stand Tanja oder Tanjuschka, Tochter des verstorbenen Bergmanns Stepan Petrowitsch und seiner Frau Nastja.

„Das Mädelchen war weder nach der Mutter noch nach dem Vater geraten. Schon zu Stepans Lebzeiten, als es noch ganz winzig war, staunten die Leute, wenn sie es sahen. Nicht nur die Mädels und die Weiblein, selbst die Männer sagten zu Stepan: Das geht nicht mit rechten Dingen zu. Das Mädel muss dir wohl aus dem Gürtel gefallen sein."[33]

So wie das Mädchen aussah, gehörte es eher in die unterirdische Welt der Herrin als in die Welt der Lebenden. Tanjuschka hatte das

33 P.P. Bashow: Die Malachitschatulle, S. 28

Äußere der Malachitniza geerbt. Sie war von überirdischer Schönheit. Schwarze Haare und grüne Augen zwangen jeden, sie anzusehen. Selbst die Mutter Nastja meinte, dass es eine fremde, kalte, nicht menschliche Schönheit wäre. Ihre Tochter müsste wohl im Wochenbett vertauscht worden sein. Das heranwachsende Mädchen entwickelte zudem mystische Charaktereigenschaften. Es war in sich gekehrt und verschlossen. Die Nachbarn bezeichneten Tanjuschka als wortkarg und ungesellig. Am liebsten verbrachte sie ihre Zeit beim Spielen mit dem Schmuck aus der Malachitschatulle ihres Vaters. Wenn Mutter Nastja den Schmuck trug oder ihn den Händlern zum Verkauf anbot, empfand sie Kälte und Unbehagen. Dagegen fingen die Steine in Tanjuschkas Nähe an zu leuchten. Wenn sie den Schmuck anlegte, verbreiteten sie Wärme und Licht, so, als ob die Sonne schiene. Die Magie der Edelsteine entfaltete sich zusammen mit der Trägerin, für die sie gedacht waren. Die magische Wirkung war so stark, dass ein eingedrungener Dieb mit Mordabsicht von dem Anblick der magischen Steine am Körper des überirdisch schönen Mädchens sogar erblindete.

Die Steinerne selbst nahm in der Geschichte *„Die Malachitschatulle"* für einige Zeit die menschliche Gestalt einer Pilgerin an, klein von Wuchs, schwarzhaarig, mit flinken Augen und einem scharfen Blick. In dieser, wieder doppelten Identität wurde sie gastfreundlich durch die Familie von Stepan Petrowitschs Witwe aufgenommen. Die Pilgerin förderte Tanjas Talent in der Perlen- und Seidenstickerei und führte sie zu hoher künstlerischer Meisterschaft.

Zu dem Unmut ihrer Mutter wurde Tanjuschka von der Pilgerfrau stets „mein Kind" und „mein Töchterchen" genannt. Beide gingen außerordentlich liebevoll miteinander um, wohingegen Tanja von der Mutter keine Zärtlichkeiten duldete. Bald wurde offensichtlich, dass zwischen der Herrin und Tanjuschka eine mütterliche Verbindung bestand. Allem Unbill der Mutter zum Trotz bekam die schwarzhaarige Schönheit neben der Kunst der Seidenstickerei eine weitere Eigenschaft von der Herrin verliehen. Es war die Gabe der Voraussicht, die Fähigkeit mystischer Charaktere, in die Zukunft zu blicken. Bevor die Pilgerin die Familie wieder verließ, schenkte sie Tanja einen Glasknopf mit magischen Eigenschaften. Der Knopf konnte ihr mit Rat und Tat bei der Arbeit und im Leben beistehen, wenn sie seine Zauberkräfte benötigte. Schließlich passte auch Tanjuschkas irdisches Ende in dem

Malachitsaal des Zarenpalastes zu ihrem mystischen Charakter. Sie verwandelte sich, der Herrin gleich, in Stein, indem sie mit der Malachitverkleidung der Palastwand verschmolz und die Materieform der unterirdischen Welt annahm. Die anwesende adlige Gesellschaft geriet angesichts dessen, was sie mit eigenen Augen angesehen hatte, in Panik und in großes Entsetzen. Zurück blieben nur die kostbaren Edelsteine aus der Malachitschatulle der Herrin, die, wenn man sie mit der Hand berührte, zu Wasser wurden. Nur Tanjas Glasknopf blieb unverändert auf dem Boden liegen.

Die Bergleute erzählten manchmal, dass die Steinerne die Menschen gern zum Narren hielt. In einer Seitenlinie der Geschichte *„Die Malachitschatulle"* tritt ein Sohn des alten Herrn Turtschaninow auf, ein einfältiger und feiger junger Mann. Er hatte seinerzeit den Schmuck aus der Malachitschatulle kaufen wollen und noch dazu Tanja bedrängt, ihn zu heiraten. Die Herrin foppte ihn für seine Anmaßungen durch den magischen Glasknopf. Sobald er ihn nach Tanjuschkas Verschwinden vom Boden aufgehoben hatte, lachte sie den Mann als Trugbild im grünen Malachitkleid an, geschmückt mit den Juwelen aus der Malachitschatulle. Der junge Herr verlor seinen letzten Verstand und verfiel der Alkoholsucht. Tanjuschka blieb verschwunden, jedoch wurden seit jenem Ereignis zwei Malachitfrauen zur selben Zeit an ein und demselben Ort gesehen.

Zuweilen hilft die Herrin Männern in Not

Ein junger Fabrikarbeiter war es, der in der Erzählung *„Zwei kleine Eidechsen"* gleich zwei Malachitfrauen begegnete. Der Mann arbeitete im Hüttenwerk an einem Hochofen und erwies sich für den Eigentümer als tüchtiger Arbeiter, der sich gut in der Kupferproduktion auskannte. Der Erzähler wusste zu berichten, dass der Schmelzer als der beste Meister des Werkes galt, der sich noch dazu stets für andere Arbeiter einsetzte. Das mochten die Herrschaften nicht. Er erhielt die damals grausamste und gefürchtetste Strafe und wurde so wie der Bergmann Stepan Petrowitsch viele Monate als Sträfling unter Tage angekettet. Um ein Haar wäre er im Grubenschlamm des Bergwerkes gestorben. In seiner Not dachte er an die Herrin.

„Zu Unrecht wird von der Kupferbergherrin erzählt, dass sie den Unterdrückten helfe. Wenn es sie wirklich gäbe, würde sie mir dann nicht beistehen? Sie hat doch sicher gesehen, dass ich hier zu Tode gequält werde. Was ist das für eine Herrin? Die Menschen reden nur, um sich zu trösten."[34]

Diese verbitterten Gedanken des gepeinigten Arbeiters entsprachen weitgehend der Alltagserfahrung der Bergmänner und Hüttenwerksarbeiter. Die Herrin half nur einzelnen Männern, ebenso bestrafte sie auch nur einzelne Männer. Als Geist der unterirdischen Welt war es nicht das Anliegen der Herrin, in die sozialen Verhältnisse im Zarenreich einzugreifen, sondern ihren Lebensraum, die unbelebte Natur, zu hüten und zu schützen.

Der Mann gelangte schließlich mit Hilfe zweier von der Steinernen geschickter Eidechsen in die unterirdischen Palasträume, wo er all das fand, was ihn wieder zu einem gesunden Menschen werden ließ. Er wohnte eine Zeit lang dort. Einmal beobachtete er durch einen Zufall, dass die Malachitniza nicht allein war, sondern in Begleitung einer vollkommen gleich aussehenden Frau. Wieder zu Kräften gekommen, rächte er sich an dem Hüttenbesitzer für die erlittenen Misshandlungen, indem er in allen Hochöfen die Schmelze einfror und darüber hinaus noch für viel Schaden im Hüttenwerk sorgte.

Der aufrechte junge Meister entschloss sich, die unterirdische Welt der Herrin trotz ihrer Annehmlichkeiten und ihrer Pracht zu verlassen, weil er sich lieber sein Brot selbst erarbeiten wollte. Seit dieser Zeit hat ihn niemand mehr gesehen. Die alten Bergleute haben nicht erzählt, was aus ihm geworden ist. Vielleicht ist er doch im Berg geblieben, und er lebt mit gleich zwei Schönheiten zusammen.

Einige verachtenswerte Männer werden bestraft

In der Geschichte *„Die Stiefelsohlen des Verwalters"* erzählt ein Bergmann über den Hüttenwerksverwalter Sewerjan Kondratisch, einen unmoralischen Menschen, einen Totschläger, dem es Spaß machte, Menschen leiden zu sehen. Jeden Tag begab er sich in das Bergwerk von Gumeschewsk, um dort eigenhändig die Bergleute

---

34 Die Edelsteinblume, S. 120

auszupeitschen. Die Herrin erhob zweimal warnend ihre Stimme im Bergwerk. Sie forderte den Wüterich auf, seine Grausamkeiten zu unterlassen. Er war jedoch nicht bereit, sein Verhalten zu ändern, was die Malachitniza bewog, leibhaftig durch die Stollen und Schächte zu schweben. Mit fünf Peitschenhieben wollte der Verwalter „das Weib" totschlagen. Die Herrin ließ durch eine kaum sichtbare Handbewegung einen Stollen einstürzen. Auch das hinderte ihn nicht daran, seine Pistole auf sie abzufeuern. Der Mann war außer sich vor Jähzorn und konnte sich nicht vorstellen, über welche Macht die Dämonin verfügte. Eine weitere Handbewegung ihrerseits verwandelte den Sewerjan Kondratisch schließlich in taubes, wertloses Gestein, eingeschlossen in einem Malachiterzblock. Seine besonders gewissenlosen Helfer kamen durch den Einsturz ebenfalls zu Tode, diejenigen mit einem verbliebenen Rest von Gewissen wurden verstümmelt.

Ein anderer Mann, der von der Herrin bestraft wurde, war Wanjka Sotschenj, eine Figur aus der Geschichte „Sotschenjs Steine". Der Erzähler schildert, dass der Mann die Edelsteinschürfer bespitzelte, und er verriet sie an die Vorgesetzten. Die Schürfer verprügelten ihn manchmal, so dass er mehrere Tage das Bett hüten musste. Sotschenj schürfte nach Smaragden im Gebiet der Eisenerzmine von Krasnaja Gorka, dem eisernen Hut der Herrin. Dort wurde seinerzeit der Bergmann Stepan Petrowitsch tot aufgefunden, mit einem Lächeln auf den Lippen. Seine Faust war voll von besonders wertvollen Smaragden, die jedoch zu Staub zerfielen, als man sie aus der erstarrten Hand des toten Bergmanns entfernen wollte. Viele Menschen begannen, dort nach Smaragden zu schürfen, auch Wanjka Sotschenj. Die Herrin schickte magische Katzen, die blind waren, um den Verräter der Bergleute abzuschrecken. Seine Gier war größer als seine Angst. Dann erschien die Dämonin selbst in ihrem grünen Malachitkleid. Sie blickte ihn nicht sehr freundlich an und zog erzürnt die Augenbrauen zusammen, als Sotschenj die Smaragdsteine von Stepan Petrowitsch erwähnte.

„Diesen Namen sollst du nicht in den Mund nehmen! Aber Steine gebe ich dir!"[35]

---

35 Ebenda, S. 57

Die Herrin zeigte ihm eine Öffnung im Gestein, hinter der grüne Smaragde in Hülle und Fülle lagen. Aus Angst zügelte der Schürfer seine Gier, und er füllte sich nicht die Taschen voll, sondern nur einen Beutel. Unmoralisch, habgierig, hinterhältig, einfältig und ängstlich: Die Geschichte konnte kein gutes Ende nehmen. Der Spitzel wusste zwar nicht, dass die Smaragde in der Hand des verstorbenen Stepan Petrowitsch Tränen der Trauer der Herrin und ein Abschiedsgeschenk für den Bergmann waren. Jedoch als Schürfer von Edelsteinen hätte ihm bekannt sein dürfen, dass im Eisenerz gar keine Smaragde vorkommen, weil sie dort nicht entstehen können.

Im Beisein des unmoralischen und habgierigen Hüttenwerksverwalters, des stinkenden Bocks, und des Gnädigen Herrn verwandelten sich die Smaragde in eine Flüssigkeit, die entsetzlich stank. Der Verwalter wurde versetzt und starb bald. Die Bergleute erzählten, es wäre die Strafe der Herrin dafür, dass er ihren erwählten Bräutigam im Berg angekettet hatte und sterben lassen wollte. Wanjka erhielt den Lohn der Steinernen in der damals üblichen Form von Prügeln ausgezahlt, so dass er mit einer Bastdecke ins Krankenhaus gebracht werden musste. Sogar die Schürfer, die er oft bespitzelte, hatten Mitleid mit ihm.

Vergangenheit und Zukunft im Spiegel der Herrin

Ein ganz schlechtes Zeichen in dem Kupfererzbergwerk war das Auftreten von Erz, das an einer Stelle spiegelglatt glänzte. Die Bergleute wussten aus ihrer Erfahrung, dass dann die Gefahr eines Einsturzes groß war. Die Alten erzählten, die Herrin habe ihren Spiegel zerschlagen, und sie sei deshalb übel gelaunt. Der Spiegel befand sich tief im Inneren des Kupferberges, und er war ein wichtiges Attribut der magischen Kräfte der Dämonin.

Die Erzählung „Tajutkas Spiegel" beginnt damit, dass wieder einmal ein Stück des Spiegels der Herrin gefunden wurde. Jeder sah sich vor, am meisten die Vorgesetzten, wussten die Bergleute zu berichten.

Zu der Zeit arbeitete Erasko Pospeschaj, ein Mann übelster Sorte, als Hilfsaufseher im Bergwerk. Für die gefährliche Arbeit an einer einsturzgefährdeten Stelle hatte er den stillen Witwer Ganja Sarja eingeteilt. Dieser musste aus Not häufig seine Tochter Tajutka mit zur Arbeit nehmen. Da die Anwesenheit von Frauen im Bergwerk verboten war, wurde das Mädchen als Junge verkleidet, auch an dem Tag der gefährlichen Arbeiten. Es wollte sich die Zeit vertreiben und untersuchte die Stollenwand nach einem Türchen, um zu der Herrin des Kupferberges zu gelangen. Durch die Geschichten der Großmütter und Großväter hatte das Kind erfahren, dass die Malachitniza tief im Inneren des Berges eine Wohnung habe. Nach einiger Zeit entdeckte Tajutka eine Öffnung im Berg, hinter der eine verspiegelte Fläche lag. „Es sah so aus, als ob ein Spiegel in die Wand gedrückt wäre, der eine Kegelform besaß."[36]

Die Bergleute deuteten dies als ein Zeichen der Herrin. Es konnte für alle bedeuten, unter den sich lösenden Gesteinsmassen verschüttet zu werden. Deshalb wurde das Mädchen zu seinem Schutz an eine ungefährliche Stelle gebracht. Es gelang den Männern, den Ort zu sichern. Sie legten eine große, schräggestellte Spiegelfläche mit einem gemusterten Gesteinsrahmen frei, die die Wand und die Decke des Stollens einnahm. Beim Berühren mit der Spitzhacke gab sie klingende Töne ab.

Die Nachricht von der Spiegelfläche verbreitete sich schnell unter Tage. Jeder Mann wollte einen Blick darauf werfen. Bald entstand eine ausgelassene Heiterkeit. Vor allem die jungen Bergmänner konnten sich vor Lachen über den Spiegel nicht beruhigen. „Er gab alle lächerlich verzerrt wieder [...] Man wirkte geradezu unheimlich und lächerlich zugleich."[37]
Die alten Männer tadelten die Übermütigen, weil es sich um eine sehr ernste Sache handelte. Die Herrin bezöge nämlich ihr Wissen über die Vergangenheit und die Zukunft aus ihrem magischen Spiegel, durch den sie von beiden Seiten schauen konnte. Gewöhnliche Sterbliche erblickten dagegen nur von einer Seite her ihr Abbild, und noch dazu verzerrt. Auf den ersten Blick mochte das lustig erscheinen. Die Alten wussten darüber zu erzählen, dass solche Zerrbilder zur Natur der Unterwelt der Steinernen gehörten. Im Reich der Toten gäbe es keine den Menschen vertrauten Maßstäbe der körperlichen Proportionen

---

36 Ebenda, S. 148
37 Ebenda, S. 151

oder der Schönheit.[38] Und so empfanden auch die Unerschrockenen in ihrem Inneren Angst vor den magischen sowie tödlichen Kräften der Dämonin und ihrem mystischen Spiegel.

Die Furcht wurde noch durch ein anderes Ereignis verstärkt. Als Tajutka am Ende des Tagwerkes aus ihrem Versteck geholt wurde, hielt sie den gleichen Spiegel in der Hand wie denjenigen im Stollen, nur in klein. Er hatte ihr den Tag über die Wartezeit verkürzt. Die Bergleute waren sich einig, dass das ein weiteres Zeichen der Herrin wäre. Tajutka versteckte den Spiegel und nahm ihn mit nach Hause. Der Spiegel der Herrin hat dem Mädchen im Leben kein großes Glück gebracht, erzählten die Bergarbeiter.

Die Malachitniza bestraft Übergriffe auf ihre Welt

Die Geschichte „Tajutkas Spiegel"könnte zu Ende erzählt sein, hätte nicht der Hilfsaufseher, zu dessen schlechten Charaktereigenschaften auch noch die Dummheit gehörte, ein Geschäft mit dem Spiegel gewittert. Erasko hatte zwar unter Tage beobachtet, dass die Bergleute Angst vor der Herrin des Kupferberges und ihren dämonischen Kräften hatten. Das hielt ihn nicht davon ab, der jungen Frau Turtschaninowa den Spiegel als Sensation anzupreisen. Die Bergleute erzählten, dass sie zu ihm sagte:

„Schneide den Spiegel heraus und bringe ihn in mein Haus auf dem Asow-Berg [...] Ich will, dass der Spiegel bei mir steht, denn ich bin die Herrin dieses Berges."[39]

Die Gnädige erzwang für sich trotz des Frauenverbotes den Zutritt in das Bergwerk. Der Spiegel spuckte sie mit Erz an, und sie fiel vor Angst in Ohnmacht. Der einfältige Hilfsaufseher wurde von dem Einsturz halb zugeschüttet. Man grub ihn aus, seine Beine waren zerquetscht. Er konnte von Stund' an nicht mehr rennen und die Arbeiter schikanieren. Die Frau wurde gerettet. Jedoch brachte sie seit der Zeit nur Idioten zur Welt, die so dumm waren, dass sie den Löffel zum Ohr, statt zum Mund führten.[40]

---

38 Schwabauer, N.A.: Tipologija fantastitscheskich personashej w folklore gornorabotschich Sapadnoj ewropy i Rossii, S. 148
39 Die Edelsteinblume, S. 155
40 Ebenda

Angesichts dessen, dass der Spiegel ein Attribut der Macht der Herrin darstellte, mit dem sie ihr Wissen über die Zeiten speiste, mussten die auf ihre Welt übergriffigen Menschen bestraft werden. Die Bergleute erzählten später auch noch, dass der Spiegel in lauter kleine Stücke zerfiel und am Ende verschwunden war.

Hüterin der Geheimnisse der Schönheit der Steine

Die Steinschleifer und Steinschneider[41] arbeiteten nicht wie die Bergleute in der unterirdischen Welt des Kupfererzbergwerkes. Sie wohnten jedoch gemeinsam mit ihnen und den Hüttenwerksarbeitern in den Kupferbergdörfern, und sie hatten dort ihre Werkstätten. Die Herrin widmete auch dieser Berufsgruppe ihre besondere Aufmerksamkeit. Das erklärt sich daraus, dass einige von ihnen, die Malachitmeister, ihren wertvollsten Schatz, das Malachiterz, durch das Geschick ihrer Hände veredelten. Damit verbunden war das Anliegen der Malachitniza, Hüterin der Geheimnisse der Schönheit der Steine zu sein und namentlich die Männer im Auge zu haben, die das Steinhandwerk betrieben.

Freilich kümmerte sich die Herrin zuerst um die Schönheit des eigenen Gartens in ihrem unterirdischen Reich. Sie betörte die Steinmetze und Malachitmeister durch ihre Verführungskünste und lockte sie in das Innere des Kupferberges. Dort zeigte sie den Männern die Edelsteinblume und schenkte ihnen mit diesem Anblick die Gabe, die Kraft und die Schönheit der Steine zu spüren. Gegenstände von wahrer Schönheit zu schaffen, war von jeher das Erstrebenswerteste für jeden Steinhandwerker oder Künstler.

Im Gegenzug mussten die Männer das traurige Schicksal auf sich nehmen und für alle Ewigkeit bei der Dämonin im Berg wohnen, abgeschottet von der Oberwelt. Sie schufen tagein und tagaus für die Steinerne die Kunstwerke aus Malachit und anderen Edelsteinen, die sie für sich selbst brauchte.

Diese Männer wurden Bergmeister genannt. Sie führten ein freudloses Leben, erzählten die Alten, denn wer die Edelsteinblume einmal

---

41 Unter die Berufstätigkeiten der Steinschneider und Steinschleifer werden die Malachitmeister, die Juweliere und die Steinmetze subsumiert.

gesehen hatte, konnte in der irdischen Welt nicht mehr glücklich werden und sehnte sich fortan nach der Unterwelt der Herrin und dem Tode. Malachitmeister Danilo, der im Zentrum der Erzählungen „*Die Edelsteinblume*" und „*Der Bergmeister*" steht, wollte die Edelsteinblume trotz alledem sehen. Ihn beschäftigte beim Schneiden und Schleifen einer Stechapfelschale, dass er die lebendige Schönheit des Malachitmaterials nicht bewahren konnte, so erzählten es jedenfalls die alten Meister. Die Herrin suchte den jungen Meister in der Schlangenhöhle auf und war geneigt, ihm die magische Blume zu zeigen.

Gleichzeitig wies sie ihn eindringlich darauf hin, dass er es hinterher bereuen würde.

„Wieso?" fragte der Mann. „Lässt du mich dann nicht mehr aus dem Berg heraus?"[42]

Die Dämonin erklärte ihm, dass ihr nichts ferner läge. Es wäre die Magie der Edelsteinblume. Jeder, der sie gesehen hätte, würde den Wunsch verspüren, freiwillig in der Unterwelt zu leben. Der Malachitmeister ignorierte ihre Worte, verließ seine Braut Katja und begab sich in den Dienst der Herrin in der toten Steinwelt. Katja wurde fortan „die Totenbraut" genannt.

Der beharrliche Glaube der Braut an den verschwundenen Bräutigam und an die Liebe führten schließlich dazu, dass der Malachitmeister vor der Wahl zwischen zwei Frauen und ihrer Welt stand: der irdischen Welt der Lebenden und der Steinwelt der Toten. Die Dämonin machte ihm die Entscheidung besonders schwer.

„Gehst du mit ihr, so vergisst du alles, was du hier gesehen hast! Bleibst du bei mir, so musst du sie und die Menschen vergessen."[43]

Es sah zunächst so aus, als ob das unerschrockene und hartnäckige Beharren der Braut die Herrin dazu brachte, Danilo ohne Bedingungen zu entlassen. Sie gab ihm sogar ein Geschenk mit auf den Weg. Der Malachitmeister durfte alles, was er bei der Herrin gesehen hatte, in Erinnerung behalten.

Das Paar heiratete und bekam neun Kinder. Danilo erwies sich als ein Meister, mit dessen Handwerk sich kein anderer messen konnte. Allerdings gelang es ihm nicht, wie auch dem Bergmann Stepan

---

42 Die Edelsteinblume, S.82
43 Ebenda, S. 98

Petrowitsch, die Herrin zu vergessen. Immerhin hatte die Familie dank der Gabe der Steinernen eine Zeit lang ein gutes Auskommen. Jedoch im weiteren Erzählverlauf erlitten der Malachitmeister und die Seinen durch eine Laune des Gnädigen Herrn ein beklagenswertes Schicksal, bestimmt von Zwangsarbeit und bitterer Armut. Dahinter steckten wohl die späte Rache und der dämonische Charakter der Herrin, wie die alten Malachitmeister zu erzählen wussten. Die Unholdin hat natürlich nicht vergessen, dass Danilo sie seinerzeit wegen einer irdischen Frau verließ.

Die Herrin schätzt echte Handwerkskunst

In der Geschichte *„Das zerbrechliche Zweiglein"* ist ein junger Steinschneider und Juwelier Träger der Handlung. Mitja, der behinderte Sohn von Danilo und Katja, war für das Juwelierhandwerk besonders begabt und bereits in jungen Jahren ein anerkannter Meister. Eines seiner brennenden Probleme bestand darin, neue Materialien für seine Arbeit zu entdecken, um sich von den Edelsteinhändlern unabhängiger zu machen. Da kam die Herrin ins Spiel, erzählten die Alten.

Obwohl Mitja die schöne Malachitniza gern einmal gesehen hätte, war ihm das nicht vergönnt. Sie zeigte sich nicht in leibhaftiger Gestalt, sondern ließ ihn nur ihre Hand spüren. Als Geist strich sie ihm anerkennend über die Schulter, um zu zeigen, welch ein tüchtiger Mann er wäre, der sein Handwerk blendend verstände.

Die Geisterhand der Herrin inspirierte den Steinschneider zudem, mit dem einfachen Material Serpentin und mit den Abfällen des Hüttenwerkes zu arbeiten, die er auf den Halden fand. Das hatte zur Folge, dass der Meister tatsächlich von den Edelsteinlieferanten unabhängig wurde und jede Menge an einheimischem Material zu preiswerten Schmuckstücken verarbeiten konnte. Sein erstes Kunstwerk nach dem Erscheinen der Herrin war ein Stachelbeerenästchen von atemberaubender Schönheit, ein zerbrechliches Zweiglein. Meister Mitjas Arbeiten waren sehr gefragt. Er verkaufte viel an die Händler, nur von dem Stachelbeerenästchen konnte er sich nicht trennen. Ausgerechnet der Gnädige Herr, der seiner Familie ein Schicksal als Arbeitssklaven auferlegte, zerstörte das Stachelbeerenästchen. Der junge Meister wehrte sich. Er schlug auf den Herrn ein, konnte fliehen und entkam so einer Strafe. Wenigstens dafür hatte die Herrin gesorgt.

Eine neuzeitliche Dämonin

Vornehmlich die Bergmänner gaben der Herrin des Kupferberges durch ihre Erzählkultur eine reale Gestalt. Sie war keine sehr alte Dämonin aus grauen Vorzeiten. Die Existenz dieses Wesens ging auf die ersten Jahrzehnte der Industrialisierung des Urals im 18. Jahrhundert zurück und im Besonderen auf den Beginn des Kupfererzbergbaus in Gumeschewsk. Das Dasein der mystischen Figur war gebunden an die Gespräche der Bergleute und Malachitmeister und selbstverständlich auch an die Kreativität des Literaten Bashow.

Naturphilosophisch betrachtet, spiegelten sich in der Herrin die allen Gebirgsmenschen in die Wiege gelegten Empfindungen von einer Natur, deren Schönheit sprachlos machte. Sie überwältigte die Gefühle, und sie konnte zugleich lebensfeindlich und todbringend sein. Das galt für die belebten und unbelebten Naturräume wie auch für die oberirdischen und unterirdischen Welten. Die schönen und die gefährlichen Seiten der uralischen Natur erlebten die Bergleute besonders intensiv. Sie bewegten sich jeden Tag zwischen diesen Welten, und die überwiegende Zeit ihres Lebens verbrachten sie unter der Erde. Es ist nur folgerichtig, dass die Phantasie der Männer einen Naturgeist hervorbrachte, dessen Existenz an die unbelebte Welt der Steine sowie an die unterirdische Natur gebunden war. Die Visionen über das Wesen, welches in den Kupferbergerzählungen Form annimmt, drücken sich entsprechend in einem komplexen Charakter voller Widersprüche aus. Nur ein Weib, eine Mutter, eine Bergbewohnerin, eine Herrin, konnte die extremen Seiten des Uralgebirges verkörpern: atemberaubend schön zu sein, erotisch, verführerisch und ebenso gefährlich und todbringend. Die widersprüchlichen Charaktereigenschaften zeigten sich zudem in den Bildern der gegensätzlichen Identitäten: himmlisch schöne Frau und erschreckende hybride Kreatur, Jungfrau und Eidechse oder Pilgerin und gespenstischer Geist.

Zu dem antinomischen Äußeren gesellen sich eine Reihe von gegensätzlichen Verhaltensäußerungen. Die Herrin verfolgt einerseits gute Absichten, und sie zeigt sich andererseits böse und dämonisch. Dabei scheinen ihre enormen magischen Kräfte in einem beängstigenden

Gegensatz zu ihren typisch infantilen Verhaltensweisen zu stehen. Desgleichen weisen die Kenntnisse von Vergangenheit und Zukunft die Steinerne als eine weise Frau aus, zu der beim besten Willen keine Selbstgespräche, irres Lachen oder albernes Kichern passen. Das gegensätzliche und unberechenbare Verhalten der Dämonin war nicht nur ein Spiegel der Natur des Uralgebirges, sondern auch der alltäglichen Erfahrungen der Bergleute. Die Arbeit unter Tage gehörte während der Zeit des Beginns des Kupfererzbergbaus zu den am meisten gefürchteten Arbeitstätigkeiten der Männer in den Hüttenwerksdörfern im Mittleren Ural. Die Herrin des Kupferberges musste ein Wesen sein, das Respekt einflößend war, mehr noch, das Angst erzeugte. Täglich konnten Einstürze das Leben der Männer beenden oder sie zu Krüppeln machen. Damit einher ging die Trennung von der weiblichen Gesellschaft. Das ständige Beisammensein in Männergruppen und die schwere körperliche Arbeit hatten zwangsläufig Männerphantasien von einem schillernden weiblichen Wesen wie dem der Malachitniza zur Folge. Die Männer waren in der Mehrzahl jung, denn in einem Bergwerk wurde man nicht alt.

Die Phantasien der Bergleute reichten nicht so weit, durch das Wirken des steinernen Wesens ein besseres Leben erlangen zu können. Bei allen gegensätzlichen Eigenschaften der dämonischen Figur ist sie weitgehend durch eine soziale Ambivalenz gezeichnet.

Auch in dieser Ambivalenz bilden sich die Arbeitsbedingungen unter Tage ab. Die Bergleute hatten keine andere Wahl, als sich stoisch und ohne Illusionen in ihre Lage zu fügen. Sie haben nicht erwartet, dass sich von der Steinernen Veränderungen für sie ergäben. Es ist eine deprimierende Botschaft, die am Ende der Erzählung *„Die Herrin des Kupferberges"* von den alten Bergmännern an die jungen Arbeiter überliefert wird:

„So ist also die Herrin des Kupferberges! Wenn sie einem schlechten Menschen begegnet, bringt sie ihm Unglück, begegnet sie aber einem guten Menschen, so hat auch er wenig Freude daran."[44]

Mit diesem Résumé ist zugleich das Ende des mystischen Erzählstranges erreicht.

---

44 Ebenda, S. 2

Die Figur der Herrin ist keine liebliche Fee. Sie bescherte selbst guten Menschen kein Glück und keine Freude. Ein derartiges Ende von Geschichten ist enttäuschend, weil es unserer Grundsehnsucht nach einem glücklichen Leben, einem happy end, widerspricht. So verwundert es nicht, wenn sich die Phantasie der Menschen am Ende dorthin bewegt, wo sich die Dinge zum Guten wenden: in die heile Welt von Märchen.

Kein happy end – kein Märchen

Dieses Phänomen scheint vor allem die Interpretation der Kupferbergerzählungen hinsichtlich der literarischen Gattung zu beeinflussen, denn sowohl im russischen als auch im deutschen Sprachraum dominiert die Deutung der Geschichten als Märchen. Das mag auch darin begründet sein, dass überlieferte Erzählungen, auf die Bashow zurückgeht, bei der Weitergabe ergänzungsfreudig sind und ausgeschmückt oder umgedeutet werden können. Zudem gibt die dialektgeprägte Volkssprache den Autoren anderer Sprachräume Auslegungsmöglichkeiten beim Übersetzen aus dem Russischen und beim Übertragen in eine zeitgemäße Sprache. Die Texte, und besonders die sie begleitenden Illustrationen, wollen den Eindruck einer phantastischen und geheimnisvollen Märchenwelt erzeugen. Junge Helden begegnen im Inneren des Kupferberges nicht etwa einer Dämonin, sondern der wunderschönen und verführerischen „Malachitjungfrau". Erwartungen märchenhafter Romanzen werden geweckt. Wirklich romantische Episoden sucht man vergeblich in Bashows Textsammlungen. Die Romanzen entspringen offensichtlich der kompositorischen Phantasie von Musikern, oder sie sind Ergebnis der visuellen sowie der unzähligen textlichen Interpretationen von Künstlern und Schriftstellern.

Das Lebenswerk Pawel Bashows umfasst eine große literarische Vielfalt: Parabeln, Legenden, Sagen, Märchen, Erzählungen und Anekdoten. Die Schwierigkeit in Bezug auf die Kupferbergerzählungen besteht in einer sachgemäßen Zuordnung zu dieser oder jener Gattung aus fremdkultureller Sicht. Die extremste Meinung innerhalb der russischen Literaturwissenschaften geht von einer praktischen Unübersetzbarkeit der Erzählungen aus, und zwar nicht nur sprachlich, sondern auch kulturell.[45] Andererseits besteht Einigkeit darüber, dass die Kupferbergerzählungen an der Grenze zwischen erzählender Prosa und Märchen zu verorten sind.[46] Dementsprechend befände sich der Erzählstrang des Geheimnisvollen oder Mystischen auf der Seite des Märchens. Der Erzählstrang über Natur, Umwelt und erlebte Geschichte wäre dagegen als erzählende Prosa zu werten. Versuche einer genaueren Bestimmung oder einer Definition des Genres der Erzählungen als Ganzes führen nicht weiter und sind eher hinderlich als erkenntnisfördernd.[47]

Im Interesse des Vermeidens von Widersprüchen oder Missverständnissen verwende ich daher nachfolgend den Begriff „phantastische Erzählungen". Aus gutem Grund soll durch die Begriffswahl umgangen werden, dass inhaltlich bedeutende Ereignisse oder Sachverhalte der Märchenwelt zugeschrieben werden.

Das mündlich überlieferte Erzählgut der Bergleute, Malachitmeister oder Steinschneider sei zuerst aufgeführt. Bashow hat immer wieder betont, dass er nichts komponiert oder erfunden habe, sondern nur das wiedergibt, was er einst von den Arbeitern selbst gehört hatte.[48] Geht man von der allgemein verbreiteten Auffassung aus, dass ein Märchen eine Prosaerzählung ist, die von übernatürlichen oder magischen Begebenheiten handelt, frei von den Strukturen dieser Welt, dann würde aus einer Märchenbezeichnung folgen, dass die Erzählungen der Bergleute oder der Schürfer ihre Authentizität verlören – die Gespräche über die Arbeit in den Bergwerken, den Hüttenwerken und Malachitwerkstätten. Die geschilderten himmelschreienden sozialen Missstände, bittere Realität während der düsteren Zeit der Leibeigenschaft in den Montanbetrieben, glitten ab in das Reich der Phantasie.

Zum zweiten würde eine Deutung der Kupferbergerzählungen als Märchen den Beitrag Pawel Bashows zur vorrevolutionären

---

45 Lipovetsky, M: The uncanny in Bazhov's Tales. Questio Rossica 2014, Nr. 2. http:// hdl.handle.net/10995/27732, S. 228

46 Ebena

47 Kubasov, A.V.: Encyclopedia of One Book; „The Malachite Casket"by P.P. Bashow, S. 321

48 Blazhes, V.V. (2007). „Mednoj Gory"Hozyajka"[The mistress of copper mountain]. In V.V. Blazhes, M.A. Litovskaya (Eds) Bazhovskaya e"nciklopediya. Yekaterinburg: Sokrat; Izd-vo UrGU, S. 5

Kultur- und Bergwerksgeschichte des Urals herabsetzen. Zeitgenossen des Schriftstellers begeisterte vor allem sein historisches Bewusstsein.

Er war kein Historiker, aber an eine Denkweise gewöhnt, bei der sowohl die Quellen der historischen Sachverhalte als auch die historischen Details genau untersucht wurden. Außerdem war der historische Hintergrund der Erzählungen stets integraler Bestandteil der künstlerischen Methode Bashows: die Verflechtung der faktischen und der historischen Ebenen mit dem künstlerischen und poetischen Inhalt.[49]

Geht man zum Dritten davon aus, dass es sich bei der Zielgruppe von Märchen überwiegend um Kinder handelt, dann sind die Texte Bashows völlig ungeeignet als Unterhaltungslektüre für kleine Kinder, abgesehen von den mystischen Figuren und Bildern. Dasselbe trifft auch für heranwachsende, ältere Kinder zu: Zum Beispiel lässt der Hütteneigentümer in der Kupferbergerzählung „Die Grasfalle"[50] die leibeigene Witwe Schawricha, eine sanfte und gutmütige Frau, aus reiner Willkür in das Gefängnis werfen, peitschen und grausam misshandeln. Grausamkeiten, die das Märchenbuch mitunter im Sinne eines Erziehungskanons für die Persönlichkeitsbildung Heranwachsender nutzt, sind hier geradezu destruktiv, weil es sich um reale gesellschaftliche Miseren handelt. Die Schilderung von Grausamkeiten in Bashows Erzählungen ist nicht zur Optimierung des Verhaltens von heranwachsenden Kindern gedacht. Vielmehr geht es um das Offenlegen schrecklicher sozialer Missstände durch die Erzählenden, die Betroffenen selbst, die Bergleute, Hüttenarbeiter oder Steinhandwerker.

Diesen Überlegungen folgend, ist es eine Sache der Fairness, bei der Interpretation von Bashows Werk - hier durch die Begriffswahl „phantastische Erzählung" - deutlich zu machen, dass die immer wieder inspirierenden phantastisch-surrealen Inhalte, wie die Figur der Herrin des Kupferberges, ihren Ursprung haben in dem physischen, sozialen und geistigen Umfeld der Menschen, was bei Bashow breiten Raum einnimmt und eine Einheit mit dem poetischen Inhalt bildet.

---

49 Grigor"ev, G.A. (2014). Istoricheskie vzgljady P.P. Bazhova. In: P.P. Bazhov – bchepa, segodnja, zavtra. Yekaterinburg. UDK 821.161.1, S. 43

50 „Die Grasfalle" ist die zehnte Geschichte aus dem Kupferbergzyklus. Sie wurde bisher noch nicht in deutscher Sprache veröffentlicht. Eine Nacherzählung ist als Anlage beigefügt.

Immerhin gelten die Erzählungen des Kupferbergzyklus in der Region des Mittleren Urals als Teil der Montan- und Regionalgeschichte des 18. und 19. Jahrhunderts.

Pawel Bashow folgte der Überzeugung, mit der Sprache der Volkserzählungen, den Worten, den Reichtum der russischen Sprache umfassend zu nutzen und die Helligkeit und Vielfalt der Wirklichkeit, den ganzen Reichtum der Farben, die für die Natur des Urals charakteristisch sind, zu vermitteln. Typischerweise sind die Landschaftsskizzen immer untrennbar mit dem ganz konkreten Leben und Handeln der Personen verbunden.[51] Folgerichtig wird in den nächsten Kapiteln den regionalen überirdischen und unterirdischen Naturräumen nachgespürt: der Malachiterzlagerstätte von Gumeschewsk, den dort vorkommenden Kupfererzmineralen, der Kupferschmelzhütte in Polewskoi oder den Malachitschleifereien. Auch die Ständeordnung, die Leibeigenschaft, die sozialen Verhältnisse jener Zeit im Zarenstaat werden betrachtet, und das, ohne die Verbindung sowohl zu der Literaturgrundlage als auch zu der Dämonin des Kupferberges zu verlieren.

---

51 Sorokino, L.: Sohn des arbeitenden Urals. In: Bashow, P.P.: Malakhitovaja Shatulka, S. 14

HEIDE DAMASCHUN

Herrin des Kupferberges eins Collage, 12x15, 2019 (Ausschnitt, Eidechsen)

Herrin des Kupferberges drei, Collage, 28x12, 2019

Herrin des Kupferberges zwei, Collage, 10x14, 2019

KAPITEL

03

Naturräumliches, Erzlagerstätten und die Herrin

Naturräume und Naturreichtümer in den Kupferbergerzählungen

Das Leben der Uralbewohner vor mehreren hundert Jahren wurde weitreichend bestimmt durch zwei geographische Faktoren - die geologische Beschaffenheit des Gebirges und das Klima. Die unterirdischen Schätze der Natur, die riesigen Wälder, die zahlreichen Flüsse sowie die abgeschiedene Lage der Dörfer in einem unwirtlichen Gebirgsteil waren die dominierenden Merkmale der natürlichen Räume, in denen sich die Uralbewohner bewegt haben und die sich auch in ihrer Erzählkultur abbildeten.

Die natürlichen Gegebenheiten, verknüpft mit den Naturphantasien der Bergleute, bilden in den phantastischen Erzählungen zuweilen eine raffinierte Symbiose. Beispielhaft dafür steht das Bild des Eidechsenheeres der Dämonin in der Geschichte „Die Herrin des Kupferberges". Es wird erzählt, sie, die Eidechsen, sähen aus „wie Lehm oder Sand mit goldenen Pünktchen. Die einen glänzten wie Glas oder Glimmer, die anderen wie welkes Gras, die dritten hatten ein Muster am ganzen Körper."[52] Damit wurde unverwechselbar das Äußere der in dem Uralgebirge heimischen Wald- oder Bergeidechse wiedergegeben. Als die Herrin die Gestalt einer großen grünen Eidechse annahm, fügte der Erzähler hinzu, dass man ein solches Tier noch nie am Kupferberg gesehen hatte. Die Aussage, dass das Uralgebirge nicht der Lebensraum der Exe war, stellte die „Brücke" zum Phantastischen her. Durch die Fremdheit des Tieres wurde das Fremde, das Andersartige, in der Figur der Dämonin ausgedrückt.

Des Weiteren ist für die Naturbeschreibungen bezeichnend, dass sie sich auf eine sehr kleine Region beziehen und auf die jeweiligen örtlichen Gegebenheiten der Handlung. So war der Sjuselska-Sumpf in der Geschichte „Sinjuschkas Brunnen" das Naturareal, in dem sich ein junger Goldschürfer bewegte:

„Der Sumpf wird wohl ausgetrocknet sein. Ich werde dort schon durchkommen. [...] Ilja schlug den Weg mitten durch den Wald ein,

---

52 Die Edelsteinblume, S. 11

wie die Leute im Herbst nach den Goldfeldern und zurück zu gehen pflegten. Anfangs schritt er wacker aus, dann wurde er müde und kam vom Wege ab. Von Mooshügel zu Mooshügel zu springen ist weit beschwerlicher, als auf ebener Straße zu gehen. [...] Schließlich erreichte er eine kleine Talmulde. In der Mitte vertiefte sie sich. Gras wuchs dort: Mariengras und Rohrgras. Die Hänge waren mit Fichten bestanden. Hier begann also trockner Boden."[53]

Den einheimischen Zuhörern der Erzähler war jede Gegend vertraut. Sie kannten die sie umgebende Natur, und sie konnten sich ein Bild von dem natürlichen Hintergrund der Handlung machen. Fremden dagegen ist es nahezu unmöglich, sich in der unbekannten Landschaft zu orientieren, die in jeder phantastischen Erzählung anders ist. Hinzu kommt, dass die Hüttenwerksdörfer, die Wohnorte der Bergleute und Steinschneider, auf Landkarten selten verzeichnet waren und die räumliche Orientierung erschweren.

Hier sind die Aufzeichnungen in den Tagebüchern von fremden Reisenden und Forschern hilfreich. Insbesondere Naturforscher, die das Uralgebirge im 18. und 19. Jahrhundert bereist haben, überlieferten beeindruckende, teilweise sehr detaillierte Natur- und Ortsbeschreibungen, darunter auch über die Kupferbergregion.

Peter Simon Pallas[54] und Johann Peter Falk[55] unternahmen in den Jahren 1768 bis 1770 mehrere wissenschaftliche Exkursionen im Auftrag der Zarin Katharina II. (1762-96). Ihre Erkundungen umfassten die Suche nach Mineralen, Bodenschätzen sowie die Untersuchung von Böden und Gewässern hinsichtlich einer wirtschaftlichen Nutzbarkeit.

---

53 P.P. Bashow: Die Malachitschatulle, S. 258

54 Peter Simon Pallas (1741 – 1811) war ein berühmter deutscher Naturwissenschaftler, der sich als Zoologe, Botaniker, Geologe, Geograph, Mineraloge und Ethnologe einen Namen gemacht hat. Im Alter von sechsundzwanzig Jahren berief ihn Zarin Katharina II. (1762-96) als ordentlichen Professor der Naturgeschichte und Leiter des Naturalienkabinetts an die Akademie der Wissenschaften nach Sankt Petersburg. Dort verbrachte er dreiundvierzig Jahre seines Gelehrtenlebens.

55 Der Schwede Johann Peter Falk (1732-1774) wurde im Jahre 1765 an die Akademie der Wissenschaften Sankt Petersburg berufen. Er war dort Professor für Medizin und Botanik und unternahm gemeinsam mit Peter Simon Pallas mehrere Forschungsreisen nach Sibirien.

Gustav Rose[56] bereiste 1829 das Uralgebirge als Begleiter von Alexander von Humboldt, der auf Einladung von Zar Nikolaus I. (1796-1855) die berühmte Reise in den Ural, den Altai und das Kaspische Meer unternahm. Die Reisetagebücher der Forscher enthalten zahlreiche Fakten und bildhafte Informationen über die Zeit, als die ersten Geschichten von der Herrin des Kupferberges ausgedacht wurden. Die Beobachtungen der Uralreisenden ergänzen die Schilderungen, welche durch die Kupferbergerzählungen überliefert worden sind. Die Forscher haben, den Bergleuten gleich, das Innere des Kupferberges gesehen. Die einen haben sich freiwillig aus Wissensdurst in das Kupfererzbergwerk begeben, die anderen mussten sich als leibeigene Zwangsarbeiter dort aufhalten. Das alles geschah lange Zeit vor Bashows Geburt, der erst 1879 das Licht der Welt erblickte.

Die Dimensionen der Rohstoffvorkommen, die allein im Gebiet des Mittleren Urals lagern, übersteigen beinahe das Vorstellungsvermögen. Jede Entdeckung einer unbekannten Lagerstätte, etwa einer Goldmine, bot neuen Erzählstoff für die Bergleute, die Schürfer, die Malachitmeister oder die Dorfbevölkerung.

Heute sind für den Mittleren Ural über zwölftausend Vorkommen verschiedener Erze und anderer Rohstoffe, von Edel- oder Buntmetallen über Kalisalze bis zu Kohle, Erdöl oder Erdgas bekannt.[57] Die unermesslichen Naturreichtümer sind einem noch vor der Gebirgsfaltung stattgefundenen Magmatismus-Phänomen zu verdanken und der Grund, warum der Mittlere Ural auch Erzural genannt wird.

Die wirtschaftliche Nutzung dieser Rohstoffvorkommen und die Entwicklung der Kupferbergregion zu einem bedeutenden Industriestandort im Mittleren Ural setzte erst spät, zu Beginn des 18. Jahrhunderts ein. Die Ursache dafür war in der Geschichte der Einbeziehung des riesigen Uralgebietes in das russische Zarenreich begründet. Erst im 16. Jahrhundert vollzog sich die Kolonisation der dünn besiedelten und schwer zugänglichen Regionen des

---

56 Gustav Rose (1798-1873) war einer der bedeutendsten Mineralogen seiner Zeit. Er war Inhaber des Lehrstuhls für Mineralogie an der Berliner Universität.

57 Kolesar, Peter; Tvrdy, Jaromir: Zarenschätze. Haltern: Bode Verlag 2006, S. 181 und Kolesar, Peter: Geographie, Bergbau, Geologie und Lagerstätten des Urals. In: Lapis, Doppelheft Ural, August 1997, S. 13

Gebirges durch russische Bauern und die damit einhergehende Verdrängung der nichtrussischen Völker. Im Unterschied dazu hatte der Rohstoffreichtum in den westlichen und südlichen Vorgebirgen des Urals eine frühe Besiedelung seit der Altsteinzeit zur Folge. So gab es bereits um die Zeitenwende einen regen Handelsverkehr zwischen der indigenen Bevölkerung der Sarmaten oder Baschkiren und dem Iran, Mittelasien und Byzanz.[58]

Bergbau und Hüttengewerbe waren daher in den Regionen des Süd- und des Mittleren Urals im Großen und Ganzen bis zum Jahre 1700 wenig ausgeprägt. Benötigte Metalle wurden aus dem Ausland eingeführt. Erst in Verbindung mit dem Großen Nordischen Krieg (1700-21) erfolgte eine breit angelegte montanwirtschaftliche Erschließung unter Peter dem Großen (1689-1725).[59]

Am Kupferberg wurden seit dem ersten Jahrzehnt des 18. Jahrhunderts verschiedene Erze gefördert und in den Hüttenwerken der Umgebung zu Gusseisen oder Kupfer verarbeitet. Die meisten Kupferbergdörfer sind Gründungen, die in diese Vorgänge integriert waren. Zudem kann der Ursprung der ersten Erzählungen über die Herrin des Kupferberges auf diese Zeit zurückgeführt werden.[60]

Geographisches über die Kupferbergdörfer

Die Kupfererzmine und das Bergwerksdorf Gumeschewsk sowie die Hüttenwerksdörfer Polewskoi und Sysert waren aus erzählerischer Sicht die geographische Mitte der Kupferbergerzählungen. Zuweilen wurden auch andere Dörfer erwähnt, wie zum Beispiel Krasnaja Gorka,

---

58 Tuchtenhagen, Ralph: Die Ural-Aufstände 1754-1766. In: Löwe, Heinz-Dietrich: Volksaufstände in Russland. Von der Zeit der Wirren bis zur „Grünen Revolution" gegen die Sowjetherrschaft. Wiesbaden 2006, S. 266

59 Peter der Große wurde 1672 geboren und 1682 zum Zaren ernannt. Seine Regierungszeit begann 1689, und nach dem Tod seines Bruders 1696 war er Alleinherrscher. Sein Beitrag zur Entstehung der Montanindustrie im Mittleren Ural wird in dem Kapitel Vier behandelt.

60 Siehe auch Kapitel Fünf: Die ersten Bergleute im Kupfererzbergwerk von Gumeschewsk waren Tschuden

Kosoj Brod oder Sewersk, alle montanwirtschaftlich mit Polewskoi oder Sysert verbunden. In der Region des Kupferberges bildeten sie ein Konglomerat von nahe beieinander liegenden Fabriksiedlungen.

Verwaltungstechnisch waren die Kupferbergdörfer in dem zu Beginn der 1760er Jahre gebildeten Syserter Bergwerksbezirk verortet, von der Autorin als Kupferbergbezirk oder Kupferbergregion bezeichnet. Die erfolgreiche Wirtschaftsgeschichte des Syserter Bergwerksbezirkes war eng mit dem Malachiterz des Kupferberges verbunden.

Vor etwa dreihundert Jahren kamen die Kupferberg-Siedlungen kleinen Dörfern gleich, integriert in die Hütten- oder Bergwerksanlagen, abgelegen und unbekannt. Einige Dörfer entstanden in Verbindung mit der Erschließung von neu entdeckten Erzminen als Arbeitersiedlungen, wie zum Beispiel Sewersk, nördlich an Polewskoi angrenzend und heute der Nordbezirk dieser Stadt.

Ein guter Orientierungspunkt für das Auffinden der Kupferbergdörfer auf geographischen Karten ist Jekaterinburg, das Zentrum des Mittleren Urals. Die Stadt befindet sich etwa fünfzig Kilometer von den Siedlungen entfernt in nördlicher Richtung.

Welchen Anblick mögen die Kupferbergdörfer zu einer Zeit geboten haben, als die Bergleute begannen, die ersten Phantasien über die Dämonin auszutauschen?

Das Kupferbergdorf Gumeschewsk

Das Herz der Kupferbergerzählungen schlug in dem Kupfererzbergwerk in unmittelbarer Nähe des Dorfes Gumeschewsk. Eine kurze Beschreibung des Dorfes ist dem Uralreisenden Pallas zu verdanken, der am Ende der 1760er Jahre das Bergwerk besichtigt hat.

„Die Siedlung und das Bergwerk befinden sich in einem feuchten Gebirgsareal, umgeben von hochstämmiger Bewaldung. Am östlichen Ende des Dorfes liegt der Hüttenteich, der in das Flüsschen Polewaja abläuft. Rundherum sind Ort und Bergwerk eingeschlossen von hohen felsigen und erzhaltigen Bergen."[61]

---

61 Pallas, Peter Simon: Reise durch verschiedene Provinzen des russischen Reiches. Zweiter Teil, S. 91

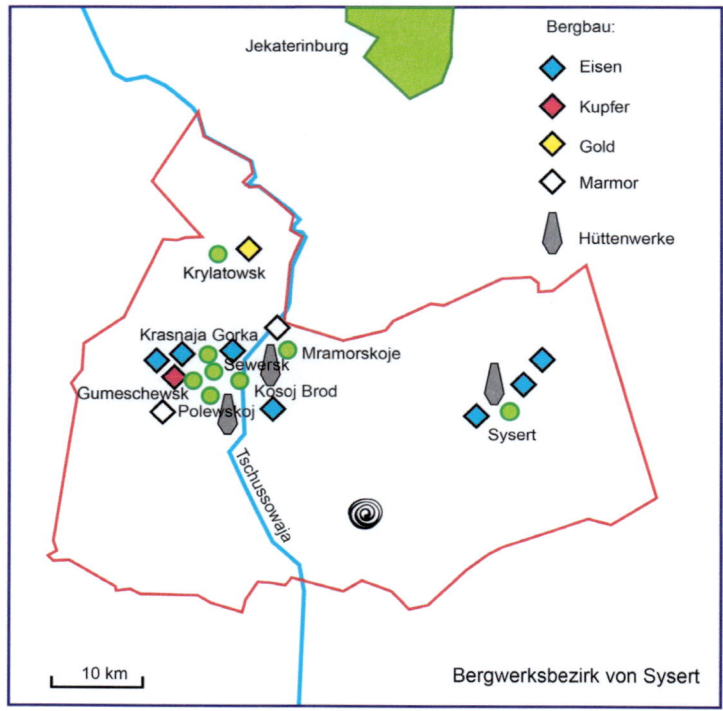

Kupferbergdörfer und Rohstofflagerstätten im Syserter Bergwerksbezirk,
soweit sie in den Kupferbergerzählungen thematisiert wurden

Im Inneren eines dieser Berge entstand vor Urzeiten die Kupfererzlagerstätte. Die Bergleute gaben ihr den Namen Kupferberg. Kupfererzvorkommen und Bergwerk stellten zudem den geologischen und den montanwirtschaftlichen Hintergrund für das Entstehen der mystischen Figur der Herrin des Kupferberges dar.

In dem Areal rund um das Kupfererzvorkommen und das Bergwerk befanden sich die Hüttenwerke, in denen das in Gumeschewsk geförderte Erz auf Kupfer verschmolzen wurde.

Gumeschewsk, heute Sjuselskij, ist ein kleines Dorf mit etwa eintausend Einwohnern geblieben. Gegen Ende des 19. Jahrhunderts hat es seinen Ruhm eingebüßt. Waren die Lagerstätten erschöpft, wurde die Förderung eingestellt. Die Bergwerke sind aufgelassen worden, und die Ortschaften verloren an Bedeutung, sofern sich ihre Bewohner nicht auf neue Wirtschaftszweige orientierten.

Das Kupferbergdorf Polewskoi

„Es wird erzählt, dass unser Dorf Polewaja vom Zarenstaat gegründet worden ist. Zu der Zeit gab es noch keine Bergwerke in dieser Gegend."[62] Diese Bemerkung des Erzählers in der Geschichte *„Zwei kleine Eidechsen"* geht darauf zurück, dass Polewskoi zu den Dörfern gehörte, die seit dem 16. Jahrhundert in Verbindung mit der Kolonisierung der Uralregion durch den russischen Staat gegründet worden sind. Die Kupfererzmine in Gumeschewsk war zu jener Zeit noch nicht wiederentdeckt worden.

Die Stadtchronik von Polewskoi verweist darauf, dass das Dorf bereits im Jahre 1699 in den „Mitteilungen des Gouvernements Perm" erwähnt wurde. Danach beschwerten sich einige Bauern bei Peter dem Großen (1689-1725) darüber, dass ein im Dorf einquartierter Dragoner ein Gemetzel angerichtet habe. Er hätte nicht nur den Hütejungen verprügelt, zehn Kühen die Schwänze abgeschnitten, sondern auch eine Kuh niedergemetzelt.[63] Im Jahre 1724 begann der Bau des ersten Hüttenwerkes in Polewskoi. Neben dem Kupfererz der Gumeschewsker Grube wurde auch das Eisenerz aus der sechs Kilometer entfernten Lagerstätte Krasnaja Gorka verhüttet.

Das Zentrum des Dorfes bildeten die Hüttenwerksgebäude mit dem Hüttenteich. Der Platz vor den Fabriken war der Mittelpunkt des gesellschaftlichen Lebens der Siedlung. Entlang des Hüttenteiches befanden sich die Behausungen der Hüttenarbeiter, zwei oder drei Straßen und eine hölzerne Kirche, deren Bau auf das Jahr 1731 datiert wurde[64]. Im Jahre 1770 hatte die Siedlung Polewskoi einige Hundert Einwohner. Der Erzähler der Geschichte *„Die Katzenohren"* beschreibt das Dorf als still, öde und abgeschnitten von der Außenwelt:

---

62 Die Edelsteinblume, S. 113

63 Stadtchronik Polewskoi, http://ru.wikipedia.org/wiki/Полевской, aufgerufen am 1.2.2021

64 Stadtchronik Polewskoi, http://polevsk.midural.ru, aufgerufen am 3.2.2021

„Ringsum nichts als Wald, Berge und Sümpfe. Offen gesagt, unsere Alten saßen wie in einer Grube."[65]

Die Entfernung von hier bis nach Jekaterinburg betrug 52 Kilometer. Die unwegsamen Sümpfe im Umfeld der Dörfer machten damals eine Reise in die Stadt trotz der aus heutiger Sicht kurzen Distanz sehr beschwerlich. Es gab entweder gar keine Straßenverbindungen oder die Wegeverhältnisse waren so schlecht, dass sie zu einer Gefahr für Mensch und Tier werden konnten. So schreibt der Uralreisende Pallas:

„Nachdem ich noch über einige mit Lärchen, Fichten und Birkenbäumen bewachsene Höhen, an welchen Äcker angelegt sind, geritten war, kam ich an einen mit Zedern vermischten Tannenwald, wo der Weg unbeschreiblich elend war. Die Pferde sanken bei jedem Schritt bis an die Brust in den Morast, und so langsam man auch ritt, war man doch aller Augenblicke in Gefahr, über Baumwurzeln zu stürzen oder die Augen an den trocknen Tannenzweigen zu verlieren".[66]

Schließlich mussten Reisende und Dorfbewohner auch der Bedrohung durch Wölfe aus dem Wege gehen, die in den Sommermonaten am geringsten war. Bereits im September pflegte der Wald voller Wölfe zu sein. Ein Reisender durfte sich mit seinen Anliegen nicht verspäten.

„Sie tauchen in zahlloser Menge auf"[67], heißt es in den „Katzenohren", und allein war man verloren. Es blieben nicht einmal die Knochen eines Menschen übrig.

Berge, dunkle Täler, tiefe Wälder, Moore, wilde Gebirgsbäche und die Isolation der Gebirgsdörfer bestimmten das natürliche Umfeld, das den Dorfbewohnern während der Arbeit im Bergwerk, in der Hüttenwerksfabrik oder auf den Feldern mehr als genug Raum bot, phantastische Geschichten zu erzählen, zu hören oder zu erfinden.

---

65 Bashow P.P.: Die Malachitschatulle, S. 157. Die Erzählung „Die Katzenohren" gehört nicht zu dem Kupferberg-Zyklus.

66 Pallas, Peter Simon: Reise durch verschiedene Provinzen des russischen Reiches. Erster Teil, S. 165

67 Bashow P.P.: Die Malachitschatulle, S. 165

Das Kupferbergdorf Sewersk

Im Jahre 1735 wurde der Fluss Seweruschka angestaut und ein Hüttenteich angelegt. Daneben errichtete man die Fabrikanlagen. Im nächsten Schritt entstanden entlang des Teiches die Wohngebäude der Arbeiter. Die ganze Anlage wurde zum Schutz vor Überfällen mit Gräben und Befestigungsanlagen umgeben. Im Falle von Sewersk gab es Streitigkeiten mit den Baschkiren, die ihren Anspruch auf das Land erhoben hatten. Der Bau des Fabrikdorfes zog sich aus diesem Grunde über vier Jahre hin.

In Sewersk befanden sich die Hammerwerke, auch Pochwerke genannt. Hier wurde das in Polewskoi produzierte Gusseisen mechanisch endgefertigt. Außerdem wurde Marmor aus den nahegelegenen Marmorbrüchen geschnitten und geschliffen. Das Dorf gewann besonders gegen Ende des 18. Jahrhunderts durch den Bau von Eisenhütten und metallverarbeitenden Betrieben wachsende Bedeutung. Bashow erwähnt Sewersk wahrscheinlich so häufig wegen seiner räumlichen Nähe zu dem damals bedeutenderen Dorf Polewskoi. Es ist auch möglich, dass der Prozess des Zusammenwachsens beider Dörfer schon zu seinen Lebzeiten in vollem Gange war. Gleichwohl steht Sewersk beispielhaft für viele Neugründungen in der Uralregion, die der Zarenstaat damals in großer Zahl auf den noch unerschlossenen Ländereien in der Nähe der Rohstofflagerstätten errichten ließ.

Das Kupferbergdorf Sysert

Das größte der Kupferbergdörfer war Sysert, am Fluss Sysert in einem dicht bewaldeten sumpfigen Tal erbaut. Sysert hat von den Kupferbergdörfern die längste Tradition in der Erzverhüttung, die bis auf das Jahr 1702 zurückgeht.

Direkt an die Hütten der Bewohner angrenzend, befand sich eine große, aus etwa zehn Fabrikgebäuden und Hochöfen bestehende Produktionsanlage, in der das Kupfererz aus Gumeschewsk verschmolzen wurde. Zudem wurden Eisenerze aus der Umgebung verarbeitet. Nach Angaben des Uralreisenden Pallas bestand der Ort 1770 aus dreihundert Häusern, einem alten Kontorhaus, einer hölzernen Kirche sowie aus den Wohngebäuden des Eigentümers.

Seit den 1760er Jahren war Sysert das wirtschaftliche und administrative Zentrum des Syserter Bergwerksbezirkes. Der Erzähler bemerkt in dem Zusammenhang in der Geschichte „*Die Katzenohren*", dass Sysert zur wichtigsten Hütte wurde.[68] Er führt weiter aus, dass es in Sysert lebhafter zuging als in den anderen Siedlungen. Der Ort lag an der Straße, die in Richtung Süden in das Gebiet der Kosaken führte und zum Kaspischen Meer. „Viel Volk zog zu Fuß wie zu Wagen hin und her."[69] In nördlicher Richtung erreichte die alte Handelsstraße nach vierundvierzig Kilometern die Stadt Jekaterinburg.

Wie das Klima das Leben in den Dörfern am Kupferberg bestimmt

Die Erzähler der überlieferten Volkserzählungen beschreiben ähnlich wie die Uralreisenden die Kupferbergregion als eine Gegend mit kühlfeuchtem Gebirgsklima und dichter Bewaldung. Die Bilder einer Landschaft mit unzähligen Bächen, Flüssen, kleinen Seen, ausgedehnten Sumpfgebieten und miserablen Wegeverhältnisse bezogen sich überwiegend auf die frostfreie Jahreszeit von Mai bis September. Jedoch beeinflussten hier die früh einsetzenden und lang andauernden Winter mit extremen Minusgraden das Leben von Menschen und Tieren viel stärker als etwa in den milden westlichen oder südlichen Vorgebirgen des Urals.

Die tiefste jemals in Jekaterinburg gemessene Temperatur betrug minus 47 Grad Celsius. Die strengen Winter verlangsamten das Leben der Dorfbewohner und beschränkten ihren Bewegungsradius auf die Behausungen und die Arbeitsorte, die sich in unmittelbarer Nähe der Bergarbeiterkaten befanden. Abgesehen von der durch die Leibeigenschaft ohnehin eingeschränkten Bewegungsfreiheit der Menschen wäre kein Dorfbewohner auf die Idee gekommen, im eisigen Winter sein Dorf zu verlassen.

Auch der Uralreisende Pallas verbrachte den harten russischen

68   Bashow, P.P.: Die Malachitschatulle, S. 156
69   Ebenda

Winter lieber in einem sicheren und warmen Quartier. Später beschrieb er die Wintermonate des Jahres 1770. „Der heurige Winter war [...] allein wegen seiner trüben und stürmischen Beschaffenheit sehr unangenehm. Nach den schon im September gehabten Vorboten winterte es im Oktober völlig zu. Den allerheftigsten Frost hatte man in der letzten Hälfte des Novembers, und dabei fingen besonders vom 23sten heftige Stürme an zu wüten, welche [...] vielen Reisenden das Leben kosteten. Die Stürme dauerten den ganzen Dezember hindurch fast unaufhörlich, aber bei minderer Kälte fort [...] Der März beschloss den Winter mit einem [...] heftigen Frost und überaus tiefem Schneefall."[70]

In der Geschichte „*Das blaue Schlänglein*"wurde über den Winter in den abgelegenen Dörfern erzählt. „Die Winterfröste lassen bekanntlich jedes Tier den Schwanz einkneifen[71] und verschonen auch die Menschen nicht."[72] Besonders die Kinder litten unter der kalten Jahreszeit, denn sie waren gezwungen, in den engen Hütten zu bleiben. „Ihre Kleidung war dünn, ihr Schuhzeug schlecht – so gekleidet und beschuht kam man nicht weit. Höchstens, dass man aus einer Hütte in die andere laufen konnte."[73] Der Not gehorchend, und den Ohrfeigen der Erwachsenen aus dem Wege gehend, verkrochen sich die Kinder auf dem Ofen und hockten den Winter über dort zusammen. Wer von den Dorfbewohnern nicht im Bergwerk oder in den Hüttenwerken arbeitete, war mit Heimarbeit

---

70 Pallas, Peter Simon: Reise durch verschiedene Provinzen des russischen Reiches. Erster Theil, S. 131

71 Eines Tages macht Peter Simon Pallas eine Beobachtung, welche die außergewöhnliche Anpassung der Tiere an die Winterfröste zeigt, von der Bashow sagt: „Die Tiere kneifen den Schwanz ein". Um den 15. März hatten sich bei heiterer Witterung erste Schwalben gezeigt. Einige Tage später änderte sich das Wetter abrupt, und es gab heftigen Nachtfrost. Man fand eine Schwalbe steif vor Frost auf einem Feld, aber kaum hatte der Vogel eine Viertelstunde in der leicht erwärmten Stube gelegen, fing er an zu atmen, sich zu bewegen und aus dem Zimmer zu fliegen. Es kommt des Öfteren vor, dass Schwalben im Herbst durch überraschend eingetretenen Frost in Fischernetzen, Erdklüften oder hohlen Bäumen erstarren und überwintern. Sobald die Temperaturen steigen, erwachen diese Vögel wieder zum Leben.

72 Bashow, P.P.: Die Malachitschatulle, S. 230. Die Geschichte „Das blaue Schlänglein" gehört nicht zu dem Kupferberg-Zyklus.

73 Ebenda

beschäftigt. Die Malachitschleifer oder die Mattenflechter betrieben ihre Werkstatt in der heimischen Hütte. Nicht zu vergessen waren die Haustiere, ein wertvolles Gut für die Familien. Sie hielten sich ebenfalls in den Hütten auf, wo sie sicher vor dem Frost geschützt waren und für Raumwärme sorgten.

Eine Ausnahme bildeten die Jäger, wie der alte Kokowanja in der Geschichte „Das silberne Huflein". Der Mann verdiente im Sommer sein Brot mit dem Schürfen nach Gold, und im Winter war er Jäger. Als der Frost mit voller Kraft einsetzte, bereitete Kokowanja einen langen Aufenthalt im Wald vor, denn es war die Zeit für das Schießen der Böcke. Der Alte lebte mit dem Waisenkind Darjonka zusammen. Die Nachbarn hielten ihn für verrückt, dass er ein kleines Kind bei klirrendem Frost in den Wald mitnehmen wollte. Nahezu episch wird über den Jäger und das Kind im sibirischen Winter erzählt. Kokowanja hatte eine Hütte im Wald gebaut. Sie besaß ein kleines Fenster und eine Feuerstelle. Ein wärmendes Feuer war lebensnotwendig und unerlässlich, um einen längeren Aufenthalt in der eisigen Kälte durchzustehen.

Mit einem Handschlitten, auf dem zwei Säcke getrocknetes Brot, ein Bündel Spielsachen für das Kind sowie allerlei Hausrat befestigt waren, machten sie sich auf den Weg. Es fehlte auch die Jagdausrüstung Kokowanjas nicht. Ohne ein Gewehr wären die beiden verloren gewesen. Es war eine weitere Unumgänglichkeit für das Überleben in den vereisten sibirischen Wäldern. Der Jäger brachte jeden Tag ein oder zwei Böcke von der Jagd nach Hause. Ihr Fell und ihr Fleisch, welches eingesalzen wurde, ergaben eine reichliche Ausbeute. Damit war der Lebensunterhalt von Mann und Kind für mehrere Monate im Jahr gesichert, und sie konnten wieder nach Hause ziehen. Ein dämonischer Ziegenbock, der ihnen ein paar glitzernde Steine bescherte, beschäftigte die Phantasie des Mädchens, hatte aber für das alltägliche Leben der beiden keine wirklich große Bedeutung.

Anders als die Jäger, die die Winterzeit in der frostigen Natur zubrachten, arbeiteten viele hundert Bergleute und Hüttenarbeiter der Dörfer Gumeschewsk, Polewskoi und Sysert in dem Bergwerk und an den Schmelzöfen. Der Winter war hier die Hauptproduktionszeit. Zudem war ein Teil der Arbeiter das ganze Jahr hindurch beschäftigt, weil Berg- und Hüttenwerke aus wirtschaftlichen Gründen dauerhaft im Betrieb gehalten werden mussten.

Die Übrigen, leibeigene Bauern aus den Dörfern der Umgebung, verließen in der frostfreien Zeit die Werke und leisteten Fronarbeit auf den Feldern ihrer Gutsherren. Die feuchte und kalte Gegend, der Mangel an frischem Fleisch und an Gemüse sowie die Ernährung mit Salzfleisch oder Trockenfisch hatten zur Folge, dass die meisten von ihnen bei schlechter Gesundheit waren. Krank und erschöpft wechselten sie im Frühjahr vom Bergwerk in die Feldarbeit.

War ein Bergmann ernsthaft erkrankt, so gab es für ihn keine andere Möglichkeit, als sich durch die Verwendung der heimischen Heilkräuter zu heilen. Diese wuchsen in dem rauen Gebirgsklima besonders gut.

Ärzte lebten in den Städten, und die Zarenfamilien ließen sich nur von berühmten Medizinern behandeln, die aus dem Ausland geholt wurden. In der Geschichte *Die Edelsteinblume* wird einiges über das Heilen mit Kräutern erzählt. In den entlegenen Dörfern gab es die weisen alten Frauen, die sich in der Kräuterheilkunde auskannten. Am Kupferberg war es das Mütterchen Wichoricha, eine gütige und redselige Frau. Ihr Stübchen war voller Kräuter, Wurzeln und Blumen, die da hingen und trockneten. Mit Hilfe der Kräuter der Gebirgswiesen hatte sie schon so manchen Kranken oder vom Auspeitschen verletzten Menschen geheilt.

„Ihre Kuren wurden in allen unseren Werken gerühmt", wusste der Erzähler zu berichten. „Sie kannte sich in allen Kräutern vortrefflich aus: welch Kraut gegen Zahnschmerz hilft, welches bei Leistenbruch oder Reißen [...] Sie sammelte diese Kräuter selber, ein jedes zu der Zeit, da es seine volle Kraft besaß. Aus den Kräutern und auch aus Wurzeln bereitete sie Aufgüsse und Absude, die sie mit Salben vermischte."[74]

Es blieben etwa fünf Monate von Mai bis September, die unter klimatischem Aspekt das Heilkräutergewerbe, das Betreiben von Landwirtschaft oder ein Bereisen des Urals erlaubten. Im Jahre 1770 fiel sogar Anfang Mai noch Schnee. Danach kam stürmisches Wetter, so dass der Uralreisende Pallas erst Mitte Mai sein Winterquartier verlassen konnte - und das bei starkem Sturm und bewölktem

---

74 Bashow, P.P.: Die Malachitschatulle, S. 59

Himmel, aus welchem es abwechselnd hagelte und Schnee regnete. Die Dorfbewohner mussten dessen ungeachtet auf den Feldern ihren Frondienst leisten.

Naturreichtümer Holz und Wasser am Kupferberg

Alle Kupferbergdörfer sind an einem oder mehreren Flüssen errichtet worden. Der Dorfbevölkerung dienten die Flüsse in erster Linie als Nahrungsquelle. Der gefangene Fisch wurde ebenso wie Fleisch eingesalzen oder getrocknet und war während des ganzen Jahres ein unverzichtbarer Teil der Ernährung. In der Erzählung „Der Schlangenkönig" mussten die Kinder des todkranken Bergmanns Lewontjew durch die Arbeit auf den Goldfeldern zum Lebensunterhalt der Familie beitragen. Während einer Pause ging einer der Jungen zu dem Fluss Tschussowaja und angelte, damit sie etwas zu Essen bekamen. „Er fing ein paar Gründlinge und Barsche, und dann machten sie sich daran, eine Fischsuppe zu kochen."[75] Mit etwas Glück waren auch die Zugvögel für Lewontjews Kinder eine Möglichkeit, den Hunger zu stillen und eine Fleischmalzeit zu bekommen.[76]

Die damals wie Pilze aus dem Boden schießenden Hüttenwerke wurden immer nach dem gleichen Muster gebaut. Zuerst wurde ein Hüttenteich angestaut, das heißt, Wasser musste vorhanden sein. Die Verhüttung von Erz war im 18. und auch noch im 19. Jahrhundert nicht möglich, wenn kein Fluss in der Nähe des Gewerkes vorhanden war. Die Anwendung von elektrischem Strom für den Antrieb von Maschinen ergab sich erst Ende des 19. Jahrhunderts. Alle Maschinen und Anlagen, die mittels Kraftübertragung arbeiteten, waren auf eine entsprechende Lösung angewiesen. In der Regel kamen Wasserräder in Verbindung mit den Hüttenteichen zur Anwendung. Sie wurden von den örtlichen Bächen und Flüssen gespeist. Das waren im Dorf

---

75 P.P. Bashow: Die Malachitschatulle, S. 175

76 Die Tiere machten mit dem beginnenden Frühjahr an den zahlreichen Gewässern, Sümpfen oder Teichen Zwischenstation. Gänse wurden zum Beispiel gefangen, indem man Netze zwischen zwei Bäume spannte. Die Tiere konnten die Netze in der Morgendämmerung nicht sehen und flogen mit ausgestreckten Hälsen hinein.

Sysert der gleichnamige Fluss Sysert und kleine Nebenbäche, die im Gebirge entsprangen. Das Hüttenwerk in Polewskoi füllte seinen Hüttenteich mit dem Wasser der Polewaja.

Bergwerke benötigten die Teiche aus einem anderen Grund als Hüttenwerke. Namentlich das Gumeschewsker Bergwerk hatte große Probleme mit dem zulaufenden Wasser. Ohne eine permanente Ableitung des Grubenwassers wäre der Erzabbau nicht möglich gewesen. In dem Fall war ein Teich für die Aufnahme des ablaufenden Wassers nötig. Hinter dem Damm wurden die Schmelzhütten und die Behausungen der Arbeiter errichtet. Es fehlte nur noch das Holz für das Beheizen der Schmelzöfen. Das lieferten die riesigen Wälder.[77]

Sowohl das Auszimmern der Stollen in den Bergwerken als auch die Verhüttung der Erze in den Hochöfen erforderten große Mengen an Holz beziehungsweise an Holzkohle. Hunderte von Menschen aus den Kupferbergdörfern arbeiteten als Holzfäller, Zimmerleute und Köhler.

Der Erzähler beschreibt in der Geschichte *„Der lebendige Funke"* das Köhlerhandwerk auf eine Weise, die vermuten lässt, dass er selbst schon einmal als Köhler gearbeitet hat: Nachdem das Holz in große Scheite gehauen worden war, baute der Köhler daraus einen großen Berg. „Nicht nur, dass jedes Holz auf eigene Art aufgeschichtet werden musste, auch mit gleichem Holz hieß es auf die unterschiedlichste Weise umgehen. Eine Fichte aus feuchtem Grund verlangte eine bestimmte Neigung, eine Fichte aus trockenem Grund eine andere […] Waren die Scheite dick, so waren Luftlöcher einer Größe vonnöten, dünn von einer andren."[78]

Hatte der Köhler den Holzberg zu seiner Zufriedenheit errichtet, wurde er mit Erde bedeckt und angezündet. Durch die Luftkanäle verbreitete sich dann „der lebendige Funke". Der Köhler musste viel Erfahrung in seinem Handwerk gesammelt haben, denn, so wird weiter erzählt: „Hast du etwas versäumt, so ziehst du statt Kohle Holz, das nicht verkohlt, oder verbrannt ist. Hast du aber alles sorgsam

---

77 Auch heute noch umfasst die Waldfläche Russlands über acht Millionen Quadratkilometer.

78 P.P. Bashow: Die Malachitschatulle, S. 116

aufgeschichtet, dann wird auch die Kohle gut und hat einen hellen Klang"[79] und kann dem Schmelzprozess in den Hochöfen zugeführt werden.

Ein großes Problem in der Vergangenheit wie auch in der Gegenwart war und ist die Nachhaltigkeit der Holzwirtschaft. Der Uralreisende Pallas schrieb bezüglich der Wälder um das Dorf Sysert, dass sich die Waldung „in trefflichem Zustand" befände, „und die alten Gehäue [...] wieder mit dem hoffnungsvollsten jungen Anflug bewaldet"[80] seien, was er der Weitsicht des Eigentümers Turtschaninow zuschrieb. Nicht alle Waldbesitzer dachten an die Zukunft. So wurden weite Flächen des ursprünglichen Waldbestandes seit Beginn des 18. Jahrhunderts abgeholzt, ohne sich um die Rekultivierung zu kümmern. Auf den kahlen Flächen haben sich zum Teil Birken angesiedelt, die in der kurzen Vegetationsperiode schnell wachsen und dem rauen Klima standhalten.

Flüsse waren nicht nur für die Ernährung der Dorfbewohner und den laufenden Betrieb der Berg- und Hüttenwerke unverzichtbar; auch der größte Teil des Gütertransportes ist auf den Flüssen durchgeführt worden. Vor allem riesige Holzmengen wurden auf dem Wasser verflößt. Damals war der Lauf der Flüsse noch nicht durch Menschen beeinflusst, und ein Flusstransport konnte zu einer gefährlichen Situation führen. In der Erzählung *Jermaks Schwäne* wird ein Bild davon vermittelt:

„In Wirklichkeit ist die Flussfahrt schwieriger, als sich einen Weg durch den Urwald zu bahnen [...] Wenn du den Weg nicht schnell erkennst, so wirst du dich und deine Begleiter abquälen, vielleicht sogar in den Tod führen [...] Von den hiesigen Flüssen war nur die Kama und noch ein kleines Stück von der Tschussowaja bekannt. Von der Tura oder vom Irtysch hatte keiner je gehört."[81]
Der Flusstransport von Rohstoffen für die Schmelzöfen war wenig

---

79 Ebenda, S. 117

80 Pallas, Peter Simon: Reise durch verschiedene Provinzen des russischen Reiches. Zweiter Teil, S. 85

81 Die Edelsteinblume, S. 268. Die Erzählung „Jermaks Schwäne" gehört nicht zum Kupferberg-Zyklus.

ausgeprägt, weil die Hüttenwerke in unmittelbarer Nähe der reichlich vorhandenen natürlichen Ressourcen gebaut wurden.

Dagegen mussten das Roheisen und das Kupfer nach dem Verhüttungsprozess auf Wasserwegen über große Entfernungen zu den Orten der Weiterverarbeitung gebracht werden, etwa nach Jekaterinburg oder Sankt Petersburg. In der Erzählung „Die Katzenohren" erfährt man, dass die Arbeiter das fertige Kupfer aus dem Hüttenwerk Polewskoi regelmäßig mit Pferdefuhrwerken zur Anlegestelle am Fluss transportierten.[82] Im Winter wurden Schlitten benutzt.

Auch der Uralreisende Pallas äußerte sich nach der Besichtigung des Hüttenwerkes in Sysert über den Abtransport der fertigen Produkte. „Das geschmiedete Stangeneisen wird im Winter längs der Tschussowaja, nach der ohngefähr hundert Werste[83] von hier angelegten Utkinskaja Pristan[84] geführet, daselbst auf platte Fahrzeuge eingeschifft, durch diesen Fluss in die Kama und Wolga abgelassen."[85]

Der Schlangenberg - Verbindung zu der Unterwelt der Herrin des Kupferberges

Die Bergleute bezeichneten das Kupfererzvorkommen von Gumeschewsk als die wichtigste Schatzkammer der Herrin.[86] Eine von mehreren geologischen Besonderheiten der Lagerstätte war der Schlangenberg, unweit der Abraumhalden des Bergwerkes in einem dichten Waldstück gelegen. Ähnlich wie in Kapitel Eins ausgeführt, war auch hier die Erzschicht bis an die Erdoberfläche gekommen, und die Verwitterung hatte einen felsigen Erzberg entstehen lassen. So konnte das Erz lange Zeit im Tagebau abgebaut werden. Bashows Vater erzählte seinem kleinen Sohn von dem Berg, und Bashow beschrieb später seine Enttäuschung darüber, dass der Schlangenberg verschwunden war, abgetragen, als sie das Bergwerk besuchten. Gleichwohl nahm

---

82 P.P. Bashow: Die Malachitschatulle, S. 157
83 1 Kilometer [km] = 0,937 Werst
84 Utkinsker Pier: Utkinsker Verladestelle
85 Pallas, Peter Simon: Reise durch verschiedene Provinzen des russischen Reiches. Zweiter Teil, S. 84
86 Die Edelsteinblume, S. 16

er in Bashows literarischem Werk über die Herrin des Kupferberges einen besonderen Platz ein.

„Der Berg war zwar nicht hoch, aber steil", so wurde der Schlangenberg in der Erzählung „Die Edelsteinblume" beschrieben. „Auf der einen Seite fiel die Bergwand sogar so schroff ab, als wäre sie abgeschnitten. [...] Die Lagerung aller Gesteinsschichten hatte man hier vor Augen, wie man es sich nicht besser wünschen konnte."[87]

Die Bergleute verknüpften in ihren Phantasien über die Herrin des Kupferberges die realen natürlichen Gegebenheiten des Schlangenberges mit dem unterirdischen Reich der Dämonin: An einer seiner Bergwände soll hinter großen Gesteinsbrocken zuweilen eine Öffnung entstanden sein, durch die der eine oder andere Bergmann in die Unterwelt der Herrin gelangt war. Die Männer wussten zu erzählen, dass sich unter dem Schlangenberg der Garten der Herrin befand, in dem die Edelsteinblume blühte. Hier dehnten sich auch die geheimnisvollen Steinwälder aus, welche an die Wohnpaläste der Dämonin grenzten.

Die Steinerne selbst hatte dem Bergmann Stepan Petrowitsch erzählt, dass das Eisenerzvorkommen von Krasnaja Gorka ihr eiserner Hut wäre.[88] Den Ortsangaben aus den Kupferbergerzählungen folgend, müsste das Gebiet der Herrin etwa eine Ausdehnung zwischen 30 bis 50 km² umfasst haben.

Malten sich die Bergleute in ihrer Phantasie Bilder vom unterirdischen Reich der Malachitniza aus, dann waren es vornehmlich ihre Paläste, „deren Wände gelb, grün oder goldfarben schimmerten und mit Goldtüpfelchen übersät waren.

Etliche Räume waren mit einem Kupfermuster verziert, andere hellblau, die nächsten wiederum von tiefem Blau."[89] Es waren die Farben der Kupferminerale.

Andrjucha, Hüttenwerksmeister aus der Erzählung „Zwei kleine Eidechsen", ist sterbenskrank in die Räume der Herrin gelangt. „Seinem Blick öffnete sich ein Saal, den er sich nicht einmal im

---

87 P.P. Bashow: Die Malachitschatulle, S. 76
88 P.P. Bashow: Malachitovaja Skatulka, Moskva 1992, S. 39
89 Die Edelsteinblume, S.15

Traum hätte vorstellen können. Die Wände waren von wunderbarem Mosaiksteinmuster. In der Mitte stand ein Tisch aus Malachit."[90]

Die Bergmänner befanden sich jeden Tag unter der Erde und schlugen das Kupfererzgestein aus dem Berg. Sie ertrugen die unsäglichen Arbeitsbedingungen der Erzgewinnung, aber es gab auch Momente des Wahrnehmens von Schönheit. Trotz ihrer unbeschreiblichen Arbeitssituation in den dunklen Tiefen des Bergwerkes konnte ihnen nicht verborgen bleiben, welche außergewöhnlichen Werke die Natur in Jahrtausenden im Kupferberg vollbracht hatte. Gerade die Kupfererzminerale bringen spektakuläre Formen und Farben hervor, und die Bergleute haben sie mit eigenen Augen gesehen. Zwangsläufig musste die Faszination der Steine die Phantasie der Bergleute beflügeln und dazu beitragen, die Figur der Herrin hervorzubringen. Schon allein das Kleid, das sie trug, sprach dafür. Es widerspiegelte die optischen Eigenschaften der Kupferminerale und „änderte ständig seine Farbe: zuerst glitzerte und glänzte es wie von Brillanten besät, dann war es wie verschossen, dann kupferrot und kurz darauf schimmerte es gleich grüner Seide."[91]

Bezüglich der Kupferminerale wurde von dem Erzähler der Geschichte *„Die Herrin des Kupferberges"* bemerkt, dass man in Gumeschewsk verschiedene Arten des Kupfererzes schlug. Neben dem Malachit gehörten gediegenes Kupfer und Kupferlasur (Azurit)[92] dazu. Die Bergleute wussten, dass aus diesen Kupfererzen in den benachbarten Hüttenwerken Kupfer geschmolzen wurde. Mineralogische Sachverhalte konnten jedoch in ihren Gesprächen und später in den Kupferbergerzählungen keinen Raum einnehmen mangels tiefergehender Kenntnisse der Naturvorgänge. Anders verhielt sich es sich für die Uralreisenden, die ebenfalls in das Kupfererzbergwerk hinabgestiegen sind. Sie haben die Lagerstätte und ihre Minerale genau wie die Bergleute gesehen und bestaunt, aber darüber hinaus mit ihrem wissenschaftlichen Sachverstand analysiert und beschrieben.

---

90 Ebenda, S. 124
91 Ebenda
92 Ebenda, S. 9

Die Kupfererzlagerstätte von Gumeschewsk gibt Uralreisenden und Forschern Rätsel auf

Ganz ähnlich wie der Bergmann Stepan Petrowitsch, dem die Herrin ihre Paläste vorführte und der „so viel Schönheit in seinem Leben noch nicht gesehen hatte"[93], nahmen die Forscher die Wunder der unterirdischen Natur wahr. Die weitgereisten Naturwissenschaftler konnten nicht umhin, immer wieder die Merkwürdigkeiten, das Wundersame, das Rätselhafte oder das Spektakuläre an der Kupfererzlagerstätte von Gumeschewsk zum Ausdruck zu bringen. Der Uralreisende Falk schrieb im Jahre 1769: „Die merkwürdigste Kupfergrube im Katrinenburgischen Ural ist die Gumeschewskische (Gumeschewskoi Rudnik) oben an der rechten Seite der Tschussowaja bei Polewskoi. Sie scheint [...] ein Stockwerk von sehr kupferreichem Ton, mit vielen Malachit- und Kupferglasnestern, auch gediegen Kupfer zu sein".[94] Da die Uralreisenden nicht zu ihrem Vergnügen in das Kupfererzbergwerk eingefahren sind, sondern im Auftrag der Regenten handelten, standen wissenschaftliche Erkundungen der Lagerstätte im Vordergrund. Die Aufgabe der Wissenschaftler war es, Berichte zu verfassen, die die bessere wirtschaftliche Nutzung des Rohstoffreichtums des Urals zum Ziel hatten.

Eine ergiebige Wissensquelle bezüglich der Minerale des Kupferberges war der Bericht des Mineralogen Rose über die Uralreise, die er zusammen mit Humboldt unternommen hatte. Er fertigte eine Beschreibung aller von ihm im Kupferberg aufgenommenen Erze an.[95] Bezogen auf die Kupfererze schrieb Rose, dass Malachit am häufigsten vorkäme, gefolgt von Cuprit. Schon seltener finde man gediegenes Kupfer und Chalkopyrit, und am seltensten Brochantit.[96]

Vieles können selbst Wissenschaftler in einer Lagerstätte nicht sofort entschlüsseln, und Rose bemerkt weiter, „dass das ganze Vorkommen

---

93 Ebenda, S. 15

94 Falk, Johann Peter: Beyträge zur topographischen Kenntniß des Rußischen Reichs, S. 221

95 Das waren: gediegenes Kupfer, Chalkopyrit (veralteter Name Kupferkies), Cuprit (veralteter Name Rotkupfererz), Malachit, Brochantit, Brauneisenerz und Quarz.

96 Rose, G.: Mineralogisch-geognostische Reise nach dem Ural, dem Altai und dem Kaspischen Meere. Erster Band. Berlin: Sandersche Buchhandlung 1837, S. 269

dieser Kupfererze noch sehr rätselhaft bleibt. Sie finden sich [...] auf eine ähnliche Weise an mehreren Orten im Ural, aber auch hier ist über ihr Vorkommen nicht mehr Aufschluss zu erhalten."[97] Schon allein das Vordringen in tiefere Gesteinsschichten einer Lagerstätte kann neue Erkenntnisse bedeuten. Zweifelsohne spielt der jeweilige Wissensstand der Zeit dem Mineralogen in die Hände, und er sollte auch das Glück auf seiner Seite haben. Rose hat das Kupfererzbergwerk im Jahre 1829 besichtigt und kam bezüglich des Minerals Brochantit zu dem Schluss, dass es dort am seltensten gefunden wurde. Schon kurze Zeit später, wahrscheinlich Ende der 1830er Jahre, wurde ein Brochantit-Fund durch amerikanische Mineralogen dokumentiert[98]

Gediegenes Kupfer: das Mineral, nach dem die Bergleute die Lagerstätte benannten

Auch gediegenes Kupfer gehörte zu den Mineralen, die im Kupferberg seltener vorkamen. Da die Bergleute die Lagerstätte nach diesem Mineral benannten, sollte es eine kurze Betrachtung wert sein. Was ist unter gediegenem Kupfer zu verstehen?

Mineralogen bezeichnen das Vorkommen von reinen chemischen Elementen in der Natur als „gediegen". Bis heute konnten etwa dreißig Elemente nachgewiesen werden, die in reiner Form auftreten. Sie gelten als eigenständige Minerale, zu denen auch Kupfer gehört.

Die Aggregate des gediegenen Kupfers sind außerordentlich bizarre Gebilde, baumförmige Gestalten, kleine Kunstwerke. Gediegenes Kupfer kommt aber auch weniger spektakulär in Form von Blechen und dicken Platten vor. Was die Farbigkeit betrifft, erscheint gediegenes Kupfer eher unauffällig. Es ist meist bräunlich angelaufen, manchmal glänzend, manchmal matt, selten kupferrot.

Der Uralreisende Pallas beschrieb in dem Bericht über den Besuch des Kupfererzbergwerkes unter anderem einen Fund von gediegenem Kupfer: „Es ist auch einmal gediegenes, in platten, dünnen [...] Fäden ausgebildetes, reines und weiches Kupfer, um eine Stufe wie

---

97 Ebenda
98 Palache, C., Berman, H., Frondel, C. (1951): The System of Mineralogy of James Dwight Dana and Edward Salisbury Dana. Yale University 1837-1892, Volume II, S. 543

ein Gewebe anliegend, gefunden worden, [...] nur große gewachsene Stücke kommen meines Wissens hier nicht vor."[99]

Ebenso wie der Forscher Rose hatte schon Pallas sechzig Jahre zuvor die Vermutung, dass gediegenes Kupfer in der Gumeschewsker Mine zu den selten auffindbaren Mineralen gehörte. In der Geschichte „Die Herrin des Kupferberges" bemerkt der Erzähler, dass den Bergleuten „manchmal gediegenes Kupfer unter die Finger kam". Gediegenes Kupfer hat die Eigenschaft, sich unter dem Einwirken der Bestandteile der Erdatmosphäre leicht mit anderen Elementen zu verbinden. In der Lagerstätte von Gumeschewsk befand sich die Kupfererz-führende Schicht sehr nahe an der Erdoberfläche. Ein massives Vorkommen von gediegenem Kupfer war daher nicht möglich. Auch für die Verhüttung hat gediegenes Kupfer geringe Bedeutung. Das meiste Kupfer wird gewöhnlich aus den Kupferverbindungen gewonnen. In Gumeschewsk war es überwiegend das Malachiterz, aus welchem Kupfer geschmolzen wurde. Als Rohstoff für die Schmuckherstellung findet gediegenes Kupfer ebenfalls kaum Verwendung. Es ist zu weich. Allerdings ist das Mineral wegen seiner phantasievollen Formen bei Sammlern sehr beliebt. Auf einer Kunstausstellung könnte es wie ein von Menschenhand gemachtes Kunstwerk seinen Platz finden. Es ist durchaus denkbar, dass schon versucht wurde, in einem Fundstück geheime Botschaften aus vergangenen Zeiten zu finden. Auch deshalb gehört gediegenes Kupfer zu den mit Rätseln behafteten Elementen, die dazu verleiten, die Natur am Kupferberg als Zauberkünstlerin zu betrachten. Die Phantasie der Bergleute erschuf eine Dämonin.

Außerordentlich schön und bester Schatz der Herrin: Cuprit und Malachit

Nach Beobachtung von Rose war Cuprit das Kupfermineral, welches in Gumeschewsk nach Malachit am häufigsten vorkam. Die Bergleute gaben ihm bereits im Altertum wegen seiner Farbe den Namen Rotkupfererz. Es bildet auffallend rote Kristalle; und es ist von daher ein beliebter Schmuckstein. Der Forscher dokumentierte,

99 Pallas, Peter Simon: Reise durch verschiedene Provinzen des russischen Reiches, S. 95

dass das Mineral sowohl kristallin als auch derb vorkam, „zuweilen in Kristallen von außerordentlicher Schönheit"[100]. Ähnlich äußerte sich der Mineraloge Brauns. Er schrieb, dass in Gumeschewsk sogar „die schönsten Kristalle von Rotkupfererz zusammen mit körnigen Massen derselben" gefunden wurden[101]. Das Mineral ist mit einem Anteil von 88,8 Prozent Kupfer das reichste Kupfererz, das im Kupferberg geschlagen wurde. Umso erstaunlicher war es, dass Cuprit in den Kupferbergerzählungen an keiner Stelle Erwähnung fand.

Genau umgekehrt verhält es sich mit Azurit[102], das zwar in der Geschichte „Die Herrin des Kupferberges" als eines der Kupferminerale aufgeführt wird, das den Bergleuten „unter die Finger kam", das wiederum von den Forschern nicht aufgefunden wurde. Man könnte fast den Phantasien der Bergleute folgen und diese Rätsel der Herrin des Kupferberges anlasten, so, als würde sie die Kupferminerale im Berg hin- und herschieben, um das eine Mal die Bergleute und das andere Mal die Wissenschaftler zu foppen.

Was das grüne Kupfermineral Malachit betrifft, den besten Schatz der Herrin, so lag das Malachiterz in den Zeiten, als die Gegend um den Kupferberg bergbautechnisch noch nicht erschlossen war, direkt auf der Erdoberfläche.

Die Menschen sammelten es dort, wo die Erzgänge zum Vorschein traten und verwerteten es für ihre Zwecke. Das war möglich, weil Malachit im Vergleich zu anderen Kupfermineralen die beständigste der Kupferverbindungen ist.

Das Mineral kommt in der Nähe der Erdoberfläche am häufigsten vor. Alle anderen Kupferminerale in den Lagerstätten gehen, wenn sie den Einwirkungen der Erdatmosphäre ausgesetzt sind, mit der Zeit in Malachit über. Auch die Patina, die einen dünnen grünen Überzug auf alten Bronzedenkmalen bildet, ist in der Hauptsache Malachit. Der blaue Himmel des Deckengemäldes einer Kapelle in der Schweiz, der mit Azurit ausgemalt war, verwandelte sich in

---

100   Rose, G.: Mineralisch-geognostische Reise nach dem Ural, dem Altai und dem Kaspischen Meere. Erster Band, S. 263

101   Brauns, Reinhard: Das Mineralreich. Stuttgart, Fritz Lehmann, 1903 S. 100

102   Bergmännische Bezeichnung Kupferlasur

einen grünen Himmel, weil Azurit in Malachit übergegangen war. Malachit besteht zu etwa 57 Prozent aus dem Element Kupfer. Genau wie Cuprit kann Malachit, wenn es in großen Mengen vorkommt, ohne Vorbehandlung auf Kupfer verhüttet werden. Allerdings bedarf der Schmelzprozess gewisser Zusätze.

In der Geschichte „Zwei kleine Eidechsen" erzählen die Bergleute, dass die ausländischen Spezialisten den Betrieb im Hüttenwerk Polewskoi nicht in Gang gebracht hätten. Die erfahrenen alten Meister wussten, dass der Trick bei dem Schmelzen des Gumeschewsker Kupfererzes darin bestand, dasselbe nach dem Zerkleinern mit Salz zu mischen.[103] Auch der Uralreisende Pallas schrieb, dass der Schmelzprozess „einen starken Zusatz von Fluss" erforderte und daher spatiger Sand und Kalk zugesetzt wurde.[104] Am Ende gewann man nach dem Schmelzen des malachithaltigen Erzes zwischen 2,5 und 5 Prozent Kupfer.

Im Ural gab es neben dem Kupferberg weitere ergiebige Malachiterzvorkommen, unter anderem in der Nähe von Nishni Tagil. Allein der Gumeschewsker Malachit gilt noch heute wegen seiner beeindruckenden Muster und der intensiven grünen Färbung, von smaragdgrün über dunkelgrün bis schwarzgrün, zu den in der ganzen Welt bestaunten Edelsteinmineralen. Vornehmlich der Uralreisende Rose bewunderte die Schönheit des Malachits. „Die fasrigen Zusammensetzungsstücke derselben sind exzentrisch zusammengehäuft, und bilden bald aufgewachsene Büschel oder Kugeln, bald derbe Massen mit grobkörnigen Zusammensetzungsstücken, bald nierenförmige, tropfsteinartige und röhrenförmige Massen; eben diese Bildungen, besonders die letzteren, kommen aber von solcher Schönheit vor, wie sie bei Malachiten anderer Gegenden nicht bekannt sind, daher sie besonders dazu beigetragen haben, den Ruf der Gumeschewskischen Kupfergrube in mineralogischer Hinsicht zu begründen."[105]

---

103 Bashow, P.P.: Malachitovaja Skatulka, Moskva 1992, S. 127

104 Pallas, Peter Simon: Reise durch verschiedene Provinzen des Russischen Reiches, S. 89

105 Rose, G.: Mineralogisch-geognostische Reise nach dem Ural, dem Altai und dem Kaspischen Meere, S.265

In wirtschaftlicher Hinsicht dominierte das begehrte Malachiterz aus Gumeschewsk insbesondere in der zweiten Hälfte des 18. Jahrhunderts die Produktion von Kupfer in der Region südlich von Jekaterinburg. Die damit einhergehenden unsäglich schweren Arbeitsbedingungen der Bergleute und der Hüttenarbeiter bringen eine weniger schöne Seite des grünen Steins zum Ausdruck.

In erzählerischer Hinsicht hat die Schönheit des Minerals Malachit das Entstehen des Mythos der Herrin des Kupferberges befördert, und die magische Malachitschatulle aus der gleichnamigen Erzählung steht als Symbol für die atemberaubenden Schmuckstücke, welche die Malachitmeister in den Schleifwerkstätten am Kupferberg schufen.[106]

Das goldgelbe Kupfermineral Chalkopyrit verrät die Lösung der Rätsel des Kupferberges

Ähnlich Spektakuläres hinterließen weder die uralreisenden Forscher in ihren Reiseberichten, noch die erzählenden Bergleute in dem Kupferberg-Zyklus über das Kupfermineral Chalkopyrit, welches der Uralreisende Rose noch Kupferkies nannte. In den Frühzeiten des Bergbaus erkannten die Bergleute den Chalkopyrit an der violett schimmernden Oberflächenschicht, die durch die Verwitterung entsteht. Seine eigentliche Farbe ist leuchtend messinggelb bis goldgelb.

Nach Beobachtungen des Wissenschaftlers gehörte Chalkopyrit zu den Kupfermineralen, welche „schon seltener" im Kupferberg vorkamen.[107]

Chalkopyrit schien im Kupferberg, gleichsam wie im Märchen, „das hässliche Entlein" unter den dort vorkommenden Kupfermineralen zu sein. Jedoch hat das Mineral eine Eigenschaft, die sein scheinbares Dasein als „hässliche Ente" in das eines Superstars verwandelte:

---

106 Malachitmeister, Edelsteinschleifer und das Steinhandwerk sind Gegenstand der Betrachtung von Kapitel Acht

107 Weltweit gesehen, ist es das am häufigsten anzutreffende Kupfermineral. Im Jahre 2015 waren etwa 25.000 Fundorte bekannt. Wegen seiner Häufigkeit und seines Kupfergehaltes von 34,5 Prozent wird das Mineral bevorzugt für die Verhüttung auf Kupfer verwendet. In Gumeschewsk spielte dieser Aspekt wegen des geringen Masseanteils innerhalb der Lagerstätte keine Rolle.

seine sehr leichte Verwitterbarkeit, Ursache für das Auftreten der vielen Rätsel des Kupferberges. Um den Lösungen der Rätsel näher zu kommen, ist es notwendig, bis in die Urzeiten der Entstehung des Berges zurückzugehen.

Wie Gesteine im Allgemeinen, so verwittern auch Erzlagerstätten unter dem Einfluss der Luft, des Klimas und des Grundwassers. Die Verwitterungsprozesse erstrecken sich über geologische Zeiträume, das heißt über hunderttausende bis Millionen von Jahren. Erst seit Mitte des 20. Jahrhunderts, mehr als einhundert Jahre nach Roses Uralreise, ist bekannt, welche Vorgänge sich im Einzelnen während der Verwitterungsprozesse und der Lagerstättenbildung vollzogen:

Minerale werden aufgelöst, wieder abgeschieden oder umgewandelt. Da nahezu jede Erzlagerstätte unterschiedlich aufgebaut ist, sind die Verwitterungsprozesse von Lagerstätte zu Lagerstätte verschieden. Großen Einfluss aber haben die Umgebungsgesteine, wie der Kalkstein im Kupferberg.

Genau wie andere Erzvorkommen im Ural enthielt die Lagerstätte in Gumeschewsk sowohl Kupfererze als auch Eisenerze in unterschiedlicher Menge. Das für die Umwandlungsprozesse entscheidende Mineral war der Chalkopyrit, chemisch gesehen ein Eisen-Kupfer-Sulfid. Nun kommt seine Eigenschaft der leichten Verwitterbarkeit ins Spiel:

Wenn an der Erdoberfläche der Sauerstoff der Luft und das Grundwasser auf den Erzkörper einwirken, dann wird das Kupfer im Chalkopyrit leichter gelöst und schneller wegtransportiert als das Eisen dieses Minerals. Deswegen reichert sich direkt an der Oberfläche das Eisen an; etwas tiefer das Kupfer. Trafen nun die entstandenen Kupferlösungen wie in Gumeschewsk auf einen Kalkstein, so konnten sich große Mengen Kupfercarbonat, das heißt Malachit, bilden.[108]

In den tieferen Zonen der Lagerstätte reichten der Sauerstoff- und der Kohlendioxidgehalt nicht aus, dass sich aus dem Chalkopyrit Malachit bilden konnte. Es entstanden andere sekundäre Kupferminerale[109],

---

108 Daher wurden in der Kupferbergregion in unmittelbarer Nähe Eisenerz, Kupfererz und Marmor abgebaut.

109 Als Sekundärminerale bezeichnet man Minerale, die erst nach der Bildung des sie umgebenden Gesteins entstanden sind.

oft mehrere miteinander vermengt. Da die Verwitterung ein dynamischer Prozess ist, erfolgten stetig Umwandlungen von einem in ein anderes Mineral. Manchmal blieb dabei nur die äußere Form des vorigen Minerals erhalten.[110] Aus dem Kupfererzvorkommen von Gumeschewsk sind eine Vielzahl von solchen Umwandlungen bekannt geworden.[111]

Am Ende der Verwitterungsprozesse waren folglich nur noch geringe Mengen von Chalkopyrit übriggeblieben, so dass dieses Kupfermineral in Gumeschewsk immer seltener aufgespürt werden konnte. Ganz offensichtlich hatte der Chalkopyrit seine gesamte Energie an den Berg abgegeben, vor allem die giftigen Schwefelreste, die den Grubenschlamm und die Grubenluft verpesteten und wahrscheinlich auch die Gehirne der Bergleute vernebelte.

Die Bergleute hätten diese erstaunlichen Vorgänge sicher anders interpretiert. Es liegt nahe, das Verwitterungsgeschehen und die Umwandlungen mit der Dämonin des Kupferberges in Verbindung zu bringen. Die Existenz von Naturgeistern, hier der Herrin des Kupferberges, ist nicht wie das Leben und das Denken von Menschen durch begrenzte Zeitabschnitte eingeengt. In den Räumen, in denen sich Naturdämonen bewegen, geht ihr Wissen über die Zeitenläufe bis an den Ursprung der Ereignisse. So ist es nur konsequent anzunehmen, dass die Herrin des Kupferberges den Schöpfungsprozess von Mutter Natur durch ihren Spiegel verfolgte. Warum soll sie sich nicht eingemischt haben? Sie könnte sich von der Beobachterin bei der Entstehung der Rohstofflagerstätten zur Herrin dieser Naturschätze gewandelt haben.

---

110 Wenn ein Mineral nicht seine typische Eigengestalt zeigt, sondern die Gestalt einer anderen Mineralart angenommen hat, nennt man das Pseudomorphose

111 Brauns, Reinhard: Das Mineralreich, S. 45

Steinkirche mit Mauer, Aquarell, 24x32

Stadtansicht mit Kirche, Aquarell, 24x32

KAPITEL

04

Eisenerz, Kupfererz und Malachit. Peter der Große, Bergbau und Metallschmelzen am Kupferberg

Was Peter den Großen mit dem Kupferberg und seiner Dämonin verband

Welche Beziehung besteht zwischen Peter dem Großen (1689-1725),[112] dem Kupferberg und den Mythen über die Herrin dieses Berges?

Es könnte sein, dass es die kostbaren Malachitvasen oder die Möbelstücke aus dem grünen Mineral des Kupferberges waren, die in die Schatzkammern nach Moskau oder Sankt Petersburg gelangten und die das Wohlwollen der Zarin oder des Zaren erweckten.

Eine Antwort auf die eingangs gestellte Frage könnte auch in der berühmten Sankt Isaaks Kathedrale in Sankt Petersburg zu suchen sein. Hier fand 1712 die Trauung von Peter dem Großen und seiner zweiten Frau statt, der zukünftigen Zarin Katharina I. Einige Jahre später wurden dort die in der Geschichte *„Die Herrin des Kupferberges"* erwähnten spektakulären Malachitsäulen aufgestellt.[113] Der Bergmann Stepan Petrowitsch hatte das Erz mit Hilfe der Herrin aus dem Berg gebrochen.

Ist es die nur einen Katzensprung vom Kupferberg entfernte Stadt Jekaterinburg, welche die Verbindung darstellt? Die im Jahr 1723 gegründete Stadt erhielt ihren Namen zu Ehren von Katharina, der geliebten Ehefrau Peters des Großen. Schließlich soll sich der erste Malachitblock, den Stepan Petrowitsch aus dem Kupferberg schlug[114], heute noch in dem größten Museum der Stadt befinden.[115]

Liegt die Antwort auf die Frage etwa in dem für einen Herrscher ungewöhnlichen Interesse am Erzbergbau, das den Zaren sogar bewog,

---

112 Peter der Große wurde 1672 geboren. Erhebung zum Zaren 1682, Beginn der Regentschaft 1689, Alleinherrscher seit 1696 nach dem Tod des Bruders Iwan.
113 Die Edelsteinblume, S. 20
114 Ebenda.
115 Es kann nicht belegt werden, ob Bashow die Stadt Jekaterinburg meinte.

selbst in ein Bergwerk einzufahren und sich als Bergmann zu betätigen? Es ist bekannt, dass er 1711 anlässlich der Heirat seines Sohnes Alexej in Sachsen weilte und im Freiburger Revier zu Niederschöna in die Grube einfuhr und vor Ort arbeitete. Allerdings weiß man heute auch, dass dieses Verhalten in der Persönlichkeit des außergewöhnlichen Zaren angelegt war. Peter der Große nahm Probleme grundsätzlich mit persönlicher Anteilnahme in Angriff, nicht nur, um in Detailfragen einzudringen, sondern auch, um sofort konkrete Absprachen zu treffen und später deren Ergebnisse zu kontrollieren.[116] Der Zar soll ein ausgezeichnetes Gedächtnis gehabt haben.

Es liegt nahe, sich vom Detail abzuwenden und auf das Große und Ganze zu schauen, auf die gewaltigen Fußabdrücke, die der Riese Peter in dem russischen Zarenreich hinterlassen hat. Sie reichten bis nach Europa und nahmen aus montanhistorischer Sicht im Mittleren Ural ihren Anfang. Insofern sind die Reformen Peters des Großen in Wirtschaft und Gesellschaft das historische Bindeglied zwischen dem großen Zaren und der „kleinen" Geschichte des Kupferberges. Sie sind unter der Bezeichnung Petrinische Reformen in die russische Geschichte eingegangen. Das rasche Wachstum des Bergbaus und der Hüttenwerke der Kupferbergregion in der ersten Hälfte des 18. Jahrhunderts war eine Folge der reformpolitischen Maßnahmen Peters im Montanbereich. Damit einher ging die Versklavung von Millionen leibeigener Bauern, die in den Bergwerken und Fabriken Zwangsarbeit leisten mussten. Hinzu kamen am Kupferberg die besonderen geologischen Bedingungen der Lagerstätte, Ursache von krankmachenden und gefährlichen Arbeitssituationen. Die Phantasie der Bergleute formte in der unterirdischen Welt des Bergwerkes das mystische Wesen der Herrin des Kupferberges. In einem übertragenen Sinne könnten die Dämonin und die Kupferbergerzählungen als Kinder Peters des Großen bezeichnet werden, von denen er allerdings nie Kenntnis erlangte.

Bashow hat sowohl die Bergarbeitererzählungen als auch andere phantastische Geschichten mit Zauberwesen immer in den passenden

---

116 Amburger, Erik: Die Anwerbung ausländischer Fachkräfte für die Wirtschaft Russlands vom 15. bis ins 19. Jahrhundert. Otto Harrassowitz Wiesbaden, 1968

historischen Rahmen ihrer Zeit gesetzt. Die Petrinischen Reformen wurden zwar im Kupferberg-Zyklus nicht als Begriff aufgeführt. Ihre Wirkungen aber spiegelten sich im Inhalt der Geschichten. Der Erzähler spricht beispielsweise über die Privatisierung des staatlichen Kupferwerkes. Der Verkauf von Staatseigentum war ein wichtiges Reformziel. Andere Bezüge auf die Reformpolitik Peters des Großen sind in der Erzählung *„Zwei kleine Eidechsen"* enthalten.

Im Ergebnis der Petrinischen Reformen wurde der Mittlere Ural seit den 1720er Jahren das wichtigste Bergbaugebiet und der Sitz der meisten Hüttenwerke Russlands.[117] Die „kleine" Geschichte der Kupferbergregion fügt sich hier ein. Peter der Große hat schrittweise die Industrialisierung der gesamten Uralregion eingeleitet. Im Jahre 1725, seinem Todesjahr, lieferten beispielsweise die Eisenwerke im Ural etwa drei Viertel der Eisenproduktion von ganz Russland. Der Zar gilt heute als der Begründer der russischen Großindustrie.[118]

Das Große an Peter dem Großen

In der Erzählung *„Sheleskos Deckel"* wird das Bildnis von Peter dem Großen auf einer tausend Rubel Banknote erwähnt, und der Malachitmeister Jewlacha Shelesko äußert sich mit hoher Achtung über den Regenten. „Ein guter Herrscher war das, mit dem sich die anderen nicht messen können."[119] Zu Sheleskos Lebzeiten[120] war der Zar für viele Russen bereits zu einem Mythos geworden. In Europa wurde Peter der Große differenzierter beurteilt. Das Spektrum der Bewertung seiner Person reicht vom Genie ohne Makel bis zu einer Art Monstrum.[121] Peter der Große wurde 1682 gemeinsam mit seinem kretinösen Halbbruder Iwan zum Zaren erhoben. Die Doppelwahl war ein einzigartiger Vorgang in der Geschichte der Romanow-Zaren.

---

117   Amburger, Erik: Geschichte der Behördenorganisation Russlands von Peter dem Großen bis 1917, Leiden, Brill 1966, S. 239

118   Donnert, Erich: Peter der Große. Leipzig 1988, S. 97

119   Bashow, P.P.: Die Malachitschatulle, S. 131

120   Nach Hinweisen der Erzählung „Sheleskos Deckel" dürfte das etwa von 1850 bis 1922 gewesen sein.

121   Troyat, Henri: Peter der Große. Eine Biographie. Lizenzausgabe 1990 für Manfred Pawlak Verlagsgesellschaft mbH, Herrsching, S. 387

Sie stand im Zusammenhang mit den erbitterten Machtkämpfen der Hofparteien, insbesondere zwischen den Familien Naryschkin und Miloslawski sowie der Armee der Strelitzen, der zaristischen Ordnungstruppe bei Hofe. Deren Söldner erhoben sich am 15. Mai 1682 und veranstalteten ein grauenhaftes Massaker, bei dem der zehnjährige Peter miterleben musste, wie sein Bruder und andere Angehörige seiner Familie auf die Lanzenspitzen der Strelitzen geworfen und von den Söldnern zu Tode gespießt wurden. Die entsetzlichen Szenen hat der Zar niemals vergessen, und sie konnten nicht ohne Wirkung auf die Ausformung des Charakters des Knaben und auf sein späteres Handeln bleiben.

Die Regierungszeit Peters des Großen begann 1689.[122] Er war siebzehn Jahre alt. Das Erbe, welches der junge Zar von seinen Vorgängern übernahm, war geprägt durch die Rückständigkeit des Reiches im Vergleich zu den Ländern Mittel- und Westeuropas. Dort hatten bürgerliche Revolutionen stattgefunden, und die kapitalistische Produktionsweise breitete sich aus. Das Zarenreich litt unter den Nachwirkungen der zweihundertfünfzigjährigen Tatarenherrschaft und den Folgen der kriegerischen Aktionen schwedischer und polnischer Heere. Diese hatten im 17. Jahrhundert weite Teile des Landes verwüstet. Zu Peters Erbe gehörte auch, was schon von seinen Vorgängern beklagt wurde: Russland besaß keinen Zugang zu den Weltmeeren.

Folglich bestimmten drei strategische Ziele die Regierungszeit Peters des Großen:

Er wollte Kriege führen, um das Territorium des Reiches zu vergrößern, vordringlich, um Zugänge zu der Ostsee und zu dem Schwarzen Meer zu erobern. Dazu musste er die Armee und die Marineflotte von Grund auf erneuern und sie laufend mit Menschen sowie mit Material versorgen. Schließlich war der junge Zar von der Idee durchdrungen, die russische Gesellschaft durch Reformen zu modernisieren. Er trachtete danach, sein Land nach westlichem Vorbild zu verändern und ein mächtiges Russland von internationalem Gewicht zu schaffen.

---

122 Davor hatte Sofia Alexeijewna sieben Jahre die Regentschaft für die beiden unmündigen Brüder geführt.

Die Schwierigkeit bestand darin, dass Peter der Große diese Ziele um jeden Preis gleichzeitig umsetzen wollte und musste, denn ein jedes Vorhaben dieses gewaltigen Planes war die Voraussetzung für den Fortschritt der anderen. Das scheinbar Unmögliche gelang. Historiker und Enzyklopädisten schreiben das unter anderem der außergewöhnlichen Persönlichkeit des Zaren zu, seiner übermenschlichen Intelligenz und der ungeheuren Energie, die ihn vorantrieb. Mit ungebremster Kraft wandte er sich allen Aspekten des russischen Lebens zu. Zeitzeugen beschrieben ihn zugleich als Dämonen, unerträglich exzentrisch, unberechenbar und tyrannisch, gepaart mit beispielloser Rücksichtslosigkeit gegenüber seiner Umgebung und gegenüber sich selbst.[123] In gewisser Weise glichen diese Verhaltensweisen des Herrschers den Eigenschaften, welche die Phantasie der Bergleute der gefährlichen Seite der Dämonin des Kupferberges angedichtet hatte.

Diese Facetten von Peters Charakter waren wahrscheinlich genauso unabdingbar wie die Sonnenseiten des Herrschers, um am Ende die weltgeschichtliche Größe eines Werkes zu erreichen, wie es das von Peter dem Großen war. Während seiner Regentschaft führte dieser Zar zahlreiche Kriege gegen eine Reihe von Ländern. Der längste war der Große Nordische Krieg (1700-21), welcher unzählige Opfer forderte. Infolge der Kriege stieg Russland im ersten Drittel des 18. Jahrhunderts zu einer der führenden Mächte in Europa auf. Das Lebenswerk von Zar Peter dem Großen war ein verändertes Russland. Im Verlauf von sechsunddreißig Jahren modernisierte er das Land nach europäischem Vorbild durch eine Reihe von wirtschaftlichen, militärischen und kulturellen Reformen.

---

123 Im November 1725 war Peter mit dem Pferd in der Gegend um Sankt Petersburg unterwegs. Er sah ein in Seenot geratenes Schiff, auf welchem sich Soldaten befanden, die auf dem Rückweg von Kronstadt waren. Peter der Große ritt in die eisige Flut, übernahm die Leitung der Rettungsaktion. Ohne Rücksicht auf sich selbst arbeitete er im tiefen Wasser, bis die Schiffbrüchigen außer Gefahr waren. Er war stolz darauf, mit zweiundfünfzig Jahren genauso kühn gehandelt zu haben wie ein Zwanzigjähriger, doch hatte diese Heldentat die Verschlimmerung seiner Nierenkrankheit und am Ende den Tod zur Folge.

*Die Folgen der Petrinischen Reformen in Bergbau und Hüttenwesen
für die Kupferbergregion*

Die Petrinischen Reformen begannen 1698, unmittelbar nach dem
Ende der ersten Europareise Peters des Großen, auch bekannt unter
der Bezeichnung Große Gesandtschaft. Sie fanden mit seinem Tod
ihre Vollendung.

In den ersten Jahren hatten die Reformen im Montanbereich eine
gewisse Priorität. Das ergab sich daraus, dass der Bergbau und die
Eisen- und Kupferproduktion als die Grundlage der Waffenherstellung
unmittelbar auf die Kriegserfordernisse reagieren mussten.
Die Reformmaßnahmen für den Bergbau und das Hüttenwesen
betrafen vornehmlich vier Bereiche.

Das waren zuerst die Erschließung der Rohstoffvorkommen
im Ural und der Aufbau von Hüttenwerken und Fabriken der
Metallverarbeitung. Mit dem Beginn der Regentschaft folgte der Zar
seiner Überzeugung, dass die riesigen Naturreichtümer des Landes
für die Industrialisierung genutzt werden müssten. Entsprechend
förderte er mit besonderem Nachdruck den Bergbau. So besuchte
Peter der Große auf seinen Deutschlandreisen eben auch die sächsischen Bergwerke und ließ sich durch Sachverständige über alle
Einzelheiten der Erzgruben informieren.[124] Damit in Verbindung
ergab sich das Erfordernis der verstärkten Anwerbung von ausländischen Spezialisten. Deren Wissen und Erfahrungen waren notwendig
für einen schnellen Erfolg der Reformziele. Gleichzeitig sollte das
private Unternehmertum gefördert werden; und eine Reform der
Behörden und der Verwaltung war unerlässlich.

Für die Kupferbergregion lag die Bedeutung der Reformmaßnahmen
eher in ihrer langfristigen Wirkung. So wird in *„Zwei kleine Eidechsen“*
über Situationen erzählt, die zwar in Verbindung mit den Reformen
standen, die sich jedoch erst in den Jahrzehnten nach dem Tod des
Zaren ereigneten.

---

124 Donnert, Erich: Peter der Große, S.98

Erkundung von neuen Lagerstätten

Der Aufbau einer starken Bergwerks- und Hüttenwerksindustrie im Ural hatte die Erkundung bisher unbekannter Rohstoffvorkommen zur Voraussetzung. Folglich war eine der ersten Reformmaßnahmen Peters des Großen die Bildung einer speziellen Behörde für die Leitung und die Kontrolle dieses Vorhabens. Im Jahre 1700 wurde die Erzgrubenkanzlei geschaffen. Erfahrene russische Fachleute zur Lagerstättenerkundung wurden per Befehl ausgesandt, um neue Vorkommen aufzuspüren. Die Exkursionen waren finanziell gut ausgestattet, und der Zar persönlich kontrollierte die Ergebnisse der Arbeit der Prospektoren.

Am Beginn der Erzählung *„Zwei kleine Eidechsen"* wird beschrieben, in welcher Situation sich die Erkunder in dem Gebirgsgelände der Kupferbergregion befanden, als sie nach Rohstoffvorkommen suchten.

„Die Erschließung war schwierig, ein richtiger Kampf. Wie das nun einmal ist – es wurden Soldaten in diesen Kampf geschickt."[125] Die Begleitung durch Soldaten war für die Prospektoren nicht nur unter dem Aspekt ihres Schutzes vor Überfällen unerlässlich, sondern auch wegen der Straßen- und Wegeverhältnisse. Die Soldaten mussten erst einmal Pfade bauen, damit die Fachleute ihre Arbeit tun und das nächste Untersuchungsgebiet erreichen konnten.

Nachdem bekannt geworden war, dass zwei Bauern eine Kupfererzmine „rechts vom Fluss Tschussowaja" entdeckt hatten, wurde ein Beauftragter des Zaren nach Gumeschewsk beordert, der sich damals gerade in Erkundungssachen in der Kupferbergregion aufhielt. Dieser unterstellte 1702 die Kupfererzlagerstätte sowie das Dorf Gumeschewsk der Gerichtsbarkeit des Staates.[126]

Neben begabten russischen Ingenieuren und Staatsbeamten wie W.N. Tatischtschew (1686-1750)[127] taten sich auch Ausländer als

---

125 Die Edelsteinblume, S. 113

126 www.mojgorod.ru, aufgerufen am 3.2.2021

127 W.N. Tatischtschew (1686-1750) war enger Mitarbeiter von Peter dem Großen, Artillerieoffizier, Ingenieur, Wissenschaftler, Staatsmann und Organisator der Montanwirtschaft im Ural. Er studierte zwei Jahre lang in Schweden Bergbau. Im Amt für Auswärtige Angelegenheiten hatte Tatischtschew eine einflussreiche Stelle inne. Durch seine Einflussnahme unterstützte er 1730 die Thronbesteigung von Zarin Anna (1730-1740). Diese setzte

Organisatoren des russischen Bergbaus hervor. Die Entdeckung mehrerer Eisenerzvorkommen wurde einem deutschen Ingenieur aus Siegen zugeschrieben, Georg Wilhelm von Hennin (1665-1750). Peter der Große lernte ihn auf seiner Europareise in Amsterdam kennen und hat ihn 1698 in russische Dienste gestellt.[128] Einer der besten Kenner von Erzlagerstätten soll ebenfalls ein Deutscher gewesen sein: Johann Friedrich Blüher (1674-1731). Er kam 1699 aus Sachsen nach Russland und wurde erfolgreich als Prospektor eingesetzt.[129]

Es gab jedoch auch ausländische Spezialisten, die den Erwartungen der Russen nicht gerecht wurden oder die sich nicht an die russische Lebensweise oder das raue Klima gewöhnen konnten. Sie kehrten in ihre Heimatländer zurück.

Im Ganzen gesehen genügten dem Zaren die Ergebnisse der Prospektoren nicht. Auch mit der Anzahl der neu errichteten Hüttenwerke war Peter der Große unzufrieden. Anlässlich der Gründung des Berg- und Manufakturkollegiums 1719 drückte der Zar seinen Unmut über das Tempo der Erkundungen aus: Russland wäre vor vielen anderen Staaten durch den Reichtum und die Mannigfaltigkeit der Metalle und Mineralien ausgezeichnet,[130] und es gelte, diese rasch zu verwerten.

---

ihn dafür als „Direktor der Hauptverwaltung der Sibirischen Bergwerke" ein. Er gründete mehrere Städte im Ural, und er war wesentlich am Aufbau der Montanindustrie beteiligt. Von 1741-1745 war Tatischtschew Generalgouverneur von Astrachan. Wegen Meinungsverschiedenheiten mit Zarin Elisabeth (1741-62), der Nachfolgerin Annas, wurde er 1745 entlassen. Er verfasste die erste umfassende Geschichte Russlands und die erste russische Enzyklopädie. In Russland wird er als Nationalheld verehrt.

128 Von Hennin hat sein gesamtes Berufsleben in Russland verbracht, und der russische Bergbau und die Eisenindustrie haben ihm viel zu verdanken. Der Zar beauftragte von Hennin 1712 mit der Errichtung des Petersburger Gießhauses, 1713 mit der Leitung der Eisenwerke von Olonez und 1721 mit der Gründung der Waffenfabrik in Sestrorezk nördlich von Sankt Petersburg. Schließlich wurde auf seine Initiative hin die Stadt Jekaterinburg gegründet, die sich schnell zum Zentrum des Uralbergbaus entwickelte.

129 Großes Geschick muss Blüher auch darin entwickelt haben, sächsische Bergleute und Metallarbeiter für den russischen Dienst zu gewinnen. Viele kamen heimlich nach Russland. In den 1720er Jahren war er der engste Mitarbeiter Hennins. In der Fachliteratur gilt Johann Friedrich Blüher als „die wertvollste Erwerbung" unter den ausländischen Fachkräften aus Sachsen.

130 Donnert, Erich: Peter der Große, S. 102

Daher ging der Zar auch sehr rigoros mit Adligen um, auf deren Ländereien sich Bodenschätze befanden. Den Landeigentümern stand selbstverständlich das Recht auf Ausbeutung zu, nutzten sie jedoch dasselbe nicht, wurden sie enteignet. Verschwieg ein Grundbesitzer etwa die Existenz eines Erzvorkommens, hatte er die Todesstrafe zu erwarten. Ein besonderes Vorgehen des Staates gab es bei Edelmetallen. Diese konnten ohne aufwändige Verarbeitung sofort in den Geldkreislauf eingehen und für die Finanzierung der Kriegsausgaben genutzt werden. Sobald sich zeigte, dass zum Beispiel eine Goldlagerstätte einen ergiebigen Abbau versprach, wurde sie vom Staat in Besitz genommen. Der Erzähler in der Geschichte *„Der Schlangenkönig"* beschrieb das damals übliche Vorgehen.

„Die Verwaltung aber erklärt sogleich: macht, dass ihr fortkommt, wir übernehmen dieses Goldfeld und werden selber Gold gewinnen. Die Verwaltung schickt Maschinen dorthin, wirbt Leute an."[131]

Ausländische Spezialisten im Reformwerk

Ein weiterer Bezug auf die Petrinischen Reformen in der Erzählung *„Zwei kleine Eidechsen"* betrifft den Einsatz ausländischer Spezialisten nach der Eröffnung des Kupfererzbergwerkes in Gumeschewsk und dem Bau des Hüttenwerkes in Polewskoi.

„Ausländische Meister wurden herbeigeholt, doch trotz aller Mühe lief das Unternehmen nicht. Ob die Ausländer ihre Geheimnisse nicht preisgeben wollten oder es wirklich nicht verstanden, den Betrieb in Gang zu setzen"[132] blieb offen.

In der Erzählung *„Zwei kleine Eidechsen"* wurden die Fremden entlassen und durch einheimische Meister ersetzt, was der Dramaturgie der Handlung geschuldet war.

Die Beschäftigung von ausländischen Fachleuten war nichts Außergewöhnliches in Russland[133]. Bereits während der Regentschaft

---

131 Bashow, P.P.: Die Malachitschatulle, S. 180
132 Ebenda
133 Amburger, Erik: Die Anwerbung ausländischer Fachkräfte für die Wirtschaft Russ-

der ersten beiden Romanow-Zaren Michael I. (1613-45) und Alexei I. (1645-76) errichteten und betrieben Ausländer Hütten- und Hammerwerke.[134] Peter der Große setzte diese Politik fort. Neu waren allerdings die wachsende Intensität der Werbung und die persönliche Beteiligung des Herrschers. Auch inmitten von militärischen Aktionen oder diplomatischen Verhandlungen hat er die Suche nach Fachkräften[135] für sein Land nicht unterbrochen.[136]

Die Wege der Akquise waren vielfältig, etwa schriftlich durch Briefe von Herrscher zu Herrscher oder indem im Ausland lebende Personen mit „Personalverhandlungen" beauftragt wurden. Sehr erfolgreich waren die Bemühungen des Zaren selbst auf den Auslandsreisen oder die Werbung unter den Nachkommen bereits ansässiger europäischer Einwanderer. In der Moskauer Ausländervorstadt, ein von dem jungen Peter oft besuchter Ort, lebten zum Beispiel in der zweiten Hälfte des 17. Jahrhunderts circa achtzehntausend Ausländer, darunter Handwerker, Kaufleute, Pastoren, Ärzte, Künstler und Militärs[137]. Sie kamen aus mittel- und westeuropäischen Ländern nach Russland und waren der Einladung der Zaren gefolgt. Zu ihnen gehörte auch der Däne Andries Winius (1605-62).[138]

Sein Sohn, Andrei Andrejewitsch Winius (1641-1717),[139] wurde

---

lands vom 15. bis ins 19. Jahrhundert. Wiesbaden 1968, S. 7

134   Alexander, Manfred, Stökl Günther: Russische Geschichte. Nikol Verlag Hamburg. 2018, S. 218

135   Die gebräuchlichen Begriffe „Fachkräfte" oder „Spezialisten" umfassten sowohl Handwerker, Facharbeiter, Meister, Ingenieure als auch Führungskräfte, die in der Lage waren, Manufakturen oder Behörden zu leiten.

136   Amburger, Erik: Die Anwerbung ausländischer Fachkräfte, S. 82

137   Donnert, Erich: Peter der Große, S. 32

138   A. Winius wurde in Amsterdam geboren. Seit 1627 betrieb er Handelsgeschäfte mit Russland. Er gehörte zu den ersten Ausländern, die 1634 von Zar Michael I. (1613-45) nach Russland geholt wurden. Winius erhielt ein Patent sowohl für den Handel innerhalb Russlands als auch für den Exporthandel. Zusammen mit seinem Bruder Abraham u.a. errichtete er eine Eisenhütte bei Tula. Nach Beginn der Regentschaft von Alexei I. (1645-76) wurde Winius Ratgeber des Zaren. Die Gebrüder Winius u.a. erhielten für zehn Jahre die Zusicherung eines Monopols für die Gusseisen- und Waffenproduktion.

139   A.A. Winius, Sohn von Andries Winius, wuchs in Moskau auf, im Alter von 14 Jahren orthodox getauft. 1664 wurde er am Gesandtschaftsamt Übersetzer für Niederländisch. Er schrieb und übersetzte eine Reihe von Büchern. Auch er war Ratgeber von Zar Alexei, später von Peter dem Großen. Er betrieb aufgrund einer staatlichen Konzession die russische

Beauftragter Peters des Großen für die Organisation von Bergbau und Rüstungsbetrieben im Ural. Während der ersten großen Reise des Regenten nach Westeuropa bat der junge Winius den Zaren in mehreren Briefen, sich im Ausland um die Anwerbung verschiedener Meister zu kümmern.[140] Daraufhin wurde zwischen Peter dem Großen und dem sächsischen König 1699 eine Vereinbarung über die Entsendung sächsischer Spezialisten nach Russland getroffen. Ein üblicher Bestandteil in diesen Verträgen war die Verpflichtung, die russischen Arbeitskräfte anzulernen. Ihre Fähigkeiten und ihre Lebensweise machten die Ausländer zu angesehenen Bürgern im Zarenreich. Allerdings konnten sie auch entlassen und in ihre Heimat zurückgeschickt werden, wenn sich zeigte, dass Russen in der Lage waren, ihre Arbeit zu übernehmen. So wurde zum Beispiel nach dem Ende des Großen Nordischen Krieges Anfang der 1720er Jahre überprüft, ob ein Verbleib des ausländischen Personals in Russland wünschenswert sei. Jedoch erst bei der Machtübernahme der Bolschewiki gab es in Bezug auf die Beschäftigung ausländischer Arbeitskräfte einen harten Bruch mit der Politik der Vergangenheit.

Förderung des privaten Unternehmertums

Ein weiteres persönliches Anliegen des Zaren war die Gründung von privaten Betrieben nach dem Beispiel der europäischen Länder, speziell der Aufbau einer privaten Hüttenindustrie mit staatlicher Unterstützung.

Post. Peter der Große entzog ihm dieses Geschäft mit der Begründung, dass Winius den Bedürfnissen des Staates nicht genügend Rechnung getragen habe. Nach der Schlacht bei Narva wurde Winius im Jahre 1700 Aufseher der Artillerie. Außerdem war er Beauftragter des Zaren für die Organisation von Bergbau und Rüstungsbetrieben im Ural. 1702 unternahm er eine Reise nach Sibirien, wo er neue Eisenerzlager für die Ausbeutung erschloss.

140 Beispiel für eine an Peter den Großen übermittelte Anforderung von Fachkräften: „Einer, der hohe eiserne Öfen zu schmelzen und zu gießen weiß [...] Einer, der den Eisenhammer versteht und Stahl machen kann [...]

Bergleute, welche die Bergwerke wohl verstehen, desgleichen ein [...] Schichtmeister, der weiß, wo zu graben ist, einer, der Silber, Bley, Kupffer und Messing wohl von einander zu scheiden weiß." In: Amburger, Erich: Die Anwerbung ausländischer Fachkräfte, S. 62

Anfangs gab es einen Mangel an Interessenten, die ein Unternehmen betreiben wollten. Peter der Große beabsichtigte, diesen Mangel durch zaristische Verordnungen zu beheben. Handwerker, Bauern, Kaufleute und Adlige sollten zwangsweise in Manufakturisten verwandelt werden. Auch Leibeigenen wurde gestattet, Betriebe zu gründen. Als Ansporn zu industrieller Betätigung stellte der Zar erfolgreichen Unternehmern den Aufstieg in den Adelsstand in Aussicht.

Weitere Anreize für private Unternehmensgründer waren Subventionen in Form von staatlichen Geldzuschüssen, kostenlose Nutzung von staatseigenen Gebäuden oder der Erlass von Zöllen. Hier zeigte sich, dass die Wirtschaftsreformen über die anfängliche Kriegsausrichtung hinausgingen. Sie orientierten auf moderne Manufakturen, Mechanisierung, Arbeitsteilung und eine Art kapitalistische Produktionsweise. Das wohl erfolgreichste Mittel der Privatisierungspolitik von Peter dem Großen war das Modell der Possessionsfabriken. Private Unternehmer hatten die Möglichkeit, vom russischen Staat bereits bestehende Betriebe zu günstigen Bedingungen zu kaufen, einschließlich der dazugehörigen Dörfer und der Dorfbevölkerung.

Die Possessionsfabriken könnte man als halbstaatliche Betriebe bezeichnen. Ihre Betreiber mussten sich bestimmten, vom Staat vorgegebenen Regeln unterwerfen. Dazu gehörte zum Beispiel, dass die Produktion oder das Finanzgebaren dieser Manufakturen unter der Kontrolle der Bergämter stand.

In der Erzählung „*Zwei kleine Eidechsen*"wird in dem Zusammenhang ausgeführt, dass der Unternehmer Turtschaninow (1705-87) „Polewaja mit der ganzen Umgebung vom Staat" gekauft hat, einschließlich Bergwerk und Dorf Gumeschewsk „und noch Sysertj als Zugabe."[141] Der Erwerb dieser Betriebe durch Turtschaninow fiel in die späten 1750er Jahre. Die Privatisierung von Staatseigentum gehörte zu den Teilen der Petrinischen Reformen, die später von den Nachfolgerinnen Peters des Großen nicht rückgängig gemacht wurden. Der Verkauf der Werke am Kupferberg an Turtschaninow während der Regierungszeit von Zarin Elisabeth (1741-62) soll der Staatskasse Einnahmen in Höhe von 200.000 Rubeln eingebracht haben.

---

141   Die Edelsteinblume, S. 113 f.

Ein bekanntes Beispiel der Privatisierungspolitik aus den Anfangsjahren der Regierungszeit von Peter dem Großen ist das des Unternehmers Nikita Demidowitsch (Antufjew) Demidow (1656-1725). Dieser hatte die 1699 gebaute staatliche Eisengießerei in Newjansk mit so viel Sachverstand geleitet, dass Peter der Große 1703 das Werk mitsamt ausgedehnten Waldungen dem ehemaligen Waffenschmied übereignete und ihn unter dem Namen Demidow in den Adelsstand erhob[142]. In Folge der Schenkung sowie durch weitgehende Steuererleichterungen war Demidow in die Lage versetzt, bedeutende Kapitalsummen gewinnbringend zu investieren. Er erwarb sich als erster privater Unternehmer große Verdienste bei der Entwicklung des Urals zum Zentrum der Eisenindustrie Russlands.

Als Herr Turtschaninow die Werke am Kupferberg kaufte, war die unternehmerische Macht der Familie Demidow schon so groß, dass sie sich als Wirtschaftskönige im Ural großtun konnten. Das Turtschaninow-Unternehmen stellte für sie keine Konkurrenz dar. Entsprechend wird in der Geschichte *„Zwei kleine Eidechsen"* erzählt, dass die Demidows und „andere reiche Herren aus dem Ural" kein Interesse an den Werken am Kupferberg zeigten.[143] Das änderte sich mit dem zunehmenden wirtschaftlichen Erfolg Turtschaninows. In derselben Erzählung wird dann auf eine Klage der Stroganows und Demidows gegen Turtschaninow angespielt, bei der die Rechtmäßigkeit des Kaufvertrages angefochten werden sollte, die aber keinen Erfolg hatte.[144]

Behörden und Verwaltung im Reformwerk

Die Behördenorganisation Russlands geht in noch höherem Maße als im preußischen Staat des achtzehnten Jahrhunderts auf das Werk eines einzelnen Herrschers zurück, auf Peter den Großen.[145] Der Zar erkannte, dass es unumgänglich war, zugleich mit der Aufnahme der

---

142 Bolschaja Sowetskaja enziklopedija, Moskau 1972, Tom 8, S. 72
143 Die Edelsteinblume, S. 114
144 Ebenda, S. 117
145 Amburger, Erik: Geschichte der Behördenorganisation Russlands von Peter dem Großen bis 1917, S. 1

Bergwerkstätigkeit Behörden zu schaffen und Vorschriften für das Betreiben von Berg- und Hüttenwerken zu erlassen. Die erste Bergbaubehörde war die Erzgrubenkanzlei. Der Sachse Blüher hat durch mehrere Denkschriften an den Zaren den Anstoß gegeben, dass 1719 eine zentrale Bergbaubehörde für Russland, das Berg- und Manufakturkollegium, gebildet wurde. Vom Charakter her war diese Behörde ein Ministerium.

Im Jahre 1722 wurde das Moskauer Bergamt geschaffen. Damit in Verbindung teilte man Russland in neun Regionen, unter anderem in die Region Ural, für deren Bergbauangelegenheiten regionale Aufsichtsbehörden zuständig waren, die Bergämter und die Oberbergämter.

Der Aufbau der Bergbauverwaltung und die Bildung von Behörden war nicht nur unter dem Aspekt der staatlichen Kontrolle der Produktion zu sehen. Auch das rasche Wachstum der Staatseinnahmen war ein vordringliches Anliegen Peter des Großen. So oblag den obersten staatlichen und den regionalen Bergämtern die Aufsicht über die Abgaben- und Steuerzahlung der Berg- und Hüttenwerke und die Wirtschaftlichkeit. Das betraf unterschiedslos private Betriebe, halbstaatliche Possessionsfabriken und Staatsbetriebe. Arbeiteten private Manufakturen mit Krediten, überwachten die Bergämter deren Finanzgebaren. Das ging so weit, dass private Hüttenwerke in Staatsverwaltung genommen werden konnten, wenn sie in wirtschaftliche oder in Zahlungsschwierigkeiten gerieten. Die rein staatlichen Fabriken sind von den Bergämtern direkt geleitet worden. Sie bestimmten deren technische und technologische Entwicklung, wachten über die wirtschaftliche Lage und entschieden über Weiterführung oder Stilllegung bei schlechtem Betriebsergebnis.

Es kam auch vor, dass Peter der Große Vertreter des obersten staatlichen Bergkollegiums zur Kontrolle direkt in die Gruben und Manufakturen abkommandierte. 1722 beorderte er Wilhelm von Hennin mit einer Delegation von Experten in den Ural. Zu der Zeit hatte der Beamte als Vorsitzender des Bergkollegiums den Rang eines Ministers, und er war als solcher der höchste Staatsbeamte für das Bergwerks- und Hüttenwesen. Sein Auftrag vom Zaren bestand darin, die Schmelzverfahren im Newjanser Bezirk voranzubringen.

Während seines Aufenthaltes in Newjansk erreichte ihn ein Dekret von Peter dem Großen, die Arbeit des Kupfererzbergwerkes in Gumeschewsk zu kontrollieren. Außerdem sollte von Hennin Vorbereitungen treffen für den Aufbau eines Hüttenwerkes zum Schmelzen von Kupfererz im benachbarten Polewskoi. In den Kupferbergerzählungen wird auch erwähnt, dass gelegentlich Vertreter der Bergämter auftauchten. Die Erzähler bezeichneten sie als Obrigkeit, manchmal als Bergbehörde, jedoch ohne weiter auf sie einzugehen. Die Bergbeamten trugen Militäruniformen, eine Besonderheit der Behörden des russischen Bergwerks- und Hüttenwesens.

In der Geschichte „*Der Schlüsselstein*" heißt es: „Die Gruben waren noch dem Krongüter-Amt unterstellt. Die Bergobrigkeit in Rang und Würden, im Glanz vergoldeter Knöpfe, Henker in Paradeuniform, trieb das Volk unter Trommelwirbel zur Arbeit."[146]

Die Bergbehörden sind seit ihrer Entstehung militärisch organisiert worden. Alle Positionen der Bergbeamten waren mit entsprechenden militärischen Rängen verbunden. Dem zivilen Bergbeamten „Oberbergmeister" entsprach der militärische Dienstgrad eines Majors. Ein Hüttenwerksverwalter hatte den Rang eines Oberleutnants.[147] Von Hennin als Direktor des Oberbergamtes war Generalmajor und als solcher ein lebenslanges Mitglied der russischen Militärakademie.

Im neunzehnten Jahrhundert, in den 1850er und 1860er Jahren, gingen die Machtbefugnisse des Hauptchefs der Uralverwaltung so weit, dass ihm die gesamte Stadtverwaltung von Jekaterinburg, das örtliche Militär, die Gerichtsbarkeit und die Post unterstellt waren.

Selbst die Bergingenieure waren militärisch organisiert im „Korps der Bergingenieure". Im Jahre 1867 wurde das Korps in eine zivile Organisation umgewandelt. Die Entmilitarisierung des gesamten

---

146 Bashow, P.P.: Die Malachitschatulle, S. 247. Die Erzählung gehört nicht zum Kupferberg-Zyklus

147 Pereshogin, A. A.: Voenisirovannaya sistema upravlenja Kolyvano-Voskresenskovo (Altaiskovo) gornovo okruga (1747-1871 gg.). Barnaul, 2005, S. 195

Bergwesens erfolgte in demselben Jahr, sechs Jahre nach der Aufhebung der Leibeigenschaft.[148]

Einige Beamte der Bergbehörden ergriffen gelegentlich die Möglichkeit, Unternehmer zu werden, eigene Fabriken zu betreiben und zu Reichtum zu kommen.[149] Das war mit Risiken und mit viel Engagement verbunden. Andere nahmen Abstand davon, da es leichtere Möglichkeiten gab, reich zu werden, wie zum Beispiel durch Korruption und Amtsmissbrauch. Dieser Missstand war im Lande weit verbreitet, und Peter der Große hatte zur Bekämpfung desselben Finanzkontrolleure[150] eingesetzt. Ihre Aufgabe bestand darin, sich mit Unredlichkeiten zum Schaden der Staatskasse zu beschäftigen. Entsprechende Strafmaßnahmen waren erfolglos. Beamte, Staatsdiener, Gouverneure, Senatoren, ja selbst Oberfiskale blieben korrupt. In den Kupferbergerzählungen wurden häufig Sachverhalte des Diebstahls und der Bestechung erwähnt.

„Wie eine Kugel rollte eben der Betrug im Kreis [...] So war es damals Brauch."[151] Noch nicht einmal Auspeitschen, Folter oder Tod am Galgen wirkten in dieser Richtung abschreckend.

---

148 Amburger, Erik: Geschichte der Behördenorganisation Russlands von Peter dem Großen bis 1917, S. 233. Die Leibeigenschaft ist ein Thema des Kapitels Sechs.

149 In den 1730er Jahren war der Sachse Kurt Alexander von Schönberg Leiter des Generalbergdirektoriums und zugleich Hauptteilhaber der Berg-Kompanie. In dieser Eigenschaft war er der größte Privatunternehmer im russischen Bergbau. Im Februar 1723 erhielt auch Wilhelm von Hennin die Genehmigung zum Bau eines Hüttenwerkes auf dem Gelände der späteren Stadt Jekaterinburg. Infolgedessen wurde er als Direktor des Oberbergamtes selbst Bauherr und Unternehmer. Soldaten, Leibeigene und freie Bauern der umliegenden Dörfer waren am Bau beteiligt. Am 18. November 1723 wurde das Hüttenwerk in Betrieb genommen. Zugleich gilt dieser Tag als das offizielle Gründungsdatum von Jekaterinburg. Die Stadt bekam ihren Namen zu Ehren der Ehefrau des Zaren, Katharina I. Bereits Mitte der zwanziger Jahre des 18. Jahrhunderts gab es in Jekaterinburg neun staatliche und zwölf private Eisenwerke, die auf Befehl von Wilhelm von Hennin gebaut worden sind.

150 Sie wurden auch als Fiskale bezeichnet. In den ersten Jahren nach der Gründung der Bergämter gab es eine Gerichtsabteilung, in der die Fiskale Bestechungs- und Veruntreuungsverfahren durchführten.

151 P.P. Bashow: Die Malachitschatulle, S. 175

Herrin des Kupferberges vier, Collage, 29x10, 2019

KAPITEL

05

Eine kurze Montangeschichte der Werke am Kupferberg

Die ersten Bergleute im Kupfererzbergwerk von Gumeschewsk waren Tschuden

Die Petrinischen Reformen hinterließen auch ihre Spuren in der Historie der einzelnen Fabrik oder des einzelnen Bergwerkes in der Kupferbergregion, über die im Folgenden erzählt wird. Dem Charakter phantastischer Erzählungen entsprechend wurden durch die Erzähler im Kupferberg-Zyklus keine konkreten Zeitangaben gemacht. Die Handlungen waren auf eine überzeitliche Ebene gehoben. So bemerkt der Erzähler meist am Beginn einer Geschichte, dass sich die Ereignisse „damals" oder „vor längst vergangener Zeit" zugetragen hätten. Gleichwohl sind Rückschlüsse auf einen Zeitpunkt oder Zeitraum möglich, zu dem oder während dessen Verlauf ein beschriebenes Ereignis tatsächlich stattgefunden hat. „Wegweiser" sind etwa der Pugatschow-Aufstand, die Regentschaft der Zarinnen Anna (1730-40), Elisabeth (1741-62), Katharina II. (1762-96) oder ein dokumentierter spektakulärer Mineralfund. Auch die biographischen Daten der Familie Turtschaninow erlauben eine zeitliche Ordnung der erzählten Geschehnisse.

Zeitfolge der Kupferbergerzählungen

Es gibt vier Geschichten, deren Handlung in die Lebzeiten von Herrn Turtschaninow (1705-1787) fällt, dem ersten privaten Eigentümer und Unternehmensgründer der Werke am Kupferberg. *„Zwei kleine Eidechsen"* ist die Erzählung mit dem am weitesten zurückliegenden Bezug auf die 1750er Jahre. Zudem sind Rückschlüsse auf den Beginn der Kupfererz-Förderung in Gumeschewsk während der 1700er Jahre möglich. *„Die Edelsteinblume", „Die Stiefelsohlen des Verwalters"* sowie *„Der Bergmeister"* umfassen etwa den Zeitraum von 1757 bis 1787.

In weiteren drei Erzählungen wird erwähnt, dass Herr Turtschaninow schon mit einem Bein im Grabe steht, beziehungsweise dass er zu den Toten gegangen sei. Daher können *„Das zerbrechliche*

Zweiglein", *„Die Herrin des Kupferberges"* und *„Die Malachitschatulle"* dem Ende der 1780er und dem Anfang der 1790er Jahre zugerechnet werden.

Eine dritte Gruppe von Geschichten betrifft die Lebenszeiten der Nachfolger des Unternehmensgründers, seiner Söhne, Enkel, Urenkel und Ururenkel. Das sind die Erzählungen *„Sotschenjs Steine"*, *„Tajutkas Spiegel"* und *„Die Grasfalle"*.

Im Verlauf des Enträtselns der Spuren der Zeit und der Verbindung mit den Fakten der Montangeschichte wurde offenbar, dass die Geschichten des Kupferberg-Zyklus' selbst ein Teil der Bergwerks- und Fabrikgeschichte der Region sind – erzählte Geschichte. Diese Geschichte begann mit der Wiederentdeckung des Kupfererzvorkommens in Gumeschewsk.

Die Prospektoren, die Peter der Große in den Ural beorderte, erhielten mitunter wichtige Hinweise auf Rohstofflagerstätten durch die Spuren vorzeitlichen Bergbaus. Sie stießen während ihrer Exkursionen häufig auf Halden und Bingenzüge[152], die bei dem Abbau von Bodenschätzen übrigbleiben. Die Forscher vermuteten, dass das bereits erwähnte alte und verschwundene Volk der Tschuden diese Spuren zurückließ. Es ist nicht bekannt, ob die Experten des Zaren das Kupfererzvorkommen in Gumeschewsk aufgenommen haben. In der russischen Literatur wird ausgeführt, dass im Jahre 1702 zwei Bauern, Sergej Babin und Kosmja Silejew[153], auf die Überreste eines alten Kupfererzbergwerkes gestoßen sind. Noch in demselben Jahr unterstellte A.A. Winius, zu der Zeit Beauftragter Peters des Großen für die Organisation von Bergbau und Rüstungsbetrieben, die Kupfererzlagerstätte und die Siedlung Gumeschewsk der Gerichtsbarkeit des russischen Staates.

Später, als am Kupferberg mit dem Schachtabbau begonnen

---

152 Halden sind kleine oder größere Berge aus Geröll oder Gestein, und Bingen oder Bingenzüge sind weiträumige Gebiete oder Löcher, bei denen die Erde durch den Bergbau eingebrochen ist.

153 Metallurgitscheskije Sawody Urala. XVII-XX WW. Enziklopedia. Jekaterinburg 2001, S. 177

worden war, stellte sich heraus, dass die Tschuden das Gelände tatsächlich schon in Vorzeiten für den Bergbau erschlossen hatten. Der Uralreisende Pallas schrieb nach dem Besuch des Kupfererzbergwerkes im Jahre 1770, dass unter Tage ein zerrissener Schnappsack und ein gut erhaltener Handschuh eines tschudischen Bergmanns aus Rentierleder gefunden wurden. „Der Handschuh [...] ist von dem Kopfe des Thiers also verfertiget, dass die Ohren zur Aufnehmung des Daumens dienen, beyde Enden aber offen sind, so dass der Handschuh auf die rechte und die linke Hand kann gezogen werden."[154] In der Geschichte „Der teure Name" wird der Kosakenführer Ataman Jermak Timofejewitsch in Verbindung mit der russischen Eroberung Sibiriens[155] erwähnt. Der Erzähler führt weiter aus, dass vor dieser Eroberung und vor der Besiedelung des Gebirges durch russische Bauern das Urvolk im Ural gelebt habe. In der Gegend des Kupferberges hätten die Menschen dieses Volkes ihren Lebensunterhalt durch das Sammeln von Gold, Kupfer und Edelsteinen bestritten. „Die Fundstellen in Gumeschewsk hat das Urvolk hinterlassen, nur dass man damals keine Schächte grub, sondern nur das nahm, was auf der Oberfläche lag".[156]

Es kann sein, dass mit dem Urvolk das tschudische Volk gemeint war. Dafür gibt es keine Anhaltspunkte. Die Spuren alter Bergwerktätigkeit, auf die die Bergleute im Kupferberg gestoßen waren, zeugten jedoch davon, dass die Tschuden den Schachtabbau sehr wohl kannten und betrieben haben. Der Uralreisende Pallas hat nach der Prüfung eines Hohlraums aus dem alten Erzabbau notiert:

„Allein es kommt mir sehr wahrscheinlich vor, dass diese geförderten Erze von der alten, wie man sie hier zu nennen pflegt, tschudischen Arbeit gewesen sind. [...] Man findet noch jetzt in der Tiefe von zehn und mehr Lachter[157] von dem alten Bau verschiedene Merkmale."[158] Dazu gehörten Stollen, die noch nicht vollständig eingestürzt waren, alte Balken von der Auszimmerung

---

154 Pallas, Peter Simon: Reise durch verschiedene Provinzen des Russischen Reiches, S 99 und Metallurgitscheskije Sawody Urala. XVII-XX WW. Enziklopedija. Jekaterinburg 2001, S. 177

155 Mit Timofejewitsch wurde die Eroberung Sibiriens eingeleitet, und im Verlauf des 16. Jahrhunderts waren alle Uralgebiete in das russische Zarenreich eingegliedert.

156 Bashow, P.P.: Die Malachitschatulle, S. 282

157 Etwa 20 Meter

158 Pallas, Peter Simon: Reise durch verschiedene Provinzen des Russischen Reiches, S. 98

der Schächte oder Fichtenholzschleißen, bei deren Licht die Bergleute arbeiteten.[159]

Schon im fünften Jahrhundert vor der Zeitenwende war der Schachtabbau von Erzen bekannt. So wie Archäologen ihn beschreiben, kann man sich auch den Abbau des Kupfererzes in Gumeschewsk durch die Bergleute der Tschuden vorstellen: Es kamen Werkzeuge zum Einsatz wie zum Beispiel Keilhauen, Meißel, Brechstangen, Vorschlaghämmer und Keile. Das Erz wurde unter Tage zuerst unter Feuer gesetzt und mürbe gemacht. Danach wurde es geschlagen und mit der Hand in Körben oder Ledersäcken verstaut und an die Oberfläche befördert. Einzelne Schächte sollen sogar eine Tiefe von bis zu einhundertzwanzig Metern erreicht haben. Für die Luftversorgung gab es Belüftungsgänge.

In den Grabhügeln der Tschuden wurden Kupferwerkzeuge und Goldschmuck gefunden. Außerdem sind bei archäologischen Ausgrabungen Rennherde[160] zum Schmelzen von Erz entdeckt worden. Daraus wurde geschlossen, dass das tschudische Volk über das Wissen verfügte, Kupfer oder Gold unter Tage abzubauen, zu schmelzen und zu Alltagsgegenständen zu verarbeiten.

Darüber hinaus gab es nur wenige Anzeichen, die über die Lebensweise und die Kultur der Tschuden detaillierte Auskunft gaben, vor allem darüber, warum das alte Volk nach Norden gezogen oder ausgestorben ist.[161] Das betraf zudem die Hypothese, der Mythos der Herrin des Kupferberges könnte überliefertes Erzählgut der Tschuden sein. Es ist eher davon auszugehen, dass die phantastischen Erzählungen ihre Geburtsstunde während der Anfangsjahre der montanwirtschaftlichen Erschließung des Urals hatten.

Gleichwohl kann man sich gut vorstellen, was es vor dreihundert Jahren für die Psyche von Bergleuten bedeutete, als in dem gefürchteten Bergwerk Hinterlassenschaften von Menschen sowie Spuren von einem früheren Erzabbau gefunden und geborgen wurden. Zweifelsohne entstanden in den Gesprächen der Bergleute Fragen über Fragen, und die Antworten wurden im Übernatürlichen gesucht, in der Sphäre der Geister. Den Männern fehlte es an einer gegenüber dem

---

159 Ebenda

160 Rennherde sind Lehmöfen, die mit Gestein verkleidet sind. Siehe auch Kapitel Eins

161 Im Ural ranken sich um die Tschuden eine Reihe von Legenden. Siehe dazu auch: Ob ural"skoj chudi i ejo gibeli (1927). http://uraloved.ru/chud, aufgerufen am 13.5.2023

Erfahrungswissen tiefergehenden naturwissenschaftlichen Bildung. So lag es in der Natur der Sache, dass die Fundstücke aus den alten Bergbauzeiten die Phantasien von einer Herrin des Kupferberges angefeuert haben. Das Wesen musste nicht nur seinen Lebensraum in der unterirdischen Steinwelt haben, sondern es lockte auch unverheiratete Bergleute als Gefährten in die Unterwelt. Es war zudem folgerichtig, dass sich während ihrer Gespräche die Überzeugung verfestigte, die Herrin hole die Steinhandwerker in den Kupferberg und ließe sie als Bergmeister für sich arbeiten. Die Hinterlassenschaften der Tschuden könnten auch die Gedankenwelt der Männer über den Lauf der Zeiten berührt haben. Wahrscheinlich kamen sie zu der Überzeugung, die Dämonin wäre allwissend, und durch ihren Kupferspiegel in der Tiefe des Berges würde sie die Vergangenheit ebenso wie die Gegenwart und die Zukunft kennen. Wann der Schnappsack und der Handschuh geborgen wurden, ist nicht genau bekannt. Es ist jedoch naheliegend, dass die Entdeckung der Fundstücke in die zweite Hälfte der 1740er Jahre fiel, als man mit dem Abbau tiefer in den Berg vordrang und das Kupfererz kontinuierlich und in steigenden Mengen förderte.

Sysertskij Sawod produziert Kupfer und Gusseisen; Gumeschewskij Rudnik hat Probleme [162]

Im Jahre 1702 wurde eine Kupferhütte in Sysert gebaut.[163] Die Fabrik ist das älteste Hüttenwerk der Kupferbergregion. Auch

---

162   Die Uralreisenden Wissenschaftler benutzten in ihren Korrespondenzen die russischen Bezeichnungen der Einheimischen für die Bergwerke und Fabriken. So heißt das russische Wort für Werk oder Fabrik Sawod. Es bedeutet „hinter dem Wasser" und hat seinen inhaltlichen Bezug darin, dass die Hüttenwerke technologiebedingt immer neben oder hinter dem Wasser, dem Hüttenteich, errichtet wurden. Daraus ergab sich, dass die Hüttenwerke als Sawoden im Sinne eines Eigennamens bezeichnet wurden, zum Beispiel Newjanskij Sawod, Sysertskij Sawod oder Polewskoj Sawod. Auch die Wohnsiedlungen wurden Sawoden genannt. Da Bergwerk auf Russisch Rudnik heißt, findet man für die Gumeschewsker Grube entsprechend die Benennung Gumeschewskij Rudnik.

163   Kolesar, Peter; Tvrdy, Jaromir: Zarenschätze, S. 182 und Kolesar, Peter: Geographie, Bergbau, Geologie und Lagerstätten des Urals. In: Lapis, Sonderheft Ural, München August 1997, S. 14

Eisenerz wurde hier verschmolzen, denn in der Nähe der Syserter Hütte gab es reiche Vorkommen von Braun- und Chromeisenerz, jedoch keine Kupfererzlagerstätte. Das für die Kupferproduktion erforderliche Kupfererz hätte man aus dem Bergwerk in Gumeschewsk hierher transportieren und verhütten können. Das wäre durch die Neuentdeckung in demselben Jahr möglich gewesen, ist aber durch die bekannt gewordenen Anfangsschwierigkeiten der Erschließung des Kupfererzbergwerkes eher unwahrscheinlich. Woher das Kupfererz kam, das man hier schmolz, ist nicht bekannt.

Sysertskij Sawod wurde in den Jahren 1732[164] und 1733[165] erweitert durch den Bau neuer Anlagen für die Verhüttung und Weiterverarbeitung von Eisenerz. Es war die Zeit der Regentschaft von Zarin Anna (1730-40); und der damalige Direktor der Hauptverwaltung der Sibirischen Bergwerke, Tatischtschew, verfügte, den Hüttenwerksanlagen zu Ehren der Zarin den Namen „Imperatrici Anni Sawod" zu geben. In Verbindung mit dem Bau der neuen Schmelzöfen wurden zum Schutz vor Überfällen auch Befestigungsanlagen um das Werk und das Dorf errichtet.

„Zwei kleine Eidechsen" ist die Geschichte des Kupferberg-Zyklus´ mit den Zeitbezügen auf die Anfänge des Bergbaus und der Hüttenwerksindustrie in der Kupferbergregion. Der Erzähler schildert zu Beginn, dass das Dorf Gumeschewsk und die neu entdeckte Kupfererzlagerstätte dem russischen Staat unterstellt worden sind. Das war im Jahre 1702.

„Ein Kupfererzbergwerk wurde eröffnet, ein Kupferwerk gebaut ..."[166] erfährt man als nächstes, und es wurde weiter ausgeführt, dass die Grube kurz nach der Eröffnung nicht gut lief, trotz aller Mühen. „Gumjoschki blieb damals brach liegen"[167].

Mehrere Quellen datieren daher die Neuerschließung des Gumeschewsker Bergwerkes und den Beginn der industriellen

164 Mamajewa, N. I.: Istorija roda Turtschaninowych w zikle skasow P.P. Bashowa „Mal-akhitovaja Shatulkam". Uralische Staatliche Universität Jekaterinburg 2004, Vortragsmanu-skript, S. 40. www.elib.uraic.ru, aufgerufen am 11.3.2020
165 Pallas, Peter Simon: Reise durch verschiedene Provinzen des Russischen Reichs. Zweiter Teil. Frankfurt und Leipzig bei Johann Georg Fleischer 1777, S. 79
166 Die Edelsteinblume, S. 113
167 Ebenda

Ausbeutung der Lagerstätte auf das Jahr 1709.[168] Auch danach musste der Kupfererzabbau Schwierigkeiten und Probleme bereitet haben. Während der Jahre zwischen 1713 und 1717 gab es auf Anweisung des Generalgouverneurs von Sibirien, Fürst Gagarin, mehrere Inspektionen, in deren Ergebnis eine weitere Ausbeutung der Lagerstätte für nicht sinnvoll gehalten wurde. Seit welchem Jahr in Gumeschewsk kontinuierlich gefördert wurde, ist nicht bekannt. Nach Auskunft der Stadtchronik von Polewskoi ist das Kupfererz aus Gumeschewsk in dem nördlich gelegenen Uktussker Hüttenwerk verhüttet worden,[169] allerdings ohne Zeitangabe.

Des Weiteren berichtet die Stadtchronik von Polewskoi von einem Überfall auf das Bergwerk und auf die Siedlung Gumeschewsk im Jahre 1718, den Baschkiren ausgeübt hätten. Die Grube soll vollständig zerstört worden sein, und die Baschkiren erschlugen und verjagten die Bergarbeiter. Auf Befehl Peters des Großen sind die Zerstörungen beseitigt worden, und ab Mai 1719 wurde in Gumeschewsk wieder Kupfererz abgebaut.[170] Auch während der folgenden Jahrzehnte war der Erzabbau am Kupferberg gekennzeichnet durch ein schwieriges Gelände im Berg, hohe Kosten, Zeiten des Stillstands und der Unruhe. Man kann sich gut vorstellen, dass die Bergleute, die in jenen Jahren einfahren mussten, auf die Idee kamen, dies als Zeichen der Herrin zu deuten, ihren Berg in Ruhe zu lassen, zumal seit 1747, nach dem Förderende des ärmeren Kupfererzes, nun das reichhaltige Malachiterz, der beste Schatz der Herrin, in steigenden Mengen abgebaut wurde.

1724 wird in Polewskoi Sawod das erste Hüttenwerk gebaut

Im Juni 1722 erließ Peter der Große das bereits erwähnte Dekret, in dem er Wilhelm von Hennin[171] befahl, Vorkehrungen zu treffen für

---

168 Kolesar, Peter; Tvrdy, Jaromir: Zarenschätze, S. 182 und Stadtchronik von Polewskoi: http//polevsk.midural.ru, aufgerufen am 3.2.2021

169 Stadtchronik von Polewskoi: http://polevsk.midural.ru, aufgerufen am 3.2.2021

170 ebenda

171 Vorsitzender des Bergkollegiums und Direktor der Hauptverwaltung der sibirischen Bergwerke

den Bau einer Anlage zum Schmelzen von Kupfererz in der Nähe des Flusses Tschussowaja. Zwei Jahre später, 1724, begann man mit dem Errichten des Hüttenwerkes im Dorf Polewskoi - in unmittelbarer Nachbarschaft zum Kupferberg. Gemäß dem Wunsche des Zaren wurden das Werk und die Siedlung Polewskoi zu dem Schutz vor Überfällen mit Gräben und Schutzwällen umgeben. Der Bau zog sich bis 1727 hin. Nach dem Fertigstellen des Hüttenwerkes wurden in Polewskoi zuerst Kupfererze aus der Gegend von Dumnaja Gora verschmolzen, erst in späteren Jahren die Kupfererze aus Gumeschewsk.[172]

Dem Uralreisenden Pallas ist die Beschreibung zu verdanken, welchen Anblick die Fabrikanlagen in Polewskoi am Ende der Bauarbeiten boten. Demnach waren die Schmelzhütten größtenteils aus Stein gebaut. Ein Hochofen wurde eingesetzt für die Produktion von Gusseisen. Neben diesem befand sich ein noch nicht fertig ausgebauter Hochofen als Reserve.

Den Kern der Produktionsanlage in Polewskoi bildeten damals nach Pallas Beschreibung die Kupferhütten. In einem großen Gebäudekomplex befanden sich elf Schmelzöfen für das aus Gumeschewsk angelieferte Kupfererz, außerdem vier Gar-Öfen für das Endbearbeiten des geschmolzenen Kupfers.[173] Teilweise wurde auch Kupfer, das in Sysertskij Sawod verhüttet worden ist, hierher transportiert und fertiggestellt.

Bereits in den 1720er Jahren hatten die Prospektoren Peters des Großen in der Nachbarschaft von Polewskoi mehrere Eisenerzvorkommen am Fluss Tschussowaja entdeckt. In Voraussicht auf die spätere Ausbeutung der Lagerstätten errichtete man an den Fundorten zuerst befestigte Dörfer, unter anderem das unmittelbar an Polewskoi angrenzende Kosoj Brod und das etwa 6 km entfernte Krasnaja Gora. Das Eisenerz dieser Gruben wurde seit 1734 in Polewskoi Sawod verschmolzen.

1735 wurden am Fluss Seweruschka in der Nähe von Polewskoi weitere Eisenerzvorkommen entdeckt, und in Folge dessen entstand zwischen 1735 und 1739 im Norden von Polewskoi ein neues

---

172   Rose, G.: Mineralogisch-geognostische Reise nach dem Ural, dem Altai und dem Kaspischen Meere. S. 275 und www.semantic.uraic.ru, aufgerufen 8.3.2020
173   Ebenda, S. 89

Eisenbearbeitungswerk: Sewerskij Sawod.[174] Das Kernstück der
Anlage bildeten die Hammer- beziehungsweise die Pochwerke,
welche das in Polewskoi Sawod geschmolzene Gusseisen mechanisch
weiterbearbeiteten.[175]

Ursprünglich war geplant, dass in Sewerskij Sawod vor allem
Eisenerz verhüttet werden sollte. Wegen langwieriger Streitigkeiten
mit den Baschkiren um ein Waldgebiet, die erst Ende der 1770er
Jahre geschlichtet wurden, kam die Verhüttung nicht in Gang. In
der Geschichte „Die Katzenohren" heißt es dazu: „Auch in Sewernaja
wurde Eisenerz verschmolzen. Aber nur ganz wenig."[176] Da sich
Bashow in der Erzählung auf die Pugatschow-Aufstände bezieht, ist
davon auszugehen, dass erst ab Beginn der 1780er Jahre die Produktion
von Gusseisen in Sewerskij Sawod in Schwung kam, was auch durch
die Werksstatistik belegt wird.[177]
Der Ausfall der Verhüttung in Sewerskij Sawod einerseits und die
wachsenden Fördermengen von Eisenerz andererseits führten dazu,
dass 1746 beschlossen wurde, Polewskoi Sawod durch den Bau neuer
Schmelzöfen zu erweitern, sowohl für das Eisenerz aus der Umgebung
als auch für das Kupfererz aus Gumeschewsk.[178]

Herr Turtschaninow kauft Ende der 1750er Jahre die Kupferbergwerke

Die Angaben über das Jahr, in dem der Kaufmann und Unternehmer
Aleksej Fedorowitsch Turtschaninow (1705-87) die Werke am
Kupferberg vom russischen Staat kaufte, schwanken zwischen 1757
und 1759. In „Zwei kleine Eidechsen" wusste der Erzähler zu berichten:
„Als er hörte, dass der staatseigene Kupferbetrieb unrentabel arbeitete, unterbreitete er sogleich das Angebot, ihn zu kaufen. [...] So
kam es, dass Turtschaninow unser Werk und noch Sysert als Zugabe

174 Metallurgitscheskije Sawody Urala. XVII-XX, S. 417
175 Die damaligen Schmelzverfahren bedingten eine mechanische Nachbearbeitung des
Gusseisens, um die störenden Verunreinigungen zu entfernen.
176 P.P. Bashow: Die Malachitschatulle, S. 156
177 Metallurgitscheskije Sawody Urala. XVII-XX, S. 417
178 Pallas, Peter Simon: Reise durch verschiedene Provinzen des Russischen Reiches. S.
88

bekam."[179] Turtschaninow soll 200.000 Rubel an die Staatskasse gezahlt haben, eine für damalige Verhältnisse geringe Summe[180] wegen der erheblichen Schulden, mit denen die Werke belastet waren.[181] Im Ergebnis dieser Veränderungen entstand 1760 der Syserter Bergwerksbezirk. Anders gesagt, das Turtschaninow-Unternehmen und der neue Verwaltungsbezirk waren zwei Seiten ein und derselben Medaille. Als montanwirtschaftlicher Standort umfasste der Syserter Bergwerksbezirk die Hüttenwerke und die Metallverarbeitungsbetriebe in Sysert, Polewskoi und Sewersk. Hinzu kamen das Kupfererzbergwerk in Gumeschewsk, Dutzende von Minen mit verschiedensten Bodenschätzen sowie zahlreiche Eisenerzgruben, zum Beispiel Krasnaja Gora und Kosoj Brod. Die Arbeitssiedlungen als integrierter Teil der Produktionsorte und große Waldgebiete mit Holz- und Wasserressourcen vervollständigten das Bild der Region, die den geographischen und montanwirtschaftlichen Hintergrund der phantastischen Erzählungen der Bergleute und Malachitmeister bildete.

Gumeschewskij Rudnik „wurde weltweit berühmt"

Die Fachkenntnisse des Unternehmers Turtschaninow bewirkten, dass sich schon im ersten Jahr nach der Übernahme der Werke am Kupferberg die Menge an geschmiedetem Eisen fast verdoppelte und die Produktion von Kupfer um über einhundert Prozent anstieg.[182] Auch in der Geschichte „Zwei kleine Eidechsen" erwähnte der Erzähler die unter dem neuen Eigentümer erzielten Erfolge: „Schon zwei Jahre später förderte das Kupferwerk weit mehr Kupfer als früher. Gumjoschki wurde weltweit berühmt und wurde immer größer."[183]

Turtschaninow, dessen Name sich von nun an wie ein roter Faden durch die Kupfebergerzählungen zieht, wurde zudem reicher und

---

179 Die Edelsteinblume, S. 114

180 Ebenda, S. 80. Die Angaben über den Kaufpreis sind in der Literatur nicht einheitlich.

181 Rose, G.: Mineralogisch-geognostische Reise nach dem Ural, dem Altai und dem Kaspischen Meere, S. 274

182 Mamajewa, N. I.: Istorija roda Turtschaninowych w zikle skasow P.P. Bashowa „Malakhitovaja Shatulkam", S. 42

183 Die Edelsteinblume, S. 117

reicher. In der Geschichte „*Zwei kleine Eidechsen*" bezieht sich der Erzähler auf eine Klage der Konkurrenten.

„Stroganows wollten nun selbst diesen leckeren Bissen haben, doch umsonst. Turtschaninow hatte inzwischen mit seinem Geld Kraft gewonnen, war mit vielen Fürsten und Senatoren freund geworden, so konnten Stroganows ihm nicht schaden."[184] Besonders gewogen schien dem Unternehmer die Zarin Elisabeth (1741-62) gewesen zu sein. Turtschaninow versorgte den kaiserlichen Hof mit wertvollen Kupfer- und Malachitgegenständen und bediente offenbar die Prunksucht der Zarin. Es könnte sein, dass Protektion seine Macht befördert hat; in erster Linie war der unternehmerische Erfolg die Ursache für das Scheitern der Klage der Konkurrenten.

Die Bergbaukommission der Regierung überprüfte im Jahre 1766 den Zustand der Anlagen und zeigte sich mit den Aktivitäten des neuen Eigentümers zufrieden. Dieser habe die Produktion so ausgebaut, dass in den letzten Jahren mehr als achttausend Pfund Kupfer gegen den offiziellen Gehalt und eine beträchtliche Menge Roheisen geschmolzen wurden.[185]

Turtschaninow war zu dieser Zeit einundsechzig Jahre alt. Innerhalb von sieben Jahren hatte er ein aufstrebendes Imperium geschaffen.

Sysertskij Sawod entwickelt sich zum Zentrum des Syserter Bergwerksbezirkes

In den siebziger Jahren des 18. Jahrhunderts war der Kupferberg die reichste Kupfererzlagerstätte im Mittleren Ural und Turtschaninow einer der reichsten Männer. Er erwies sich nun bereits seit über einem Jahrzehnt als fähiger Unternehmer, und investierte in seinen Werken nicht nur in die Technologie der Erzverhüttung, sondern auch in die Weiterverarbeitung. Das betraf namentlich die Werke in Sysert. In der Erzählung „*Die Katzenohren*" heißt es: „Sysert wurde zur wichtigsten Hütte."[186]

---

184 Ebenda

185 Anatolewna, M.I.: Russkije predprinimateli. Dwigateli progressa. Turtschaninow Alexej Fedorowitsch. 1704/05-1787. www.staff.wikireading.ru, aufgerufen am 11.3.2020

186 Bashow, P.P.: Die Malachitschatulle, S. 157

Allein zum Syserter Unternehmensteil gehörten zu dieser Zeit eine stattliche Anzahl von Produktionsstätten: eine Ankerschmiede, eine Sägemühle, drei Hammerhütten, ein Hochofen mit einer daneben liegenden Eisengießerei und ein Außenlager für die rohen gebündelten Eisensäulen. Neben der Schmiede befand sich die Kupferhütte mit zwei Krummöfen, einem Stangenhammer sowie zwei Glühöfen für das Stangeneisen.[187] Ein Blechwalzwerk soll in den 1760er Jahren gebaut worden sein.[188]

Auf dem Gelände von Sysertskij Sawod befand sich auch ein Fabrikgebäude, in dem die Tischlerei, die Schlosserei und die Steinschleiferei sowie eine Gravierwerkstatt untergebracht waren. In den Hüttenwerken arbeiteten einige Hundert Arbeiter. Darüber hinaus wurden etwa dreitausend leibeigene Bauern aus der Umgebung beschäftigt für das Holzfällen, die Herstellung von Holzkohle und den Grubenbau.

Sysertskij Sawod hatte außerdem eine werkseigene Gewerbeschule, die schon in den 1730er Jahren auf Befehl des damaligen Direktors der Hauptverwaltung der sibirischen Bergwerke, Tatischtschew, in der ehemaligen Schmiede eingerichtet worden war. Auch Pawel Bashow besuchte etwa einhundertfünfzig Jahre später für eine kurze Zeit die Syserter Schule, in der neben Schreiben, Rechnen, Geographie auch technisches Zeichnen unterrichtet wurde. Darüber hinaus waren Praxiskurse in den Betrieben Teil der Ausbildung.[189]

In der Geschichte „Die Katzenohren" wurde auch erzählt, dass sich Turtschaninow wegen der außerordentlich schlechten Wegeverhältnisse nur noch im Winter persönlich in seinen Werken sehen ließ. Während dieser Jahreszeit konnte er bei Eis und Schnee bequem mit dem Schlitten fahren, wohingegen er im Sommer das Pferd als Transportmittel aus Gesundheitsgründen nicht mehr nutzen konnte. Im Jahre 1775 wurde Turtschaninow siebzig Jahre alt.

In den benachbarten Kosakendörfern hatten sich die Bauern

---

187 Pallas, Peter Simon: Reise durch verschiedene Provinzen des Russischen Reiches, S. 81
188 Stadtchronik der Stadt Sysert, https://gorodarus.ru, aufgerufen am 17.2.2021
189 https://34374.info/2015/04/istoriya-staryih-syisertskih-shkol, aufgerufen am 17.2.2021

unter Führung von Jemeljan Pugatschow gegen die Obrigkeit und die Leibeigenschaft erhoben. Wegen der Unruhen war auch die Produktion in den Hüttenwerken betroffen. Der Stadtchronik von Polewskoi ist zu entnehmen, dass im Jahr 1774 Einheiten von Aufständischen bis in die Nähe der Siedlung gekommen wären. Dagegen soll Sysertskij Sawod mehrfach direkt angegriffen worden sein.[190] Infolgedessen legte man das Werk ein ganzes Jahr lang still. Die Unruhen dauerten von 1773 bis 1775. Sie sind als Russischer Bauernkrieg in die Geschichte eingegangen. Der Unternehmer Turtschaninow wurde im Jahre 1783 wegen seiner militärischen Verdienste während der Jahre der Aufstände von Katharina II. (1762-96) in den Adelsstand erhoben.

Zustandsbeschreibungen von Gumeschewskij Rudnik

Im Kupfererzbergwerk von Gumeschewsk wurde die unmittelbare Bergmannsarbeit unter Tage von etwa zweihundert Bergleuten verrichtet. Während der Wintermonate erhöhte sich die Zahl der Grubenarbeiter auf dreihundert. Darüber hinaus waren im Betrieb einhundertfünfzig Aufseher, Schmiede, Pferdeknechte, Sattler und Fuhrleute tätig, außerdem zahlreiche Holzfäller, welche die jährlich benötigten fünf- bis sechstausend Fichtenbalken für die Zimmerung schlugen.

Der Abbau des Kupfererzes erwies sich von der technologischen Seite her als außerordentlich schwierig. Die Erzählung *„Die Stiefelsohlen des Verwalters"*, die etwa auf die 1780er Jahre Bezug nimmt,[191] gibt dazu folgenden Einblick:

„Wer es nicht gewöhnt ist, unter Tage zu sein, dem kommt es anfangs gruselig vor, auch wenn er noch so ein Held ist. Die Hauptursache dieser Angst ist die völlige Finsternis, und dem ist [...] nicht abzuhelfen [...] Auch das Wasser im Berg ist etwas sehr Unangenehmes."[192]

Seit Anbeginn der Förderung bestand in Gumeschewsk das

---

190 Metallurgitscheskije Sawody Urala. XVII-XX, S. 452

191 „nun stand der alte Herr Turtschaninow schon mit einem Fuß im Grabe"

192 Die Edelsteinblume, S. 132

Problem, dass permanent Wasser eindrang durch die Spalten, Klüfte oder Hohlräume im Berg. Nach der Besichtigung des Bergwerkes schrieb der Uralreisende Pallas, dass die Grube ständig mit acht Pferdekünsten in Betrieb gehalten werden musste. Eine Kunst ist eine Wasserhebemaschine, welche mit Gestängen und Pumpen versehen ist. Sie hob das Wasser aus den Gängen in einen Wasserstollen, der in das Flüsschen Schelesenka floss. Die Künste durften keinen Augenblick stillstehen, sonst würden die Arbeiter in den untersten Stollen „sogleich ersäuft werden".[193] Dazu wurden über vierhundert Pferde gehalten, welche man zu sechs Pferden je Kunst in vierundzwanzig Stunden achtmal wechselte.

Der Wasserstollen war etwa siebenhundert Meter lang und ausgezimmert. Die Zimmerung wurde jedes Jahr erneuert. Schlechthin das gesamte Schachtsystem musste intensiv ausgezimmert und ständig repariert werden. Es gab immer wieder Einstürze. Die Ursache lag in der geringen Festigkeit des Gesteins. Alle Vorkehrungen vermochten gegen den Berg nichts auszurichten, wusste der Erzähler von *„Die Stiefelsohlen des Verwalters"* zu berichten.

„Den Berg kann man nicht mit einem Balken aufhalten. Er braucht nur einmal zuzubeißen, dann krachen die Stehbalken wie Streichhölzer zusammen. Sogar ein liegender Balken wird zum Pfannkuchen flach gedrückt."[194]

Die Geschichte über die *„Stiefelsohlen des Verwalters"* ist ein treffendes Beispiel für die Überlieferung von alltäglichen Arbeitssituationen in dem Kupfererzbergwerk während der ersten Jahrzehnte nach dem Beginn der Förderung. Auch die Erzählung *„Tajutkas Spiegel"* steht dem in Realitätsnähe nicht nach. Beschrieben wurde der lange, dunkle Weg der Bergleute tief in den Berg hinein, der zu einer einsturzgefährdeten Stelle führte. Die Entfernung zwischen den nördlichsten und den südlichsten Schächten betrug in Gumeschewsk etwa achthundertfünfzig Meter. Innerhalb dieser Strecke waren einunddreißig Schächte bis zu einer Tiefe von etwa vierzig Metern abgesenkt worden. Ein Bergmann musste sich durch

---

193 Pallas, Peter Simon: Reise durch verschiedene Provinzen des Russischen Reiches. S. 97

194 Die Edelsteinblume, S. 142

die Gesenke gleichsam durchdrängen und in den tieferen Strecken fast kriechen.[195] Viele weitere Details über das Kupfererzbergwerk sind von dem Uralreisenden Pallas dokumentiert worden. Sie ergänzen die Schilderungen der Bergleute und vervollständigen das Bild des damaligen Zustandes der Grube. Daraus erklärt sich zudem, warum die Arbeit unter Tage bei den Dorfbewohnern eine sehr gefürchtete Beschäftigung war, zu der man gezwungen werden konnte. Auch heute noch ist die Arbeit in Bergwerken mit Gefahren verbunden, aber versetzt man sich in die Gegebenheiten vor dreihundert Jahren, dann wird begreiflich, warum die Bergleute Angstphantasien über eine Dämonin entwickelten. Die Malachitniza verhielt sich genauso unberechenbar wie der Berg. Während gefährlicher Arbeitssituationen mussten vornehmlich die gespenstischen Seiten der Herrin dominieren. Es verwundert auch nicht, warum kein Bergmann der Unholdin freiwillig begegnen wollte.

Der Uralreisende Pallas stellte am Ende der Besichtigung fest, dass Gumeschewskij Rudnik das kostenaufwändigste Bergwerk zu seiner Zeit gewesen sei und nur die besondere Qualität des Erzes am Kupferberg einen Abbau gerechtfertigt hätte[196]. Der ständige Wassereinbruch, die hohen Betriebskosten des Werkes und die im Laufe der Zeit immer geringer werdenden Malachiterträge waren schließlich auch der Grund, warum das Bergwerk gegen Ende des 19. Jahrhunderts geflutet und stillgelegt wurde, abgesehen von der Förderung einiger weniger seltener Erze.

Sensationsfund von Malachit in Gumeschewskij Rudnik

Obwohl die Malachitausbeute des Kupfererzbergwerkes mehr oder weniger zufällig und unregelmäßig war, übertraf sie im letzten Drittel des 18. Jahrhunderts in ihrem Reichtum alle Erwartungen. Im Jahre 1789 übergaben die Erben Turtschaninows einen Malachitblock von 1,5 Tonnen Gewicht und einem Wert von 100.000 Goldrubeln an

---

195 Pallas, Peter Simon: Reise durch verschiedene Provinzen des Russischen Reiches. S. 98

196 Ebenda

Zarin Katharina II. (1762-96).[197] Die Geschichte „*Die Herrin des Kupferberges*" nimmt darauf Bezug. Allerdings ereignete sich der Fund nach Angaben von Montanhistorikern noch zu Lebzeiten des alten Herrn Turtschaninow, im Jahr 1775.[198]

Der Erzähler führt dazu aus, dass der Bergmann Stepan Petrowitsch eine gewaltige Malachitscholle geschlagen habe, die mit viel Mühe an das Tageslicht befördert wurde. Die Herrschaft geriet durch diesen Fund in Euphorie und wollte noch mehr von dem wertvollen Kupfererz haben. Stepan Petrowitsch wurde unter Druck gesetzt, weitere Malachitschollen zu finden, was mit Hilfe der Herrin des Kupferberges gelang.

„Säulen wurden unter Tage aus diesen Schollen gehauen und hochbefördert. Der Gnädige Herr ließ sie in der größten Kirche von Sankt Petersburg aufstellen, der Isaaks Kathedrale."[199] Bashow oder die erzählenden Bergleute spielten hier großzügig mit ihrer künstlerischen Freiheit, denn der beschriebene Malachitfund ereignete sich nicht in Gumeschewsk, sondern in der Malachiterzgrube eines anderen Bergwerksbezirkes: in Mednorudjanskoje, in der Nähe von Nishni Tagil.[200]

„Die erste Malachitscholle aber, die Stepan gefunden hatte, soll auch heute noch in unserer Stadt als wunderbarer Fund aufbewahrt werden".[201] So wird es in der *„Herrin des Kupferberges"* erzählt, und im Museum der Staatlichen Bergbau-Universität Sankt Petersburg befindet sich in der Tat ein Malachitblock mit einem Gewicht von 1,5 Tonnen aus Gumeschewsk.

Außerdem erwähnt der Erzähler, dass Herr Turtschaninow zu seinen Ahnen abberufen worden sei. Der „alte Gnädige Herr" starb 1787 im Alter von zweiundachtzig Jahren. Folglich ergibt sich durch die beschriebenen Ereignisse eine zeitliche Einordnung der Erzählung *„Herrin des Kupferberges"* in den Zeitabschnitt vom Ende

---

197 Kolesar, Peter; Tvrdy, Jaromir: Zarenschätze, S. 220
198 Metallurgitscheskije Sawody Urala. XVII-XX, S. 177
199 Die Edelsteinblume, S. 20
200 Kolesar, Peter; Tvrdy, Jaromir: Zarenschätze, S. 220
201 Die Edelsteinblume, S. 20

der 1780er Jahre bis zu den frühen 1790er Jahren. Gleiches trifft auch für die Geschichte von der „Malachitschatulle" zu. Der junge Erbe, in den Augen des alten Herrn ein missratener Tunichtgut, stattete seinen Werken in dem auf den Tod des Vaters folgenden Frühling einen Besuch ab, demnach 1788. Dort traf er Tanjuschka. Wie man weiß, erteilte die Herrin des Kupferberges dem jungen Herrn Turtschaninow eine Lektion, und „vor Kummer fing er an zu trinken, machte Schulden, so dass zu seiner Zeit die Bergwerke fast unter den Hammer gekommen wären."[202]

Turtschaninow-Unternehmen im Besitz der Erben

Es gibt Überlieferungen, nach denen sich die Erben, Turtschaninow hatte acht Kinder, drei Söhne und fünf Töchter, um das Vermögen stritten und sich gegenseitig verklagten. Der Unternehmer hinterließ zwei Millionen Rubel – eine riesige Summe für seine Zeit – Fabriken, Dörfer, Grundstücke, Häuser und eine wertvolle Malachitsammlung.[203] Erfahrungsgemäß wirken sich Streitigkeiten zwischen den Eigentümern, hier den Erben, immer negativ auf die Arbeit eines Unternehmens aus und fügen ihm Schaden zu. Die Rechtsstreite der Turtschaninow-Erben dauerten mehrere Jahrzehnte und hatten zur Folge, dass der Erhalt und die Erweiterung der Werke lange Zeit vernachlässigt wurden.[204] Der Uralreisende Rose bemerkte nach der Besichtigung der Bergwerksanlagen im Juni 1829, dass das Befahren der Gumeschewsker Grube beschwerlich gewesen sei.

„Dass bei dem beschriebenen Vorkommen der Erze der Bau nicht so regelmäßig betrieben werden kann, wie an anderen Orten [...], sieht man wohl ein, aber dass der Bau besser und regelmäßiger betrieben werden könnte, als er betrieben wird, beweisen die übrigen Kupfergruben des Urals, wo die Erze auf eine ähnliche Weise wie in Gumeschewskoi vorkommen."[205] Rose deutet außerdem an, dass der

---

202 Die Edelsteinblume, S. 48

203 Mamajewa, N. I.: Istorija roda Turtschaninowych w zikle skasow P.P. Bashowa „Malakhitovaja Shatulkam", S. 43

204 Metallurgitscheskije Sawody Urala. XVII-XX, S. 418

205 Rose, G: Mineralogisch-geognostische Reise nach dem Ural, dem Altai und dem

starke Wassereinbruch im Bergwerk teilweise der Nachlässigkeit der Eigentümer geschuldet gewesen sei. Die Ursache der Probleme sah er in dem benachbarten Hammerwerk in Sewerskij Sawod und dem angeschlossenen Hüttenteich. Das Werk hätte seiner Ansicht nach problemlos verlegt und der Hüttenteich abgelassen werden können, um „der Wassernoth der Gruben Einhalt zu tun", aber man hat es unterlassen.[206]

Roses Besuch zeigte offenbar Wirkung, denn noch im Jahre 1829 wurde in Sewerskij Sawod die Staumauer erneuert.

Ende des 18. und zu Beginn des 19. Jahrhunderts wurden im Gumeschewsker Bergwerk jährlich bis zu achtzig Tonnen hochwertigen Malachits gewonnen. 1798 kam hier die erste Dampfmaschine zum Einsatz. Durch diese Neuerung erübrigte sich der aufwändige Einsatz der Pferdekünste.

1839 brannte das Hammerwerk in Sewerskij Sawod ab. Dazu kam, dass die Arbeiter rebellierten.

Schließlich wurden die Werke des Syserter Bergwerksbezirkes 1864 vom Staat wegen Überschuldung zum Verkauf ausgeschrieben.[207] Das Turtschaninow-Unternehmen war pleite. In Verbindung damit war das Fluten der Gumeschewsker Grube und das Einstellen der Fördertätigkeit im Jahre 1871 zwangsläufig. Wahrscheinlich hat auch der oben erwähnte Sensationsfund von Malachit in Mednorudjanskoje aus dem Jahre 1835 zu den wirtschaftlichen Schwierigkeiten des Unternehmens beigetragen. Die dort gefundene Masse von 420 Tonnen Erz versorgte die Industrie bis zum Ende des Jahrhunderts mit Material.[208] Es schwand nicht nur der Ruhm des Malachits vom Kupferberg, sondern auch die anderen Betriebe des Turtschaninow-Unternehmens waren in Mitleidenschaft gezogen. Bereits 1822 musste die Gusseisenproduktion in Polewskoi Sawod eingestellt werden.

Kaspischen Meere. Erster Band, S. 273
    206 Ebenda
    207 Stadtchronik von Polewskoi: http://polevsk.midural.ru, aufgerufen am 3.2.2021
    208 Damaschun, F.: Malachit, Schmuckstein und Kupfererz. In: Alexander von Humboldt. Göttingen 2019, S. 250

Die Krisenzeichen häuften sich. Mit der Aufhebung der Leibeigenschaft im Februar 1861 verließen Massen von Arbeitern ihre Werke im Syserter Bergwerksbezirk, um die Zwangsarbeit und die schweren Arbeitsbedingungen hinter sich zu lassen. Die Produktion ging zurück. Die gesamte russische Hüttenindustrie war durch die fehlenden Arbeitskräfte schwer betroffen, aber die Schrecken der Leibeigenschaft saßen so tief, als dass sich kurzzeitig daran etwas ändern konnte. Auch für die Leitung des Turtschaninow-Unternehmens erwies es sich als unmöglich, sich schnell an die neuen Verhältnisse der Produktion mit freien Lohnarbeitern anzupassen.

Ururenkel Salomirski verkauft 1912 das Turtschaninow-Unternehmen

Das letzte Familienmitglied, das in den Kupferbergerzählungen erwähnt wird, ist Dmitri Pawlowitsch Salomirski, ein Ururenkel des Unternehmensgründers. In der zehnten und letzten Geschichte des Kupferberg-Zyklus', „Die Grasfalle", heißt es zu Beginn, dass Turtschaninows Erben die eine Hälfte ihres Erbes verschwendet und die andere Hälfte an Salomirski verkauft hätten.

Salomirski besaß tatsächlich im Jahre 1888 fünfzig Prozent des Unternehmens. Im Jahre 1906 erhöhte sich sein Anteil auf zweiundachtzig Prozent.

Salomirski investierte in die Modernisierung der metallurgischen Prozesse. In Verbindung damit wurden die Produkte des Sewersker Röhrenwerkes auf der Moskauer Gewerbeausstellung mit einer Silbermedaille ausgezeichnet. Salomirski begann auch mit der Nassgewinnung von Kupfer aus Ton, und in Polewskoi Sawod wurde eine Schwefelsäureanlage in Betrieb genommen.[209]

Infolge der Wirren der Russischen Revolution von 1905 verschlechterte sich die wirtschaftliche Situation der Hüttenwerke weiter. Dazu kamen Streiks in Polewskoi und Sysertskij Sawod. Schließlich veräußerte Salomirski 1912 das Turtschaninow-Unternehmen an die britische Gesellschaft „Bergregion-Sysert-Aktiengesellschaft", die noch bis 1937 in geringem Ausmaß Erze abbaute.

---

209   Stadtchronik von Polewskoi: http://polevsk.midural.ru, aufgerufen am 3.2.2021

Bashow war zum Zeitpunkt des Verkaufes des Unternehmens dreiunddreißig Jahre alt, und er konnte den Niedergang der Werke mit eigenen Augen sehen. Er erlebte als junger Lehrer den Petersburger Blutsonntag und die Unruhen in der Putilow-Eisengießerei. Seit 1912 nahmen auch die Streiks in den Werken des Syserter Bergwerksbezirkes kein Ende. Die Oktoberrevolution von 1917 warf ihre Schatten voraus, die das Land auf radikale Weise von Grund auf veränderte.

Die Ausführungen über die Geschichte des Werdens, Wachsens und des Niederganges des Kupfererzbergwerkes und der Hüttenwerke des Turtschaninow-Unternehmens sind als ein Teil der Montangeschichte des Mittleren Urals bis zur Oktoberrevolution zu verstehen. Diese Geschichte ist unvollständig und nur die halbe Wahrheit, ohne die sozialen Verhältnisse betrachtet zu haben, insbesondere die Schrecken der Leibeigenschaft. Im folgenden Kapitel Sechs wird darüber erzählt, was es für die Bergleute, Hüttenarbeiter oder Malachitmeister bedeutete, leibeigen zu sein und wie die Gesellschaft des Zarenlandes von dem Phänomen der Leibeigenschaft beeinflusst wurde.

7/110   Mankaloß 2002

Steinmetz mit Marmorblock, Farblithographie, 19x26, 2002

KAPITEL

06

Das „russische Haus" im Spiegel der Kupferbergerzählungen

Warum die Bergleute ausgepeitscht werden

Die Erzählkultur der Bergleute und Malachitmeister reflektiert die Naturerfahrungen oder die alltäglichen Arbeitserlebnisse ebenso wie ihre intellektuelle Verarbeitung durch Gespräche und mystische Phantasien. Demgegenüber entsteht der Eindruck, als ob die Männer Zurückhaltung wahrten, die gesellschaftlichen Zustände im Zarenland zu besprechen oder etwa ihre eigene soziale Situation kritisch zu hinterfragen, obwohl es Grund genug dazu gab. Das wirft Fragen auf nach den Ursachen der Distanz, Fragen nach dem Warum. Antworten sind aus dem Inhalt der Geschichten des Kupferberg-Zyklus′ nicht unmittelbar zu erhalten, weil die Wurzeln dieses sozialen Phänomens bis in die frühe russische Geschichte zurückreichen.

Tauschten sich die Bergleute über die Herrin des Kupferberges aus, dann wussten schon die jungen Männer, was es hieß, wenn die Herrin einem schlechten Menschen begegnete. Sie brachte ihm Unglück. Begegnete sie aber einem guten Menschen, so hatte auch er wenig Freude daran.[210] Unumwundener konnten Hoffnungslosigkeit und Resignation der Erzählenden in Bezug auf ihre soziale Situation nicht zum Ausdruck gebracht werden. Man stelle sich vor: noch nicht einmal das Geschöpf, das die Bergleute selbst in ihrer Phantasie geschaffen hatten, besaß die Macht, den Menschen am Kupferberg Glück zu bringen, für ein gutes Leben zu sorgen oder Gerechtigkeit im Zarenlande herbeizuführen. Die Herrin des Kupferberges strafte zuweilen diesen oder jenen Hüttenwerksverwalter, Obersteiger oder Spitzel, der sich in ihrem Reich als übergriffig gegenüber der Natur des Berges aufführte. Darüber hinaus verbreitet sie weder Hoffnung auf ein happy end noch Aussicht auf eine bessere Gesellschaft. Die Erzähler sahen beim Ausformen der Eigenschaften der Dämonin keine Möglichkeit des Eingreifens in die sozialen Verhältnisse vor. Es war nicht Aufgabe der Malachitniza, die russische Gesellschaft zu verändern, sondern die Bodenschätze und die unterirdische Natur am Kupferberg zu hüten.

---

210 Die Edelsteinblume, S. 21

Insofern stellt die Figur der Herrin des Kupferberges auch ein Abbild von Gesellschaft und Geschichte dar. Die Erfahrungen aus den Gräueln der Mongolenherrschaft oder des Tatarenjochs hatten ihre Spuren im russischen Volk hinterlassen. Die Menschen schienen gewöhnt zu sein an Grausamkeiten und Blutvergießen. Die russischen Herrscher seit Iwan IV. (1547-84), dem ersten russischen Zaren, regierten mit Gewalt, Unterdrückung und Freiheitsentzug. Iwan IV. erhielt sogar wegen seiner unaussprechlichen Gräueltaten an seinen Untertanen den Beinamen „der Schreckliche".

Wahrscheinlich war die Mentalität des Aushaltens und des Durchstehens schlechter Zeiten über Jahrhunderte der Grund dafür, dass Freiheit oder Glück Werte waren, die die Phantasien und Visionen der Erzähler der Kupferberggeschichten nicht prägen konnten.

Darüber hinaus war das Volk – Bergleute, Hüttenarbeiter, Bauern, Händler oder Beamte - gefangen in dem festgefügten und unbeweglichen Ständesystem des Zarenstaates. Niemand konnte sich dem entziehen. Jeder war an seine soziale und berufliche Position sowie an seinen Wohnort gefesselt, ohne Aussicht auf grundlegende Veränderung.

Neben Verhaltensweisen der Duldsamkeit und des Fügens in die sozialen Gegebenheiten wird in den Kupferbergerzählungen über einen unglaublichen gesellschaftlichen Missstand erzählt, der sich wie eine Spur aus getrocknetem Blut durch die Geschichten zieht: die Prügelstrafe und die Brutalität ihrer Anwendung.

„Zu jener Zeit wurde kurzer Prozess gemacht", erzählten die Bergleute in der Geschichte *„Die Edelsteinblume"*. „Für jedes Vergehen musste man den Rücken hinhalten."[211]

Selbst Kinder waren davon nicht ausgenommen, wie der unterernährte zwölfjährige Hütejunge Danilo, dem einige Kühe abhandengekommen waren. „Der Henker hatte Bedenken, das Bürschchen würde beim ersten Schlag die Seele aushauchen."[212] Der Junge hielt jedoch aus, bis er die Besinnung verlor. Die feinen Herren

---

211 Ebenda, S. 65
212 Ebenda

waren beim Strafen nicht zimperlich. „Los, packt ihn, peitscht ihn aus und salzet danach den Rücken gut ein", befahl Herr Turtschaninow persönlich in der Erzählung *Zwei kleine Eidechsen".* So nahm es nicht Wunder, dass der eine oder andere seiner Angestellten einfach aus Spaß am Schlagen unter den Bergleuten wütete. „Auspeitschen!" war auch die Strafe für Stepan Petrowitsch.

> „In die Sohle mit ihm! Anketten! [...] Sein Soll wird erhöht, und wenn er es nicht schafft, dann peitscht ihn unbarmherzig!"[213]

Wie kann es sein, dass gestandene Bergleute und Hüttenarbeiter misshandelt oder totgeschlagen werden, und niemanden kümmert das? Von den Erzählern wurden keine Erklärungen für diese Zustände gegeben oder Auswege gezeigt. Bestenfalls gab es die Bemerkung: „So war das damals", denn eine Begegnung mit der Herrin änderte selbst für einen guten Menschen nichts an seiner Situation. Im Gegenteil. Er wurde seines Lebens nicht mehr froh.

Uloshenije von 1649 macht aus freien Bauern Leibeigene und führt Prügelstrafe ein

Die Prügelstrafe stellte eine zwangsläufige Begleiterscheinung der Leibeigenschaft dar, die Mitte des 17. Jahrhunderts noch vor dem Entstehen der Bergwerksindustrie in Russland eingeführt wurde, auch lange bevor die Herrin des Kupferberges in den Erzählungen der Bergleute Gestalt annahm.

Die Implementierung der Leibeigenschaft im Zarenland ging auf ein Gesetzeswerk zurück, das unter der Bezeichnung Uloshenije von 1649 bekannt wurde. Während der Regierungszeit von Zar Alexej (1645-76), dem Vater Peters des Großen, kam es zu einer Krise in der Landwirtschaft. Die Zahl der besiedelten Höfe hatte sich durch ruinierte Bauern empfindlich verringert. Zu den Ursachen des Hofsterbens gehörten maßlose Steuern und Abgaben an den Zarenstaat, Gewalttaten militanter Horden, Kosakenüberfälle

---

213 Ebenda, S. 14

sowie mancherorts Pest und Hungersnot. Der Zar und die adligen Grundherren erkannten, dass die Landwirtschaft über kurz oder lang keine Arbeitskräfte mehr hätte, wenn die Bauern nicht an die Scholle gefesselt würden.[214] Das geschah mit dem Uloshenije aus dem Jahre 1649.

Bis dahin band sich ein Bauer für einen bestimmten Zeitraum durch einen Pachtvertrag an den Grundherrn, jedoch mindestens für ein Jahr. Der Bauer hatte das Recht, an einem vereinbarten Termin im November zu kündigen. Während der Dauer der Laufzeit des Vertrages war er ein Höriger, das heißt, er war ein zu dem Land des Gutsherrn „Gehöriger". Daran gebunden war die Verpflichtung, das Land des Verpächters zu bearbeiten. Ein Teil des Ertrages seiner Arbeit diente dem Lebensunterhalt des Bauern und seiner Familie. Darüber hinaus musste er am Jahresende von der eingebrachten Ernte Pachtzinsen an den Grundherrn sowie Steuern und Abgaben an den Staat entrichten. Je nach Bodenbeschaffenheit und Klima fiel der Arbeitszeitanteil zur Produktion der eigenen Lebensmittel und der zum Erwirtschaften der Abgaben und Leistungen mehr oder weniger günstig für den Bauern aus. Im ungünstigen Falle konnte er jedoch kündigen, weiterziehen und sich an einen anderen Grundherrn binden.

Das Uloshenije von 1649 beseitigte diese Bewegungsfreiheit der Bauern. Der Bauer hatte kein Kündigungsrecht mehr. Er wurde auf Dauer an den Grundherrn gebunden. Das Gesetz erklärte die Hörigkeit für unverjährbar und machte sie amtlich durch eine öffentlich-rechtliche Handlung: Die Zugehörigkeit des Bauern zu dem Gutsherrn wurde in die Landrollen und Steuerlisten der Prikase[215] eingetragen. Nicht nur alle Familienmitglieder waren in die Hörigkeit

---

214   Engelmann, Johannes: Die Leibeigenschaft in Russland, Eine rechtshistorische Studie. Verlag von Duncker und Humblot, Leipzig 1884, S. 28

215   Prikas ist das russische Wort u.a. für „anbefohlenes Amt", das vom Zaren an einzelne Würdenträger gegeben wurde. Um dieses „Amt" durchzuführen, mussten die Würdenträger Mitarbeiter heranziehen. Bei sich wiederholenden Aufgaben entstand eine Art Behörde, auf welche die Bezeichnung Prikas übertragen wurde. Eine klare Abgrenzung der Aufgabenbereiche der einzelnen Prikase gab es nicht. Jeder Prikas hatte eigene Einnahmen und Ausgaben, eigene Gerichtsbarkeit über seine Mitarbeiter und über die ihm unterstellte Bevölkerung. Viele Prikase bestanden nur für kurze Zeit, andere wurden zu ständigen Einrichtungen.

einbezogen, sondern sie übertrug sich auch auf die Nachkommen. Gleichzeitig erkannte das Gesetz den Gutsherren das Recht zu, über ihre Hörigen Körperstrafen zu verhängen. Den Behörden war es untersagt, Beschwerden der Bauern gegen ihre Gutsherren über die Missstände anzunehmen.

Die Ursache für die Einführung der Prügelstrafe lag darin, dass das bis dahin gebräuchliche Zwangsmittel der Geldstrafen bei Vertragsverletzungen durch die dauerhafte Bindung der Hörigen an den Grundherrn nicht mehr wirksam war.

Die Körperstrafe verblieb als das letzte und einzige Mittel, die Disziplinierung zu der Zwangsarbeit durchzusetzen und den Gehorsam der Bauern zu erzwingen.

Im Jahre 1765 verkündete Zarin Katharina II. (1762-96) zudem einen Ukas[216], der die Verhältnisse der unbeschränkten Leibeigenschaft vollendete. Dieser übertrug den adeligen Grundherren die Anwendung des Strafrechtes gegenüber Verstößen der Hörigen. Der Adelsstand wurde Richter durch Gesetz, und er wurde ermächtigt, alle Arten von Strafen zu verhängen. Die Todesstrafe war ausgenommen, aber der Gutsherr konnte die Leibeigenen beispielsweise neben der körperlichen Züchtigung zu Gefängnis oder Verbannung nach Sibirien verurteilen. Die Prikase waren verpflichtet, die Urteile umzusetzen.

Nachdem im 17. und 18. Jahrhundert bereits drei große Bauernerhebungen[217] stattgefunden hatten, war es nur folgerichtig, dass acht Jahre nach dem Erlass von Katharina II. der bislang größte Bauernkrieg in der Geschichte Russlands unter Jemeljan Pugatschow begann. Der Zarenstaat ging nicht gut mit seinen Bauern um – mit den Bergleuten auch nicht. In der Geschichte *„Die Katzenohren"* wird erzählt, dass sich einige der Hüttenarbeiter den Aufständischen angeschlossen hätten. Sie kämpften zwei Jahre lang aus ihren Verstecken in den Wäldern gegen die Soldaten der Regierung.

---

216 Ein Ukas ist ein Erlass eines Monarchen, Zaren oder Herrschers mit Gesetzeskraft.

217 Bauernaufstand unter Bolotnikow 1606-1607, Bauernaufstand im Ural-, Wolga- und Don-Gebiet unter Stepan Rasin 1667-1671, Bauernaufstand im Don-Gebiet unter Bulawin 1707-1708

Leibeigenschaft, Ständeordnung und Volkszählung im „russischen Haus"

Die russische Gesellschaft des 18. und 19. Jahrhunderts könnte mit einem Haus verglichen werden, in dem die verschiedenen Stände[218] des Zarenreiches lebten. Dieser Metapher folgend, stellten im „russischen Haus" die Bauern - die Masse des Volkes - das Fundament der Gesellschaft dar. Auch die Bergleute und Fabrikarbeiter waren Teil des Fundamentes. Darüber erhob sich die Staatsbürokratie, die zaristischen Beamten in den Prikasen und Behörden, welche dasselbe tief in den Boden drückten. Auf das Fundament stützten sich außerdem die Mauern des Hauses, der grundbesitzende Adel. Ferner gehörten zu den Ständen der russischen Gesellschaft die Geistlichkeit und die Kaufleute. Als schützendes Dach über dem Haus erhob sich die Autokratie der Zaren.[219]

Die Politikwissenschaft bezeichnet Autokratie als eine Herrschaftsform, in der eine Person, hier die Zarin oder der Zar, die politische Macht ohne Beschränkungen ausübt. Das heißt, die Funktionen des Gesetzgebers, des Richters und der Exekutive waren in der Person der Zaren vereint, die sich weder nach Rechtsnormen oder nach irgendwelchen Institutionen richten mussten.[220] Dementsprechend ging das Ordnungssystem der Stände ebenso wie die Begründung der Leibeigenschaft vom Zarenstaat aus.

Die Volkszählungen gehörten zu den staatlichen Maßnahmen, welche die Situation der Stände im „russischen Haus" abbildeten wie durch eine Lupe geschaut. Sie gingen auf Peter den Großen zurück[221] und sind unter der Bezeichnung Seelenrevisionen bekannt geworden. Ihr Zweck im Allgemeinen war die bessere Organisation des Staatswesens. Damit in Verbindung zielten die Volkszählungen auf die laufende Fortschreibung der Pflichten der

---

218 Mit dem Begriff „Stand" wird eine Möglichkeit ausgedrückt, die verschiedenen sozialen Gruppen einer Gesellschaft in einem System abzubilden.

219 Engelmann, Johannes: Die Leibeigenschaft in Russland, S. 80

220 Kappeler, Andreas: Russische Geschichte. München 2016, S. 51

221 In den Jahren 1720 bis 1722 veranlasste Zar Peter der Große die erste Volkszählung in Verbindung mit der Einführung der Kopfsteuer für alle männlichen steuerpflichtigen Personen. Die zehnte und letzte Revision erfolgte 1858.

Stände sowie auf die Erhöhung der Staatseinkünfte durch Steuern und Abgaben.

Während der Regierungszeit von Zarin Elisabeth (1741-62) kam es zu einer Krisensituation im Lande dahingehend, dass die schnell wachsende Industrie einen enormen Arbeitskräftebedarf hatte. Außerdem mangelte es der Staatskasse an Geld. Der Ukas von Zarin Elisabeth zur zweiten Volkszählung aus dem Jahre 1742 sollte beidem abhelfen und mehr Staatseinnahmen sowie mehr leibeigene Arbeitskräfte erbringen. Demnach hob die Zarin mit dem Erlass zuerst die bestehenden Steuerlasten der Stände an. Zu dieser Zeit wurde am Kupferberg bereits Erz gefördert, und die Schmelzhütten in Polewskoi und Sysert produzierten Kupfer und Gusseisen. Die Werke waren noch in der Hand des Staates; und die Bergleute und Hüttenarbeiter bekamen die gewachsenen Steuerlasten unmittelbar zu spüren, gleichsam aus erster Hand.

Das vorrangige Ziel von Zarin Elisabeth bestand jedoch darin, die Anzahl der steuer- und abgabenpflichtigen Personen zu erhöhen – möglichst viele neue Seelen sollten erfasst werden. Folglich mussten die bis dahin außerhalb der Stände lebenden Freien, die keine Steuern zahlten, in das Zentrum der Aufmerksamkeit der Behörden rücken.

Die Menschen, die keinem Stand angehörten, wurden als Rasnotschintsen[222] bezeichnet. Die staatliche Bürokratie ordnete ihnen unter anderem zu: Uneheliche, Altgläubige, Freigelassene, verwahrloste Soldaten oder solche Menschen, die früher einem Stand angehörten, verarmt waren und ihre soziale Basis verloren hatten. Sie alle sollten in die Leibeigenschaft gedrängt werden, denn Leibeigene hatten die Pflicht, Steuern und Abgaben zu zahlen sowie Leistungen für den Staat zu erbringen.

Folglich wurden die Betroffenen gezwungen, sich in die Steuerlisten der Prikase eintragen zu lassen. Dort schrieb man sie einer bestimmten Person zu. Durch den behördlichen Akt des Zuschreibens wurde ein bis dahin Freier gegenüber dieser Person hörig. Das konnte ein Gutsherr oder ein Fabrikeigentümer sein. Diese trugen die Verantwortung, dass die Steuern und Abgaben ihrer Leibeigenen an den Staat gezahlt

---

222 Der Wortstamm des russischen Wortes rasnyj bedeutet: verschieden, unterschiedlich, divers

wurden.[223] Die Betreiber von Fabriken und Manufakturen waren besonders erpicht darauf, so viele leibeigene Zwangsarbeiter wie möglich für die Betriebe oder die Manufakturen zu bekommen. Die Alternative zu dem Fabrikarbeiterdasein bestand darin, sich als Handwerker einer Zunft zuschreiben zu lassen. In dem Fall hatte die Gemeinde die Verantwortung für die Steuerentrichtung ihrer Leibeigenen. Wer sich der Leibeigenschaft verweigerte, musste Kriegsdienst im Heer leisten, was nahezu einem Todesurteil gleichkam. Viele Menschen versuchten, sich dem Schicksal als leibeigene Zwangsarbeiter durch die Flucht in die undurchdringlichen Wälder oder die Steppen des riesigen Landes zu entziehen. Die damit einhergehenden Massenfluchten sind unter der Bezeichnung „Läuflingsbewegung" bekannt geworden. Einigen der Geflohenen gelang es, sich dem Kosakenheer anzuschließen oder in den Kosakendörfern sesshaft zu werden

Im Ergebnis des Erlasses von 1742 zur zweiten Volkszählung erhöhten sich die Einnahmen des Staatshaushaltes, und gleichzeitig stieg die Zahl der leibeigenen Fabrikarbeiter. Schon seit Beginn des 18. Jahrhunderts sind den schnell wachsenden Fabriken Hunderttausende von Leibeigenen als Zwangsarbeiter zugeführt worden. Zu den am meisten gefürchteten Betrieben gehörten die Bergwerke.

Die Seelenrevision von 1742 brachte zum Vorschein, dass die Ständeordnung keinen Arbeiterstand auswies, obwohl die Bergleute und Fabrikarbeiter genau wie die Fabrikeigentümer seit dem Beginn des 18. Jahrhunderts in der Arbeitswelt existieren waren. Allein in der Region des Kupferberges arbeiteten Millionen von Arbeitskräften in Berufen der Bergwerksindustrie, des Steinmetzgewerbes oder der Holzwirtschaft.

---

223 Da die Revisionen etwa im Zehnjahresabstand durchgeführt wurden, ergab sich mitunter die absurde Situation, dass die Gutsbesitzer Steuern entrichten mussten für die zwischen zwei Revisionen verstorbenen Menschen. Sie wurden nicht aus den Listen gestrichen. Nikolai Gogol greift dieses Problem in „Die toten Seelen" auf. Da die Behörden keinen Überblick über die seit der letzten Revision Verstorbenen hatten, war es möglich, diese durch beglaubigten Vertrag zu erwerben. Gogols Held Tschitschikow kaufte vierhundert tote Seelen für 300 Rubel. Das machte Sinn, weil Gutsbesitzer Höfe und Leibeigene an den Staat verpfänden konnten. Durch dieses Geschäft verschaffte sich Tschitschikow 100.000 Rubel aus der Staatskasse.

Trotzdem sah die zaristische Bürokratie bis zur Oktoberrevolution 1917 keine Notwendigkeit darin, den Bergleuten und Fabrikarbeitern eine eigene soziale Position in Form eines Standes zuzuweisen. Am Beginn der Industrialisierung gehörten über neunzig Prozent der damaligen Bevölkerung dem Bauernstand an. Die Arbeitskräfte, die in den Bergwerken und Fabriken arbeiteten, kamen aus dem Bauernstand und wurden dem Bauernstand auch weiterhin zugeordnet. Für die Steuereinnahmen des Staatshaushaltes war es wahrscheinlich ohne Bedeutung, ob die Steuern von einem leibeigenen Bauern oder einem leibeigenen Arbeiter stammten, so lange sie nur gezahlt wurden.

Es wurde keine Notwendigkeit darin gesehen, die Ständeordnung zu verändern und einen Arbeiterstand zu ergänzen. Die soziale Eigenschaft der Menschen, leibeigen zu sein, stellte für die Organisation der landwirtschaftlichen und gewerblichen Produktion den enormen Vorteil dar, die Arbeitskräfte während eines Jahres flexibel auf den Feldern oder in den Fabriken einzusetzen.[224]

Dem entspricht die in der öffentlichen Wahrnehmung verbreitete Gleichsetzung von Bauern, Leibeigenen und Arbeitern, die der historischen Realität im Zarenstaat nicht gerecht wird. Die Leibeigenschaft zog sich vertikal durch die Gesellschaft und dominierte auch die Ständeordnung.

Innerhalb des Bauernstandes gab es freie Bauern. Die Fabrikarbeiterschaft bestand in den ersten Jahrzehnten der Industrialisierung zwar überwiegend aus leibeigenen Arbeitern, aber es gab auch freie Lohnarbeiter. Leibeigene konnten beispielsweise als Geistliche tätig werden und umgekehrt Geistliche in Verhältnisse der Leibeigenschaft geraten[225]. Das Gleiche traf für Handwerker und Kaufleute zu[226]. Leibeigene sollten nach der Intension von Peter dem Großen auch Fabriken gründen.

---

224 Es unterlag der Entscheidung des Zarenstaates, des Adels und der Fabrikbetreiber, ob und wann ihre Leibeigenen im Bergwerk, in der Fabrik oder auf den Feldern arbeiteten. Der beliebige Wechsel zwischen landwirtschaftlicher und gewerblicher Arbeit war damals notwendig und möglich, geschuldet dem Stand der technologischen Entwicklung, erwies sich mit zunehmender Arbeitsteilung aber als hinderlich.

225 Engelmann, Johannes: Die Leibeigenschaft in Russland, S. 112

226 Ebenda, S. 111

Ein bekanntes Beispiel eines Leibeigenen, der weder Bauer noch Fabrikarbeiter war, ist das des Mineralogen und Bergingenieurs Fotij Iljitsch Schwezow[227]. Er besaß nicht die Mittel sich freizukaufen. Erst durch die Fürsprache Alexander von Humboldts wurde er aus der Leibeigenschaft der Familie Demidow entlassen. Das große „russische Haus" stand auf dem Boden der Leibeigenschaft. Alle Stände waren aktiv oder passiv einbezogen, profitierten davon oder waren Betroffene. Vornehmlich die Profiteure aus dem Adelsstand hatten kein Interesse, daran etwas zu ändern; von einigen Wenigen abgesehen.[228]

Stände ohne Rechte und Menschen ohne Schutz

Dem einzelnen Menschen war es nahezu unmöglich, sich diesen Verhältnissen zu entziehen. Es gab keine Behörden, bei denen man rechtlichen Beistand hätte finden können. Die Beamten in den Prikasen entschieden nach Gutdünken. Gewalttaten wurden nicht verfolgt, und ein leibeigener Bauer konnte sich nirgendwo Hilfe holen, wenn er und seine Familie verkauft wurden - ein ganz offener und häufig praktizierter Gesetzesverstoß. [229] Es gibt Berichte, dass ein Pferd einen höheren Preis auf dem Markt erzielte als ein Bauer.

---

227   Slowzowa, I., Slowzow, S.: Krestnik Solnza. LEMA Sankt Petersburg, 2018

228   Dazu gehörten die Ritterschaften in den baltischen Provinzen, die 1802-04 durch eine Art Bauernschutzgesetzgebung den ersten Schritt zu einer Lösung der Leibeigenschaftsfrage getan hatten. Manfred Alexander; Günther Stökl: Russische Geschichte, Hamburg 2018, S. 415

229   Ein leibeigener Bauer war kein persönliches Eigentum des Gutsherrn. Anders als ein Kolope, ein Sklave, war er eine „steuerpflichtige Seele", ein „steuerpflichtiger Kopf" und in dem Sinne eine autonome Person.

Bei Landverkäufen musste der Verkäufer an den Käufer Listen übergeben, die Auskunft über die Hörigen gaben, welche den Gütern zugeschrieben waren. Durch diese Vorgehensweise schien es, als verkaufte der adlige Grundeigentümer zusammen mit seinem Land auch die hörigen Bauern. Der Schein wurde im historischen Verlauf Realität und gängige Praxis. Bauern und ihre Familien wurden sowohl zusammen mit Ländereien und Dörfern verkauft als auch ohne Land.

Die Autarkie der Zaren äußerte sich nicht allein in dem Fehlen staatlicher Rechtsschutzbehörden im „russischen Haus". Auch die Stände verfügten über keine schutzbietenden Interessenvertretungen, wie zum Beispiel Ständeversammlungen. Eine Ursache dieses Mangels war die soziale Unterschiedlichkeit im Inneren der Stände. So umfasste beispielsweise der Bauernstand Gutsbesitzer, freie Bauern, leibeigene Bauern, Staatsbauern und Kirchenbauern. Infolge dieser Heterogenität fehlte den Ständen der innere Zusammenhalt. Es entwickelte sich weder eine Gruppenidentität noch konnten Ständeorganisationen entstehen. Daher war noch Mitte des 18. Jahrhunderts eine Verteidigung von Standesrechten nach außen, etwa gegenüber der Zarin, undenkbar.

Wollte irgendjemand – ein Bauer, ein Kaufmann oder ein Adliger – irgendein Recht einklagen, das zaristischen Interessen entgegenstand, wurde sein Anliegen als schädliches Hindernis ignoriert[230] oder der Betreffende nach Sibirien verbannt. Bestenfalls wurde das verletzte Recht aufgehoben, so dass die Grundlage der Klage beseitigt war.[231] Im Jahre 1785 erhielten die Stände erstmals gewisse Gruppenrechte. Zarin Katharina II. (1762-96) erteilte dem Adel und den Städtern die Erlaubnis, sich zu versammeln. Bis dahin waren den Ständen ausschließlich Zahlungspflichten sowie Verhaltensvorschriften auferlegt worden.

*Reflektionen der Stände des „russischen Hauses" in den Kupferbergerzählungen
Zarenbilder*

Ihrem Charakter entsprechend, beinhalten die Kupferbergerzählungen nur wenige Bezüge auf die Zarinnen und Zaren. Es versteht sich von selbst, dass die Herrscher, ausgenommen Peter der Große, selten Berührungspunkte mit dem gewöhnlichen Volk hatten und schon gar nicht mit Bergleuten und Hüttenarbeitern aus dem Uralgebirge. Aus Sicht der Regenten in Moskau und Sankt Petersburg lagen die Hüttenwerksdörfer des Mittleren Urals an der Peripherie des Reiches, an der Grenze zwischen dem europäischen Russland und dem nahezu unerschlossenen asiatischen Sibirien. Umgekehrt galt für die

---

230   Engelmann, Johannes: Die Leibeigenschaft in Russland, S. 40
231   Ebenda, S. 1

Bevölkerung am Kupferberg das Sprichwort „Der Himmel ist hoch, und der Zar ist weit".

In der Geschichte *„Jermaks Schwäne"* wird Iwan IV. (1547-84)[232] aufgeführt. Der Erzähler erwähnt den Sieg von Ataman Jermakow Timofeitsch in einer entscheidenden Schlacht der Kosaken gegen die Tataren des Khanats Sibir im Jahre 1582.[233]

Er bemerkt, dass Iwan IV. allen Kosaken als Belohnung für diesen Sieg ihre Schuld verziehen habe[234] und sie reichlich belohnte.

„Es wird auch erzählt, dass der Zar seinen Meistern befohlen hat, für Jermak ein Panzerhemd zu fertigen."[235] Dieses Geschenk des Zaren wurde aus Silber geschmiedet, und es war so schwer, dass es den Tod Jermaks verursachte. Er ertrank beim Durchqueren eines Flusses.

Die Geschichte *„Sheleskos Deckel"* nimmt Bezug auf zwei Zarenoberhäupter. So wurde Peter der Große durch den Malachitmeister Jewlacha Shelesko erwähnt. In Verbindung mit dem Zarenbild auf einer tausend Rubel Banknote erfuhr der Regent eine kurze Wertschätzung.

Die zweite Zarenpersönlichkeit, über die in *„Sheleskos Deckel"* erzählt wird, war die Ehefrau von Nikolaus II. (1894-1917), Alexandra Fjodorowna (1894-1917). Aus Anlass eines Jubiläums sollte die Zarin ein außergewöhnliches Geschenk erhalten, was den Beteiligten Kopfzerbrechen bereitete. Der Erzähler wusste folgendes über die Dame zu sagen:

---

232 Iwan IV. lebte von 1530 bis 1584. Er hat sich als russischer Großfürst selbst zum Zaren ernannt.

233 Das Khanat Sibir war ein von muslimischen Tataren beherrschter Staat im Osten des Mittleren Uralgebirges.

234 Kosaken im allgemeinsten Sinne waren freie Reiterverbände, die sich bereits im fünfzehnten Jahrhundert am Don aus Flüchtigen, Abenteurern und Abtrünnigen aller Art gebildet hatten. Sie lebten am Rande der Legalität, vorwiegend von Raub und Plünderung. Zur russischen Staatsmacht hatten sie ein ambivalentes Verhältnis, jedoch waren sie patriotisch eingestellt und dem orthodoxen Glauben zugehörig. Nachdem die Kosaken unter Ataman Jermakow Timofejewitsch das Khanat Sibir sowie die eroberten Gebiete hinter dem Ural dem Zaren unterstellt hatten, verbesserte sich ihr Status gegenüber der Staatsmacht.

235 Die Edelsteinblume, S. 289

„Konnte man die Zarin etwa mit Brillanten, Smaragden und anderen kostbaren Edelsteinen verblüffen! Solcher Steine hatte sie ja einen ganzen Koffer voll stehen. [...] Schöner Schliff und schön gemustertes Gestein werden auf sie auch keinen Eindruck machen, denn sie versteht nicht viel davon."[236] Seit dem Petersburger Blutsonntag 1905 hatte die Zarin eine Aversion gegen rote Steine. Unter der Beteiligung des berühmten Juweliers Fabergé einigte man sich auf die Farbe Grün, und der Meister Shelesko aus Polewskoi wurde mit der Anfertigung von vier Malachitdeckeln für ein Album beauftragt.

Auf die Zarinnen Elisabeth (1741-62) und Katharina II. (1762-96) nahmen die Erzähler indirekt Bezug. Ihre Namen wurden nicht genannt. Während der Regierungszeit von Elisabeth kaufte der Unternehmer Turtschaninow die Werke am Kupferberg vom Staat. Die Bergleute wussten, dass Geschäfte dieser Größenordnung ohne die persönliche Billigung der Regentin niemals zustande gekommen wären. In der Geschichte *„Zwei kleine Eidechsen"* wurden das bereits erwähnte Kaufgeschäft und der damit verbundene Rechtsstreit aus dem Jahre 1761[237] thematisiert. Der Erzähler führt aus, dass Turtschaninow mit Fürsten und Senatoren gute Beziehungen unterhielt, vermutlich mittels kostbarer Geschenke. Auch von Zarin Elisabeth wusste man, dass sie nicht abgeneigt war, wertvolle Zuwendungen anzunehmen.

Wie bereits beschrieben, schildet der Erzähler der Geschichte *„Die Malachitschatulle"* Tanjuschkas großen Auftritt und ihr irdisches Ende im Malachitsaal des Zarenpalastes in Sankt Petersburg. Die Zeit der Handlung fällt in die späten achtziger Jahre des 18. Jahrhunderts, die Jahre der Regentschaft von Zarin Katharina II. (1762-96). Die Zarin hatte befohlen, dass ihr Turtschaninows eigensinnige Braut vorgestellt würde. Die Szenen im Zarenpalast illustrierten, wie die Herrin des Kupferberges in Gestalt von Tanjuschka Zarin Katharina II. vor ihrem gesamten höfischen Gefolge herausforderte und beleidigte. Nach dem, was der Erzähler weiter zu berichten wusste, konnte die Regentin ihre Macht gegenüber der schönen Frau nicht ausspielen. Tanjuschkas

---

236 Bashow, P.P.: Die Malachitschatulle, S. 121
237 Die Edelsteinblume, S. 117

provokanter Stolz und ihre blendende Schönheit waren Ausdruck ihrer Überlegenheit der Zarin gegenüber. Vor allem die Respektlosigkeit der jungen Frau machte die Regentin ziemlich wütend, und als Tanja in der malachitverkleideten Palastwand verschwand und nur noch die Juwelen aus der magischen Malachitschatulle übrig blieben, fiel die mächtige Herrscherin ohnmächtig zu Boden. Das Bild einer bewusstlosen Zarin widerspricht der historischen Figur von Katharina II., wobei einzuwenden wäre, dass es sich um eine männliche Erzählkultur handelt, und Zarin Katharina II. war auch „nur" eine Frau. Vor allem aber versinnbildlicht die Ohnmacht der Herrscherin den Sieg der Herrin des Kupferberges über Katharina II., deren Name unausgesprochen blieb.

Beamtenstand in Prikasen und Behörden

Der verlängerte Arm des Zarenstaates, der Stand der Beamten in den Prikasen, ist für den Handlungsverlauf der Kupferbergerzählungen von untergeordneter Bedeutung. Jedoch wurden Beamte oder Behörden immer wieder erwähnt. Es bilden sich etwa drei inhaltliche Linien ab:

Die Beamten agierten als Erfüllungsgehilfen der Zaren, primär um die Einnahmen der Krone zu sichern. Beispielsweise hatten die staatlichen Nutzungsrechte am Erduntergrund zur Folge, dass die Bergbaubetreiber einen Teil ihrer Einkünfte an den Staat abliefern mussten. Die Kontrolle der Abführungen unterlag den Bergbeamten. In „Die Katzenohren" werden durch den Erzähler die regelmäßigen Transporte des in Polewskoi und Sysert geschmolzenen Kupfers und des Gusseisens erwähnt. An den Flüssen befanden sich die Ablieferungsstellen der Regierung, und die Transporte dorthin wurden streng durch uniformierte Beamte bewacht und überprüft.

Zuweilen fand man im Syserter Bergwerksbezirk auch Gold. In den Geschichten, die über die Goldschürfer erzählen, traten die Behördenvertreter regelmäßig dann auf, wenn die Beschlagnahme einer ergiebigen Goldmine erfolgen sollte. Das Monopol der Ausbeutung von Gold sowie anderer Edelmetalle lag in den Händen des Staates. Zudem wurden kostbare Edelsteinfunde der Schürfer erwähnt, die an die wachhabenden Beamten ausgehändigt werden mussten.[238]

---

238 Die Edelsteinblume, S. 159

Korruption und Bestechlichkeit markierten die zweite thematische Linie in Bezug auf den Stand der Beamten, wobei dieser Missstand im ganzen Land verbreitet war. So beklagte der Erzähler in der Geschichte „*Das zerbrechliche Zweiglein*", „wieviel Geld allein die Angestellten und der Verwalter stahlen."[239] In „*Shabreijs Stollen*" wurde das Problem der Korruption unter den Richtern am Beispiel eines außergewöhnlich großen Goldschuhs[240] angesprochen. Alle Beamten missbrauchten ihre Standeszugehörigkeit zum eigenen Nutzen:

„Später wurden wegen dieses Goldschuhs fast alle Richter der Gegend angeklagt, denn jeder versuchte, ihn in der eigenen Tasche verschwinden zu lassen. Sie verklagten sich gegenseitig und so kam die Sache vor den Oberrichter. Dieser aber war ein schlauer Fuchs." Er sagte, er müsse den Goldschuh nach Hause mitnehmen zwecks chemischer Untersuchung. Alle Leute erkannten, „dass hier der größte öffentliche Betrug geschehen war, aber wer traute sich wohl, den Obersten Richter zu verklagen."[241]

Der Erzähler der Geschichte „*Sheleskos Deckel*" beschreibt zudem, wie den Betrügereien durch das Analphabetentum der Leibeigenen Vorschub geleistet wurde. Der Malachitmeister Jewlacha Shelesko, der weder lesen noch schreiben konnte, erhielt achthundert Rubel für seine Arbeit, bestätigte aber den Erhalt von zweitausend Rubeln durch ein Kreuz auf der Quittung. „Der Bevollmächtigte (Fabergés, H.D.) hatte selbstverständlich, wie üblich, gestohlen."[242] Der Beamte, der die Quittung ausgestellt und mit dem Stempel der Amtsverwaltung versehen hatte, wurde mit einhundert oder zweihundert Rubeln bestochen, den Rest steckte sich Fabergés Bevollmächtigter in seine eigene Tasche.

Eine dritte inhaltliche Linie betraf die betriebswirtschaftlichen Aufgaben der Bergbeamten. Sie leiteten als Vertreter der Regierung die staatlichen Bergwerke und Fabriken. Ihnen oblag des Weiteren das Überwachen der Schmelzverfahren, der Arbeitssicherheit und der Wirtschaftlichkeit in den halbstaatlichen Possessionsfabriken. Besonders die gefährlichen Einstürze sollten durch regelmäßige

---

239 P.P. Bashow: Die Malachitschatulle, S. 101
240 Goldnugget in Form eines Bastschuhs
241 Die Edelsteinblume, S. 226
242 P.P. Bashow: Die Malachitschatulle, S. 127

Kontrollen der Gruben vermieden werden. In der Erzählung „*Die Stiefelsohlen des Verwalters*" ging es um einen Bergsturz und das Auftauchen der Bergbeamten nach dem Unglück. „Doch drinnen im Berge herrschte groß Entsetzen. [...] Das ist beileibe kein Spaß. [...] Zum Grubenbesitzer ward nach Sysert ein Eilbote entsandt. Anderntags kam aus der Stadt die Obrigkeit des Bergwerks angefahren."[243]

Turtschaninow, ein aufstrebender adliger Unternehmer

Der Adel im „russischen Haus" war infolge des Grundbesitzes für die Stabilität und das Funktionieren des Staates der wichtigste Stand, obwohl er nur einen Anteil von zwei Prozent an der Gesamtbevölkerung ausmachte.

Die Basis der wirtschaftlichen und sozialen Beziehungen in einer vorwiegend agrarischen Gesellschaft war das Grundeigentum sowie die Verfügungsgewalt über dasselbe. Während mehrerer Jahrhunderte hatte sich in Russland die Auffassung herausgebildet, dass alles Land dem Zaren gehöre. Wer Land besaß, erhielt es von dem Herrscher, und er musste dafür Dienste leisten. Freies Grundeigentum wurde entweder beschränkt oder beseitigt. Der Grundbesitz existierte in Form der Erbgüter sowie der Dienstgüter. Die wenigen Erbgüter waren in der Hand der Bojaren sowie alter bäuerlicher Familienclans. Den größten Teil des Grundeigentums umfassten die Dienstgüter, die durch den Zaren an die adligen Gefolgsleute verliehen wurden. Fiel ein Dienstherr in Ungnade, konnte ihm dieses Lehen auch wieder genommen werden.

Peter der Große hatte zum Prinzip erhoben, dass aus dem Privileg der Verfügung über Grund und Boden die Dienstpflicht an Russland erwuchs. Etwa zwei Drittel der Adligen dienten daher in der Armee und der Flotte.[244] Die Übrigen absolvierten eine Beamtenlaufbahn in der staatlichen Verwaltung, den Prikasen. Adel, Militär und Zarenstaat waren auf diese Weise fest miteinander vernetzt. Das erklärt auch, warum die Prikase militärisch organisiert waren und die Beamten der Bergbehörden sowie der Hüttenwerksverwaltung militärische Ränge innehatten.

---

243 Ebenda, S. 140
244 Donnert, Erich: Peter der Große, Leipzig 1988, S. 142

Auch Nichtadlige konnten in den Adelsstand erhoben werden oder in der Armee und der Flotte hohe Ränge erwerben. Wer besondere Leistungen für Russland erbrachte, den beschenkte der Herrscher großzügig mit Dörfern, Menschen, Ländereien oder mit einer Fabrik. Nach dem Tode Peters des Großen 1725 wurde die Dienstpflicht des Adels Stück für Stück aufgehoben. Die Gegenleistung für den Grundbesitz und für andere Adelsprivilegien entfiel. Sie erschienen nun als „natur- oder gottgegeben".[245]

In den Kupferbergerzählungen verkörpern Aleksej Fedorowitsch Turtschaninow (1705-87) und die zahlreichen Familienangehörigen den Adelsstand. Das Bild der Person Turtschaninow entsprach keineswegs dem eines grundbesitzenden Landadligen, der sein Betätigungsfeld vorrangig in der Landwirtschaft hatte. Turtschaninow gehörte in der zweiten Hälfte des 18. Jahrhunderts zu den ersten erfolgreichen Fabrikanten im Mittleren Ural, und er war kein unbekannter Emporkömmling. Im Jahre 1783 wurde er von Katharina II. (1762-96) in den erblichen Adelsstand erhoben wegen seiner Verdienste bei der Niederschlagung des Pugatschow Aufstandes.

Jedoch beschrieben die erzählenden Bergleute keineswegs ein heroisches Verhalten. In „Die Katzenohren" schildert der Erzähler, dass der Gnädige Herr die Flucht ergriffen habe. Das wäre in gewisser Weise nachvollziehbar, denn Turtschaninow war während der Aufstände bereits siebzig Jahre alt. Die Stadtchronik von Sysert belegt[246], dass die Hüttenwerke nicht unbeträchtlich von den Aufständen betroffen waren. Turtschaninow hatte den militärischen Rang eines Generals der Infanterie,[247] und als solcher war er aller Wahrscheinlichkeit nach unmittelbar einbezogen in die Kampfhandlungen.

Turtschaninow trat in den Kupferberggeschichten selten direkt als handelnde Person in Erscheinung. Da die Geschehnisse durch

---

245 Es war Katharina II. (1762-96), die im Interesse des Adels die Rechtsgrundlage für den Übergang vom Verfügungsrecht an Grund und Boden in das Eigentumsrecht schuf.

246 Stadtchronik der Stadt Sysert, https://gorodarus.ru, aufgerufen am 17.2.2021

247 Mamajewa, N. I.: Istorija roda Turtschaninowych w zikle skasow P.P. Bashowa „Malakhitovaja Shatulkam". Material der wissenschaftlichen Konferenz der Uralischen Staatlichen Universität Sankt Petersburg 2004 anl. des 125. Geburtstages von Pawel Bashow, www.elib. uraic.ru, aufgerufen am 11.3.2021 S. 41

Bergleute erzählt werden, konnte ihm folgerichtig keine gute Rolle zugedacht werden. Der Unternehmer musste die Eigenschaften eines unsympathischen Ausbeuters haben. Er stand für alles, was das Leben der Menschen am Kupferberg beklagenswert machte. Der „Barin"[248] oder der „Gnädige Herr", so wird er überwiegend bezeichnet, gierte nach Geld, hatte einen begrenzten Verstand und kümmerte sich selten um das Geschehen in den Fabriken. Er besaß ein prachtvolles Haus in Sankt Petersburg. In der Hauptstadt verprassten er und seine Familie das riesige Vermögen. Das äußere Erscheinungsbild des Unternehmers war das eines Fettwanstes, der sich mit zunehmendem Alter nicht mehr bewegen konnte. Das Fett drückte ihm die Luft ab.

Auch die Familie Turtschaninow kam bezüglich der ihr zugedachten Eigenschaften nicht gut weg. So wurde der Sohn des Barin als ein weißblonder Geck mit schräggestellten Augen und abstehenden Ohren beschrieben. Der junge Herr ähnelte einem Hasen. Seine Kleidung war mit Juwelen überladen, und sogar seine Schuhe schmückte er mit auserlesenen, seltenen Edelsteinen. Die Frau des „Hasen" wurde nicht weniger negativ gezeichnet: im Denken beschränkt und im Verhalten lächerlich.

Eine kurze Episode aus „*Tajutkas Spiegel*" gibt Einblick in die Lebensweise der Adligen am Kupferberg, soweit sie sich in der Sommerzeit dort aufhielten und nicht in Sankt Petersburg oder im Ausland auf Reisen waren. Die junge Barina veranstaltete in ihrem Haus in Sysert gern große Gesellschaften. „Besonders die Jagdausflüge stießen dem einfachen Volk sauer auf, und aus purer Lust ließ sie viele Schafe und Kälber zu Tode hetzen. Oft steckte die Herrschaft den Wald in Brand. Ihr war es ein Vergnügen, dem Volk aber eine Qual."[249]

Diese und ähnliche Bilder von den Angehörigen der Familie Turtschaninow ziehen sich durch die Kupferbergerzählungen bis zu den Salomirski-Ururenkeln des Unternehmensgründers. In „*Die Grasfalle*" führt der Erzähler aus:

„Turtschaninows Erben hatten noch nie eine Ahnung, wie man eine Fabrik führt, und der neue Herr ist auch nicht klüger, wie es scheint...

---

248 Barin ist die veraltete Bezeichnung für einen adligen Herrn, einen Baron oder Gutsbesitzer.
249 Die Edelsteinblume, S. 154

Er trug immer enganliegende weiße Hosen und einen perlenbesetzten Pferdeschwanz auf seinem Hut."[250]

Verarmter Landadliger ist Hüttenwerksverwalter

In Polewskoi gab es den adligen Hüttenwerksverwalter Sewerjan Kondratitsch, der in der Erzählung „Die Stiefelsohlen des Verwalters" als das unrühmliche Beispiel eines verarmten Landadligen dargestellt wird. Er hatte seine Ländereien, Dörfer sowie die Leibeigenen durch das Glücksspiel verloren. Der Not gehorchend, musste er für Herrn Turtschaninow als Verwalter arbeiten.

Sewerjan Kondratitsch war berüchtigt dafür, dass er schon viele Menschen zu Tode geprügelt hatte.

Der Erzähler gibt in derselben Geschichte zu bedenken, dass während jener Zeit Menschen unter Tage arbeiteten, für die es gleich war, ob sie lebten oder starben. Er schildert auch, dass dieses hoffnungslose Volk für die Herrschaft am unbequemsten war.[251] Daher war der Kondratitsch der Richtige für den Gnädigen Herrn, und er holte ihn an den Kupferberg. Er bekam den Auftrag, dem Volk Gehorsam beizubringen. Sewerjans Leibwache bestand aus Kerlen ohne Gewissen, die zum Abschaum gehörten. Er selbst lief mit einer zwei Querfinger dicken Peitsche und einer vierläufigen Pistole herum. Seine Horde war mit Stöcken, Säbeln und Pistolen bewaffnet. Der Verwalter fand immer „Schuldige", die er eigenhändig gleich vor Ort auspeitschen konnte. Es machte ihm Spaß, die Menschen leiden zu sehen. Die Herrin befahl ihm mehrere Male aufzuhören, in ihrem Reich die Bergleute zu quälen und in den Stollen zu wüten. Eines Tages war sie wirklich äußerst erzürnt, als der Verwalter sie selbst angriff. Der Erzähler beschreibt nun eines der wenigen Beispiele, dass ein „schlechter Mensch" eine gerechte Strafe erhält. Die Dämonin tötete Sewerjan Kondratitsch, indem sie seinen Körper in taubes, wertloses Gestein verwandelte, und kein Bergmann weinte dem Hüttenwerksverwalter eine Träne hinterher.

---

250   P.P. Bashow: Malakhitovaja Shatulka, S. 170/171
251   Die Edelsteinblume, S. 134

Der Pope am Kupferberg

Der Stand der Geistlichkeit hatte quantitativ, ebenso wie der Adel, nur einen geringen Anteil an der Bevölkerung des „russischen Hauses". Jedoch waren Kirche und Klöster seit der Annahme und Ausbreitung des Christentums Ende des 10. Jahrhunderts wichtige Partner des Staates. Das Verhältnis zwischen weltlicher und geistlicher Gewalt sollte im Wesentlichen durch den Grundsatz harmonischer Zusammenarbeit geprägt sein.[252] Besonders seitdem Peter der Große das Patriarchat abgeschafft und den Heiligsten Regierenden Synod unter seine Autokratie gestellt hatte, wurde der Zarenstaat die dominierende Macht in diesem Verhältnis.

Der Einfluss und der Reichtum der orthodoxen Kirche beruhten vor allem auf dem enormen Umfang des Besitzes an Ländereien. Auf den Gütern der Klöster arbeiteten etwa zwei Millionen Kirchenbauern[253], darunter halbfreie Wirtschaftsbauern und leibeigene Klosterbauern. Katharina II. setzte die Politik Peters des Großen fort und säkularisierte im Jahre 1764 per Gesetz die Kirchengüter, darunter mehr als fünfhundert Klöster. Die Zarin stellte sie unter die Verwaltung und die Finanzkontrolle eines Staatsfonds. Die Kirchenbauern wurden zu leibeigenen Staatsbauern. Die Säkularisierung bedeutete eine erhebliche Beschränkung der Macht der russisch-orthodoxen Kirche und folgerichtig des Standes der Geistlichkeit.

In den Kupferbergerzählungen wurden weder Mönche noch Klöster erwähnt. Dagegen waren die Popen des Öfteren in die Handlung eingebunden. Die Kirchen auf dem Lande verfügten in der Regel nicht über Ländereien. Auch leibeigene Kirchenbauern waren den Popen nicht zugeschrieben. Die Kirchenmänner wohnten mitten unter den Bauern und führten ein eher bescheidenes Leben. Sie begleiteten alle wichtigen Lebensstationen der Dorfbevölkerung von der Taufe über die Hochzeit bis zu dem Tode. Anders als den Mönchen war den

---

252 Kappeler, Andreas: Russische Geschichte, S. 87

253 Das russische Wort für Bauer heißt Krestjanin (кестьянин). Der Wortstamm Krest (крест) bedeutet Kreuz. Die Bezeichnung Krestjanin soll auf die Mongolen zurückgehen, weil der überwiegende Teil der Bevölkerung seit dem zehnten Jahrhundert Landwirtschaft „unter dem Kreuz", als Christen, betrieb. Im Laufe der Zeit hat sich die Bezeichnung Krestjanin allgemein für Bauer herausgebildet.

Popen die Ehe gestattet, was von einigem Vorteil für ihre seelsorgeri-sche Arbeit war. Der Kirche unterstand das Familienrecht. Sie erließ Essvorschriften oder organisierte christliche Feste[254]. In den meisten Hüttenwerkssiedlungen befand sich eine Holzkirche im Zentrum des Dorfes. Der Bau der Kirche in Polewskoi ging auf das Jahr 1731 zurück. 1793 wurde in der Siedlung das erste sakrale Bauwerk aus Stein errichtet, die Petropawlowsker Kirche.

Die Popen als Verkünder der christlichen Werte waren ebenso wie die Wunderheilerinnen und die Magier die Säulen der rus-sischen Volksfrömmigkeit auf dem Lande[255]. Das spiegelte sich in den Kupferbergerzählungen wie in einem Sittengemälde der Zeit: der Pope ebenso wie die Kräuterfrau und die Wunderheilerin. Eine solche Wunderheilerin namens Kolesischka wohnte in der Gegend des Kupferberges. Der Erzähler beschrieb sie in der Geschichte „Sotschenjs Steine" als „eine berühmte Kurpfuscherin, die Gebärende im Dampfbad entband, den Jungfrauen half, ihr Vergehen zu verber-gen und vieles andere mehr."[256]

Allerdings versagten Kolesischkas Mittel bei dem Spitzel Wanjka Sotschenj, der bei den Bergarbeitern verhasst war. Ein stinken-des Hundefell, ein Wolfsschwanz und Bärenfett konnten ihm nicht helfen, die Herrin des Kupferberges zu übertölpeln. Dann ging Sotschenj zu dem Popen. Der Geistliche ließ sich versichern, dass der Beistand Suchende einen Smaragdstein für die Mutter Gottes spendete, und er las nach Zahlung eines halben Rubels aus drei verschiedenen Büchern Gebete, besprenkelte Sotschenj mit Weihwasser und schlug über ihm ein Kreuz. Zudem empfahl der Kirchenmann den Kauf eines edlen Kreuzes aus Zypressenholz, weil es gegen unsaubere Geister schützte. Alle diese Vorkehrungen konnten letzten Endes nichts ausrichten gegen die Kräfte einer Dämonin.

Die Geschehnisse im Kupferberg-Zyklus in Bezug auf die Geistlichkeit sind so angelegt, dass die Bergleute und Hüttenarbeiter, obwohl orthodoxen Glaubens, den Popen nicht aufsuchten. Vielmehr erbaten nur die negativ gezeichneten Personen die christliche

---

254 Kappeler, Andreas: Russische Geschichte, S. 88
255 Ebenda, S. 64
256 Die Edelsteinblume, S. 51 f.

Fürsprache. Sobald unruhige Zeiten anbrachen, wollte auch der Gnädige Herr gern den Segen des Geistlichen erhalten.

So wurde nach dem vermeintlichen Grubentod von Meister Andrjucha in „Zwei kleine Eidechsen" erzählt, dass Herr Turtschaninow den Popen instruierte, in seiner Predigt unbedingt zu erwähnen, dass Gott diejenigen strafe, die sich gegen ihre Herren auflehnten. Der fromme Mann machte es natürlich gründlich.[257]

Auch der Hüttenwerksverwalter Kondratisch wollte bei seiner Jagd auf die Herrin des Kupferberges vom Popen den christlichen Segen erhalten, sicherheitshalber, falls eine der vielen Waffen oder die Peitsche versagen sollten. Der Erzähler der Geschichte „Die Stiefelsohlen des Verwalters" gibt das Anliegen der Lächerlichkeit preis.[258] Am Ende waren alle Gebete nutzlos gegen die Macht der Herrin des Kupferberges. Der Verwalter war tot. Für den Popen hatte sich die Sache gelohnt.

Kaufmannsstand und Stadt

Das soziale Gefüge des Kaufmannsstandes war nicht homogen, ebenso wie das der anderen Stände. Die Ursache lag unter anderem darin, dass die Standeszuordnung mit der Höhe der Zahlung von Steuern und Abgaben verknüpft war. Infolgedessen gehörten zu dem Kaufmannsstand sowohl Handel treibende Bauern der Dörfer als auch Händler und Kaufleute aus der Stadt. Die bäuerlichen Händler versorgten die Märkte der Dörfer. Darüber hinaus betrieben sie auch Handelsgeschäfte mit den Städten, obwohl ihnen das wegen der Ortsbindung untersagt war. Die Händler der Städte wiederum waren gleichermaßen an ihr Gewerbe und an ihren Wohnort gebunden, und dementsprechend bestand das Verbot, mit den Dörfern der umliegenden Regionen Handel zu treiben. Eine Niederlassung in anderen Landesteilen zu gründen, war nicht gestattet. Trotzdem florierte ein lebhafter Warenaustausch zwischen Stadt und Land.

In den Städten reichte das Spektrum des Kaufmannsstandes von

---

257 Ebenda, S. 126
258 Ebenda, S. 136

dem kleinen Händler bis zu den international ausgerichteten reichen Kaufleuten, den Vertretern des Handelskapitals. Folglich war der Kaufmannsstand als soziale Gruppe sowohl in den Dörfern als auch in der Stadt ansässig. Zudem war der Handel nicht allein auf Händler, Kaufleute und Bauern beschränkt. In Russland betrieben praktisch alle Stände Handel.[259]

Obwohl die Handlung der Kupferbergerzählungen in kleinen und entlegenen Hüttenwerksdörfern verortet war und nicht in Städten, wurde in den Texten recht häufig der Begriff „Stadt" verwendet. Das betraf insbesondere die Berichte über die Händler, die die Fabrikdörfer aufsuchten, um Geschäfte mit den Malachitschleifern oder den Schürfern zu machen.

Woher kamen diese Händler und Kaufleute? Da sich damals keine Siedlung mit Stadtrecht innerhalb des Syserter Bergwerksbezirkes befand, konnten sie nur aus den Dörfern kommen. Die Stadt Jekaterinburg erschien zudem im Lichte der Kupferbergerzählungen als unerreichbar weit entfernt.

In der Geschichte *„Jermaks Schwäne"* äußert sich der Erzähler zu dem Stadtbegriff:

„Obwohl es eine ganz kleine Siedlung war, wurde sie Stadt genannt, weil sie befestigt war. Rund um die Siedlung war ein Graben ausgehoben und ein Erdwall aufgeschüttet. Auf dem Wall war ein hoher Zaun aus Pfählen gezogen, an zwei Seiten Tore eingebaut und an jeder Ecke Wachtürme aufgestellt. Auch neben den Toren standen Wachtürme, die man zur Abwehr gebrauchte. Wenn jemand ohne Einladung kam und sich mit Gewalt Einlass verschaffen wollte, übergoss man ihn mit kochendem Wasser oder schoss auf ihn."[260]

Die meisten Kupferbergsiedlungen wurden gleichzeitig mit der Fabrikanlage in der damals für Städte typischen Bauweise errichtet – in Form von wehrhaften Festungen. Die Befestigung beispielsweise von Polewskoi entstand im Jahre 1724 auf Befehl Peters des Großen,

---

259 Küntzel-Witt: Russische Stadtgeschichte. Digitales Handbuch zur Geschichte und Kultur Russlands und Osteuropas, S. 9, www.staedtegeschichte.de/einfuehrung/Definitionen.html

260 Die Edelsteinblume, S. 268

als mit dem Kupferschmelzen begonnen werden sollte. Die Fabrik und das wertvolle Metall mussten geschützt und Raubüberfälle verhindert werden. Gern nutzten auch Gewerbetreibende aller Art diesen Schutz für ihre Niederlassungen.

Diejenigen Dorfbewohner von Polewskoi oder Sewersk, die außerhalb der Befestigung lebten, gingen in „die Stadt", wenn sie im befestigten Ortsteil etwas zu tun hatten. Die Gold- und Edelsteinhändler hatten hier ihre Läden. Zu ihnen in „die Stadt" begaben sich die Schürfer, wenn ein Edelstein oder ein Goldnugget verkauft werden sollte. In den Geschichten des Kupferberg-Zyklus' werden neben den Kontakten zu Händlern weitere Berührungspunkte mit „der Stadt" erwähnt: Der junge Mitja wurde als Lehrling zu einem Juwelier in „die Stadt" geschickt ..., oder der Verwalter kam mit Soldaten aus „der Stadt"..., oder die Obrigkeit aus „der Stadt" besichtigte das Bergwerk ....

Ungeachtet der Begriffsbestimmung „Stadt" werden hier Merkmale aufgeführt, durch die sich eine Siedlung als Stadt definierte: die befestigte Stadtgestalt mit der Kirche im Zentrum, die Marktplatz- und Austauschbeziehungen sowie die zentralisierten Behörden oder die Prikase. Die Erzählungen der Bergleute widerspiegeln bezüglich der Kupferbergdörfer, dass sich in „der Stadt" neben den Kaufleuten offenbar Angehörige der wichtigsten Stände niedergelassen hatten: Beamte in Prikasen, Soldaten, Geistliche, Handwerker, Fabrikarbeiter, Bauern. Auch der Unternehmer Turtschaninow und seine Familie wohnten während der warmen Jahreszeit im Festungsdorf Polewskoi. Später hatten die Turtschaninows ihren Wohnsitz im befestigten Teil von Sysert, in einem ehemaligen Kloster. Das Dorf Sysert ist in Verbindung mit der Erweiterung der Produktionsanlagen in den Jahren 1732 und 1733 durch Befestigungsanlagen geschützt worden.

In mehreren Geschichten wird die damals weit verbreitete Unbeliebtheit der Händler bei den Russen zum Ausdruck gebracht. Erfuhren die Händler, wie in der Geschichte „Die Malachitschatulle", dass irgendwo ein gutes Geschäft abgeschlossen werden konnte, kamen sie aus der „Stadt" zu den Dorfbewohnern. Nastasja war in wirtschaftliche Not geraten und wollte den Schmuck aus der magischen Malachitschatulle zu Geld machen. Kaum hatte sie beschlossen zu verkaufen, „als die Kaufleute auch schon zur Stelle waren. [...] Solches

Volk schreckt vor nichts zurück, wenn es einen fetten Braten riecht."[261]
„Wie Aasgeier kamen Käufer angeflogen. Alles Händler."[262]

In der Geschichte „*Die Schlangenspur*" beschreibt der Erzähler den Händler Pimenow. Wegen seines außergewöhnlich schnellen und starken Steppenpferdes war er in der Gegend bekannt. Doch nicht allein deshalb. „Pimenow war damals in Polewaja wohl der verwegenste unter den Händlern, die heimlich Gold aufkauften, auch hatte er das richtige Pferd für Diebesgesindel. [...] Sein Besitzer war stark und stämmig. So einem allein zu begegnen, würde ich keinem raten."[263]

Bauer oder Arbeiter? Bergleute und Hüttenarbeiter unter gutsherrlichen Bedingungen

Am Ende der Lektüre der Kupferbergerzählungen zeigte sich bezüglich der Stände des „russischen Hauses", dass unter den handlungstragenden Personen der „typische" Bauer fehlte.

Die Bergwerksarbeiter – Bergmänner und Hüttenarbeiter – sowie die Steinschneider standen im Mittelpunkt der Handlungen. Die phantastischen Geschichten über die Herrin des Kupferberges waren das Ergebnis der verbalen Erzählkultur ebendieser Berufsgruppen; und nur die Bergmänner und Steinmetze standen im Focus des Interesses der Dämonin.

Zugleich waren die bäuerlichen Traditionen sowie die verbindenden sozialen Gemeinsamkeiten zwischen Bergleuten, Fabrikarbeitern und Bauern in den Kupferbergerzählungen unübersehbar: Während der ersten Hälfte des 18. Jahrhunderts, zu Beginn der Industrialisierung, gehörte die Masse der Fabrikarbeiter dem Bauernstand an. Die Erzählungen illustrieren, dass die Bergleute und Hüttenarbeiter ein bäuerliches Leben führten und an bäuerlichen Traditionen festhielten. Sie lebten auf dem Dorf, und ihre Vorfahren waren Bauern. Die Familien am Kupferberg besaßen ein paar Haustiere, ein kleines Gärtchen oder ein Stück ererbtes Land. Der Bergmann Stepan

---

261 Bashow, P.P.: Die Malachitschatulle, S 39
262 Ebenda, S. 27
263 Ebenda, S. 186

Petrowitsch bewirtschaftete eine Wiese, damit sein Vieh Futter bekam. Als er starb, hinterließ er seiner Familie einen ansehnlichen Besitz: „ein gutes Haus, ein Pferd, eine Kuh und alles, was noch zur Wirtschaft gehört."[264] Andererseits veränderte die Arbeitstätigkeit im Bergwerk und an den Schmelzöfen im Hüttenwerk die ursprünglich bäuerlichen Arbeitskräfte. Sie entfernten sich von der Landwirtschaft und wurden Fabrikarbeiter. Ihre Arbeitstätigkeiten über und unter Tage unterschieden sich vor allem in Bezug auf die beruflichen Kenntnisse sowie die angewandten Technologien wesentlich von der bäuerlichen Arbeit auf den Feldern. Damit in Verbindung hatten sich aus den arbeitsteiligen Beziehungen innerhalb der Berg- und Hüttenwerke des Turtschaninow-Unternehmens offensichtlich neue, fabrikarbeitstypische Gruppenverhältnisse entwickelt. Diese Verhältnisse bildeten auch den Nährboden für das Entstehen einer einzigartigen verbalen Arbeiterkultur am Kupferberg.

Außerhalb der Arbeit wurde das soziale Umfeld dieser Bergmänner und Hüttenarbeiter bestimmt durch die Dorfgemeinschaft und die bäuerlichen Traditionen. Die Leibeigenschaft, das persönliche Abhängigkeitsverhältnis von der adligen Herrschaft, von dem Unternehmer Turtschaninow, charakterisiert sie nicht als Bauern, sondern als Arbeiter mit bäuerlicher Herkunft, die unter gutsherrlichen Verhältnissen arbeiteten und lebten.

Der Arbeitskräftemangel während der Industrialisierung im Ural und der konkrete Prozess der gewaltsamen Loslösung der leibeigenen Bauern aus der Landwirtschaft und ihr Einsatz als Zwangsarbeiter in dem Kupfererzbergwerk Gumeschewsk und in den Hüttenwerksfabriken des Turtschaninow-Unternehmens ist Gegenstand des nachfolgenden Kapitels Sieben.

---

264 Ebenda, S. 27

7/10

Steinmetz, Steinsockel bearbeitend, Lithographie, s/w, 23x30, 2002

KAPITEL

07

Wie am Kupferberg aus Bauern Bergleute und Fabrikarbeiter werden

Arbeitskräftemangel. Staat zwingt Pachtbauern zur Arbeit in Fabriken und Bergwerken

Während der Gründerjahrzehnte Anfang des 18. Jahrhunderts bestand im Zarenreich ein gravierendes volkswirtschaftliches Problem darin, dass zwar Kapital vorhanden war, aber Hunderttausende von Arbeitskräften fehlten. Neben dem Staat als dem dominierenden Unternehmer wuchs die Zahl der Investoren aus der reichen Kaufmannschaft, teilweise auch aus Adelskreisen. Sie alle fanden nicht genügend frei verfügbare Arbeiter für die Fabriken und Manufakturen. Das gesellschaftliche Arbeitskräftepotential war in der Landwirtschaft auf den staatlichen, kirchlichen und gutsherrlichen Ländereien gebunden. Ein Arbeitsmarkt freier Lohnarbeiter war nicht vorhanden. Daher hörten die Fabrikanten während der gesamten ersten Hälfte des 18. Jahrhunderts nicht auf, über den Mangel an Arbeitskräften zu klagen. „Und so musste man einsehen, dass es fast unmöglich sei, eine Fabrik mit freien Lohnarbeitern zu leiten. Der einzige Ausweg war – die Zwangsarbeit der Leibeigenen".[265] Damit in Verbindung ergab sich vornehmlich zwischen den adligen Gutsbesitzern und den Vertretern des Kaufmannskapitals ein Ringen um die leibeigenen Bauern. Jede Partei versuchte, ihre Interessen durch entsprechende Einflussnahme auf die Regenten durchzusetzen.

Je nach Wirtschaftszweig und Region wurden verschiedene Wege beschritten, um das Arbeitskräfteproblem zu lösen. Zudem sollte auf lange Sicht die Zwangsarbeit von Leibeigenen reduziert werden. Im Jahre 1825 betrug jedoch in der russischen Wirtschaft das prozentuale Verhältnis zwischen freien Arbeitern und leibeigenen Arbeitern immer noch 54 zu 46. In der Bergwerks- und Hüttenindustrie war der Anteil der Leibeigenen an den Gesamtbeschäftigten mit 78 Prozent besonders hoch.[266]

---

265 Tugan-Baranowski, M.: Geschichte der russischen Fabrik. In: Sozialgeschichtliche Forschungen. Ergänzungshefte zur Zeitschrift für Sozial- und Wirtschaftsgeschichte, Heft V/VI, Deutsche Ausgabe. Berlin 1900, S. 26
266 Ebenda, S. 102

Was bedeutete das alles für die Montanwirtschaft der Kupferbergregion? Das Uralland befand sich zu Beginn der Industrialisierung fast ausschließlich in staatlicher Hand.[267] Wahrscheinlich beschränkten während der Zeit der Kolonisierung das raue Klima, die unwegsame Gebirgslandschaft oder die geographische Lage die Begehrlichkeiten des Adels auf gutsherrliches Land. Die urbaren Gebiete wurden von Pachtbauern des Staates bewirtschaftet. Abgesehen von den damit zusammenhängenden Steuer-, Abgaben- und Dienstleistungspflichten blieb die Bevölkerung der Uraldörfer noch bis zum Beginn des 18. Jahrhunderts weitgehend unbehelligt von der Staatsmacht.[268] Es soll auch freie Dörfer und größere Bauernwirtschaften gegeben haben. Außerdem hatten sich hier im Laufe des 17. Jahrhunderts zunehmend entkommene Läuflinge sowie geflüchtete Altgläubige aus anderen Regionen angesiedelt, die kleine Höfe bewirtschafteten.

Mit dem Bau der ersten staatlichen Berg- und Hüttenwerke in der Kupferbergregion gerieten diese Bauern in das Fahrwasser der beginnenden Industrialisierung. Sie gehörten zu den ersten, die durch die Regierung an die staatseigenen Betriebe verschrieben wurden. Es war naheliegend, dass der Zarenstaat auf die an ihn gebundenen Pachtbauern zugriff und sie zur Arbeit in den Fabriken zwang. Als der Uralreisende Pallas in den späten 1760er Jahren die Hüttenwerke am Kupferberg besuchte, beobachtete er, dass die Arbeit an den Schmelzöfen größtenteils durch Untertanen der Krone bestritten wurde, die vorher schon hier ansässig waren.

Unternehmer Turtschaninow kauft Possessionsbetriebe und Arbeiter

„Zwei kleine Eidechsen" ist die Kupferbergerzählung, die sowohl die schwierigen ersten Jahre der wirtschaftlichen Erschließung der Kupferbergregion als auch die Jahre des Wachstums in der zweiten Hälfte des 18. Jahrhunderts reflektiert. Der Unternehmer Turtschaninow (1705-87) hatte in den späten 1750er Jahren das

---

267 Tuchtenhagen, Ralph: Die Ural-Aufstände 1754-1766. In: Volksaufstände in Russland. Von der Zeit der Wirren bis zur „grünen Revolution" gegen die Sowjetherrschaft. Herausgegeben von Heinz-Dietrich Löwe. Wiesbaden 2006, S. 275

268 Ebenda

Geschäft über den Kauf der staatseigenen Betriebe am Kupferberg mit der Regierung getätigt, einschließlich des Erwerbes großer Waldgebiete und der anliegenden Kupferbergdörfer. In Verbindung damit wurden auch die dort wohnenden Arbeitskräfte des Kupfererzbergwerkes sowie der staatlichen Hüttenwerke an Turtschaninow verschrieben. Diesen Weg, zu investieren und gleichzeitig das Arbeitskräfteproblem zu lösen, ermöglichte Peter der Große durch den Ukas von 1721 über die Bildung der Possessionsfabriken. Vom Fabriktyp her handelte es sich um halbstaatliche Betriebe, die unter der Kontrolle der Prikase und Behörden standen.

Aus den bis dahin staatsgebundenen Bergleuten und Hüttenarbeitern wurden leibeigene Possessionsarbeiter. Rechtlich gesehen unterschieden sie sich von den Leibeigenen privater Fabriken oder von den leibeigenen Adelsgutbauern dahingehend, dass man sie nicht einer bestimmten Person zuschrieb. Sie waren an das Bergwerk beziehungsweise an die Hüttenwerke gebunden. Das heißt, die Arbeitskräfte am Kupferberg durften nicht separat weiterverkauft werden, sondern nur in Verbindung mit dem Verkauf der Fabriken. Außerdem behielt sich die Regierung vor, die Arbeitsverhältnisse in den Possessionsfabriken zu regeln. Die Arbeiter sollten nicht in der Landwirtschaft, sondern ausschließlich für Fabrikarbeiten eingesetzt werden, und es wurde erwartet, dass sie einen „genügenden" Lohn in Form von Geld erhielten.

In den Geschichten des Kupferberg-Zyklus' wird der Begriff Possessionsfabrik oder eine analoge Bezeichnung nicht aufgeführt. Der Erzähler der Geschichte „*Zwei kleine Eidechsen*" erwähnt den Verkauf „des staatseigenen Kupferbetriebes" in Polewskoi, und er fügt hinzu, dass der Unternehmer Turtschaninow sowohl das Dorf Sysert als auch die dortigen Hüttenwerke „noch dazu bekam".

„Diese Zugabe erwies sich später als ungeheuer großer Reichtum, und das noch umsonst."[269]

Aus dem Kontext der Erzählung ergibt sich zudem, dass Turtschaninows unternehmerische Arbeit unter der Kontrolle der

---

269 Die Edelsteinblume, S. 114

Bergbehörden stand.[270] Fehlende Arbeitskräfte sollten aus der Sicht des Zarenstaates durch den Ukas von 1721 für die Possessionsunternehmer kein Problem mehr darstellen. Das traf allerdings nicht für Herrn Turtschaninow zu. Der neue Eigentümer der Werke am Kupferberg wollte „neue und zuverlässige" Arbeiter haben. Er zeigte sich äußerst unzufrieden mit den übernommenen Arbeitskräften; das ergibt sich aus dem Kontext des Kupferberg-Zyklus'. Indem der Erzähler der Geschichte *„Zwei kleine Eidechsen"* die Bestandsaufnahme der Belegschaft durch Turtschaninow beschreibt, entwickelt er zugleich ein differenziertes Bild der zugespitzten Situation während der Gründerjahre in der russischen Wirtschaft bezüglich der Beschaffung und des Einsatzes von Arbeitskräften. Dementsprechend werden im Verlauf der Handlung die verschiedenen Wege der Arbeitsbeschaffung am Kupferberg geschildert und ein bedeutender Zeitabschnitt der Montangeschichte der Region erzählerisch reflektiert.

Kritik des Unternehmers an den verschriebenen Arbeitskräften

Die Unzufriedenheit des Unternehmers Turtschaninow mit den Arbeitern im Gumeschewsker Bergwerk und in den Hüttenwerken richtete sich auf mehrere Sachverhalte, die zugleich die Probleme innerhalb des verfügbaren Reservoirs an Arbeitskräften abbildeten.

Eine übliche Praxis des Zarenstaates bestand darin, Landstreicher, Verbrecher, Altgläubige, Arme oder ehemalige Soldaten in den Staatsfabriken Zwangsarbeit leisten zu lassen. Dieser Weg, Arbeitskräfte zu beschaffen, wurde durch die bereits erwähnten Ukase zur Volkszählung geebnet.

Offensichtlich bestand ein Teil der Beschäftigten in den Werken am Kupferberg aus jenen Arbeitskräften, den Rasnotschintsen,

---

270 Possessionsfabriken wurden staatlicherseits stark reglementiert, was charakteristisch war für die gesamte Bergwerkswirtschaft in Russland. Der Zarenstaat war der größte Produzent, und vornehmlich als Hauptabnehmer beherrschte er auch den Absatzmarkt. Die Bergbehörden als verlängerter Arm der Staatsmacht leiteten nicht nur die Staatsbetriebe, sondern sie kontrollierten auch die Possessionsfabriken, die hier angewandten technologischen Verfahren, den Umfang und die Qualität der Produktion sowie die Wirtschaftlichkeit der Betriebe.

die Turtschaninow nicht in seinem Unternehmen dulden wollte. In *„Zwei kleine Eidechsen"* heißt es dazu:

„Demidows und andere reiche Herren nahmen allerhand Gesindel als Arbeiter: Entlaufene, Baschkiren, Altgläubige. Sie waren billige Arbeitskräfte, man brauchte für sie keine Verantwortung zu tragen und konnte mit ihnen tun, was man wollte. [...] Mit Gesindel kann das Leben schwer werden. Die Entlaufenen und aus dem Zuchthaus Ausgebrochenen sind im Stehlen erfahren und bringen es bald auch den anderen bei; Baschkiren haben einen anderen Glauben und sprechen eine andere Sprache. Da sieh zu, wie du mit denen zurechtkommst. [...] Baschkiren und Landstreicher will ich nicht einmal in der Nähe haben."[271]

Im Laufe der Zeit trennte sich Turtschaninow von den Andersgläubigen, so erzählten es jedenfalls die Bergarbeiter. Das Ziel des Unternehmers war es, nur noch Russen orthodoxen Glaubens in den Werken am Kupferberg zu beschäftigen. Ohnehin schloss das Leben nach christlichen Werten nicht aus, dass die Menschen sich mit ihren Nöten auch an die Wunderheilerinnen und Magier wandten, eine Tradition in den Uraldörfern, gegen die Turtschaninow machtlos war. Dem Unternehmer musste auch bekannt geworden sein, dass die Bevölkerung der Hüttenwerksdörfer dem Volksglauben an ein mystisches Wesen anhing, die Herrin des Kupferberges. Während der 1750er Jahre, als Turtschaninow die Kupferbergwerke vom Staat kaufte, war die Figur der Herrin des Kupferberges schon im Erzählgut der Bergleute verankert, denn der Erzähler der Geschichte *„Zwei kleine Eidechsen"* bezieht sich sowohl auf diese Zeit als auch auf die erste Hälfte des 18. Jahrhunderts. Demnach reichen die Wurzeln der ersten phantastischen Erzählungen bis an die Anfänge des staatlichen Kupfererzbergbaus in Gumeschewsk zurück, und Herr Turtschaninow hätte zusammen mit den Bergleuten und dem Kupferberg auch dessen Herrin gekauft. Die Dorfbewohner erzählten, dass die Herrin den Unterdrückten helfe. Was der Unternehmer von solchen Reden hielt, haben die Bergleute nicht erzählt.

Anders verhielt es sich mit dem grausamen Hüttenwerksverwalter Kondratisch. Ihm war zu Ohren gekommen, dass im Kupferberg eine

---

271 Die Edelsteinblume, S. 115

Herrin wohne, die es jedem übel nähme, der die Menschen quälte.[272] Der Verwalter gab nicht viel darauf. Das hätte er tun sollen, denn die Dämonin tötete ihn.

Sosehr Herr Turtschaninow das Schicksal von Kondratisch betrauerte, vor ihm gab es schon andere Verwalter und nach ihm würden neue folgen, die das Volk fügsam machten. Es erlaubte sich nämlich zu viel.[273] In der „Aufsässigkeit" bestand zudem das nächste Übel, das die Unzufriedenheit des Unternehmers mit den Arbeitern in seinen Fabriken nährte. Die verschriebenen Possessionsarbeiter waren offenbar mutig genug, ihm die Beschwerden über die Zustände im Hüttenwerk vorzutragen. Infolgedessen entließ der neue Eigentümer die meisten der Aufsässigen sofort, einige wenige durften bleiben. Zu ihnen gehörte ein junger Meister, der sich nicht einschüchtern ließ. Er wurde schließlich festgenommen und ausgepeitscht, ebenso wie andere Meister mit einer unerwünschten Meinung. Der Herr Turtschaninow befahl persönlich, die Wunden der Geprügelten zusätzlich mit Salz einzureiben.

Der junge Meister galt als einer der besten in seinem Fach. Nachdem seine Wunden geheilt waren, wurde er wieder am Hochofen eingesetzt. Er gab jedoch nicht klein bei. Eine damals übliche und besonders grausame Strafe in Bergbaugebieten war die Verbannung von Sträflingen unter Tage. Man kettete sie im Berg an, wobei die Ketten so lang waren, dass sie noch arbeiten konnten. Ein längerer Aufenthalt im Bergwerk, ohne an das Tageslicht zu kommen, bedeutete für einen Menschen unweigerlich den Tod. Der junge Meister soll ein ganzes Jahr unter der Erde in der Dunkelheit der Stollen und Schächte verbracht haben, heißt es in der Erzählung *„Zwei kleine Eidechsen"*, und er befand sich bereits im Delirium. Die Herrin des Kupferberges griff am Ende rettend ein, denn sie schätzte ehrliche, mutige und aufrechte junge Bergleute. Was aus dem Mann geworden ist, das lässt der Erzähler der Geschichte *„Zwei kleine Eidechsen"* im Ungewissen. Von den Alten hatte er gehört, dass dem Burschen eine Tür im Berg

---

272 Ebenda, S. 134
273 Ebenda, S. 132

geöffnet wurde, „hinter der ein langer heller Stollen lag, der unendlich erschien."[274] Wohin ihn der lange Stollen gebracht hat, in die Unterwelt der Toten und der Steine oder in die Welt der Lebenden, das hatte niemand gehört. „Aber er blieb im Gedächtnis von vielen"[275], auch in der Erinnerung von Herrn Turtschaninow. Der renitente Bursche hatte an den Hochöfen die Schmelze zweimal eingefroren mit dem Ergebnis, dass ein empfindlich hoher Schaden im Hüttenwerk entstanden war.

Ausländische Fachkräfte genügen Turtschaninows Anforderungen nicht

Einen weiteren Grund der Unzufriedenheit des Unternehmers Turtschaninow in Bezug auf die Arbeitskräfte bildeten die Fremden, die die Regierung in den Hüttenwerken eingesetzt hatte. Die Anwerbung von Fachkräften, Meistern oder Spezialisten aus dem Ausland war in den ersten Jahren der Industrialisierung eine Möglichkeit, vornehmlich qualifizierte Arbeitskräfte zu gewinnen. Fachkenntnisse konnten damals im Wesentlichen durch Arbeitserfahrung in der Fabrik selbst gewonnen werden. Zudem fehlte in der Bergwerkswirtschaft eine Bergbautradition, die – wie beispielsweise in Sachsen - von Generation zu Generation weitergegeben wurde.

Die Gründung von Bergakademien stand noch bevor; Gewerbeschulen waren im Entstehen begriffen. Zu den ersten Bildungseinrichtungen dieser Art zählten die von Tatischtschew, damals Direktor der Hauptverwaltung der Sibirischen Bergwerke, initiierten Fachschulen für Bergbau und technisches Zeichnen[276], zu denen auch die in den 1730er Jahren entstandene werkseigene Gewerbeschule in Sysert[277] gehörte.

Der Erzähler der Geschichte *„Zwei kleine Eidechsen"* erwähnt weiterhin, dass die Fremden, die Nemzi, den Anforderungen des neuen Eigentümers nicht genügten. Vorausschauend hatte Turtschaninow

---

274 Ebenda, S. 131
275 Ebenda
276 Tuchtenhagen, Ralph: Die Ural-Aufstände 1754-1766, S. 271
277 https://34374.info/2015/04/istoriya-staryih-syisertskih-shkol, aufgerufen a m 17.2.2021

vertrauenswürdige Fachleute seiner alten Fabrik in Solikamsk überzeugt, ihn an den Kupferberg zu begleiten, und so kam er „mit seinen eigenen Meistern aus seinem Heimatort in Polewaja an"[278].

„Die Männer sahen sich das Werk an und fanden [...], aus diesem Erz und bei der Ausrüstung kann man doppelt so viel Gewinn herausholen, als wir mit unserem einfachen Werk gemacht haben."[279]

So kam es, dass der Unternehmer die Fremden ebenso wenig behalten wollte wie „das Gesindel", die Rasnotschintsen und die Aufsässigen. In *„Zwei kleine Eidechsen"* heißt es dazu:
„Die Meister hier haben wohl nichts getaugt [...] Und Turtschaninow verließ sich auf seine Meister und entließ die Fremden."[280] Er ging nun daran, „neue und zuverlässige" Arbeitskräfte für die Werke am Kupferberg zu beschaffen.

Wege der Beschaffung neuer Arbeitskräfte

„Ich werbe mir Menschen aus weit entfernten Gegenden an, die sollen mit ganzen Familien umsiedeln,"[281] dachte sich Turtschaninow. Dazu gehörten in erster Linie die Fachkräfte aus seinem früheren Werk in Solikamsk. Sie wurden umgesiedelt und nahmen in den Werken am Kupferberg ihre Tätigkeit als Meister, Untermeister oder Schmiede auf. Entsprechend bildeten die Meister aus Solikamsk den Stamm der dauerhaft beschäftigten Spezialarbeiter. Darüber hinaus mussten jedoch auch Arbeitskräfte für die weniger qualifizierten Arbeiten gefunden werden.

In der Geschichte *„Zwei kleine Eidechsen"* wird ein vornehmlich in den Anfangsjahren der Industrialisierung beschrittener Weg erwähnt, den Arbeitskräftemangel zu beheben: Leibeigene aus anderen Regionen zu kaufen oder auf dem Wege der Verschreibung zeitweise oder dauerhaft in die Fabriken zu holen. Für den Einzelunternehmer Turtschaninow

---

278 Die Edelsteinblume, S. 114
279 Ebenda
280 Ebenda
281 Ebenda, S. 115 f.

erwies sich dieses Vorgehen als ein gangbarer Weg, Umsiedler als Arbeiter zu gewinnen. Im großen Maßstab gesehen genügte er jedoch nicht den Erfordernissen der schnellen Fabrikentwicklung. Russland benötigte Millionen von Arbeitskräften, was erklärte, dass die Regierung in der Regel die gesamte Bevölkerung eines Dorfes an die Fabriken verkaufte oder verschrieb. Der Erzähler von *„Zwei kleine Eidechsen"* schildert nun weiter, dass Turtschaninow seine Anwerber ausschickte.

„Sie fingen gleich die Leute ein. So hatten sie nicht nur für das Kupferwerk, sondern auch für das Bergwerk genug Arbeiter angeheuert."[282]

Turtschaninow gewann die meisten der angeworbenen Arbeiter durch vertragliche Vereinbarung mit den adligen Gutsherren, indem die Leibeigenen gegen Jahresabgaben an den Unternehmer verschrieben wurden. Sie verließen ihre Dörfer zeitweise oder auf Dauer und leisteten fortan den Frondienst nicht mehr als Bauern, sondern als Bergleute oder Hüttenarbeiter am Kupferberg. Manche von den neuen Arbeitern kaufte Turtschaninow einfach von ihren Herren ab. Die gesetzliche Grundlage dazu war von Peter dem Großen durch Ukas von 1721 geschaffen worden, der unter anderem regelte, dass die Inhaber von Fabriken Leibeigene ausnahmsweise kaufen durften.

Auch die Meister aus Solikamsk und ihre Familien ließen die Heimat hinter sich, ihre Katen und manchmal ein kleines Fleckchen von den Vorfahren ererbtes Ackerland. Ein Rückweg war ihnen verschlossen. Zudem berechnete Turtschaninow den Umsiedlern für die Finanzierung ihres Umzuges so hohe Summen als Schulden, dass eine Tilgung während der Lebenszeit eines Arbeiters unmöglich war. Schon kurze Zeit, nachdem der Betrieb in den Hüttenwerken reibungslos funktionierte, fühlten sich namentlich die umgesiedelten Meister von „ihrem Herrn betrogen".

„Die tüchtigsten Meister wurden [...] mit Backenstreichen abgespeist, und dabei sagten die Peiniger noch: Glaubt ja nicht, ihr seid die großen Meister. Nun kennen auch wir eure Geheimnisse, jetzt brauchen wir euch nicht mehr."[283]

---

282 Ebenda, S. 116
283 Ebenda, S. 118

Turtschaninow beschäftigt verschriebene Bauern des Staates

Der durch die Ukase der Zaren ermöglichte Kauf und die Verschreibung von Leibeigenen gehört zu einem Kapitel russischer Industriegeschichte, das für die Betroffenen mit entsetzlicher Härte und empörender Ungerechtigkeit verbunden war. Willkürlich wurden Tausende mit allen ihren Nachkommen zu schweren Arbeiten gezwungen, fast wie Verbrecher, die zur Zwangsarbeit verurteilt worden sind. Das Los dieser Arbeiter war umso schlimmer, weil die Regierung sie lange Zeit hindurch der vollen Willkür der Fabrikbesitzer preisgab.[284] Allein die Nachricht, dass in der Nachbarschaft eine Fabrik entstehen würde, erzeugte bei den Bauern solches Entsetzen, als ob in diesem Dorf die Pest hauste. Am gefürchtetsten war die Arbeit in den Bergwerken. Nach dem, was die Literatur über Turtschaninow aussagte, gehörte der Unternehmer nicht zu der Art von Fabrikbesitzern, die sich durch schlimme Missbräuche einen Namen machten. Jedoch zogen sich Prügelstrafe und Folter durch alle Kupferbergerzählungen, und der Unternehmer bewies keine Zurückhaltung darin, jedes Vergehen ohne Ausnahme von seinen Aufsehern bestrafen zu lassen.

Der Uralreisende Pallas überlieferte nach der Inspektion der Kupferbergwerke, dass Turtschaninow Ende der 1760er Jahre dreitausend verschriebene Staatsbauern in den Werken des Kupferbergwerksbezirkes beschäftigte. Sie wurden für den Grubenbau, das Holzfällen und das Köhlern eingesetzt.[285] Diese Bauern arbeiteten im Durchschnitt drei Tage für die Fabriken, während des Rests der Woche bewirtschafteten sie ihre Höfe. Im Winter umfasste der Arbeitstag zehn Stunden, in der Sommerzeit zwischen 14 und 15 Stunden.[286] Es kam auch vor, dass verschriebene Bauern gezwungen wurden, auf Dauer in den Werken zu arbeiten. Das bedeutete, dass sie nicht mehr zu ihren Höfen zurückkehren durften und aus der Bindung an den Staat in die Leibeigenschaft des Unternehmers gerieten.

---

284 Engelmann, Johannes: Die Leibeigenschaft in Russland. Eine rechthistorische Studie. Verlag von Duncker und Humblot Leipzig. 1884, S. 87

285 Pallas, Peter Simon: Reise durch verschiedene Provinzen des russischen Reiches. Zweiter Teil, S. 84

286 Tuchtenhagen, Ralph: Die Ural-Aufstände 1754-1766, S.278

Einige der staatlichen Pachtbauern hatten die Aufgabe, die Wohnsiedlungen der Hüttenwerke im Syserter Bergwerksbezirk mit Lebensmitteln zu versorgen. Zudem mussten die Magazine beliefert werden, die das Militär in der Gegend unterhielt. Diese Bauern konnten ihre Höfe weiter bewirtschaften und behielten als bäuerliche Kleinhändler ihre ökonomische Selbständigkeit. Es war durchaus möglich, dass der eine oder andere Leibeigene einen gewissen Reichtum erlangte, sich freikaufte oder als Unternehmer tätig wurde.

Alles in allem war das Los der Bevölkerung der Kupferbergregion wahscheinlich erträglicher als das der Adelsgutbauern[287] oder das der Leibeigenen, die an die privaten Betreiber der Fabriken verschrieben worden waren.[288]

Arbeitsbedingungen in den Hüttenwerken

In den Kupferbergerzählungen wurde keine Trennlinie zwischen dem Arbeitsleben der Bergleute oder dem der Hüttenwerksarbeiter gezogen. Man unterschied auch nicht zwischen ihren besseren oder schlechteren Lebenssituationen. Alle waren Bergwerksarbeiter oder Bergarbeiter.

Zuweilen kam es vor, dass die Erzähler die verschiedenen Rechte von Leibeigenen und Freien ansprachen: „Dieser Mann war ein gebildeter Mann von den Freien, kein Leibeigener"[289] oder „Er konnte sich diese freie Redensart mit dem Gnädigen erlauben."[290]

Über ein besonders krasses Beispiel der auseinanderklaffenden Rechte von Freien und Leibeigenen wird in der Geschichte *„Die Grasfalle"* erzählt. Der in die Jahre gekommene, dickleibige und glatzköpfige Obersteiger hatte ein Auge auf eine blutjunge Hüttenarbeiterin geworfen und wollte sie aus habsüchtigen Absichten heiraten. Das Mädchen verabscheute den Mann. Da es eine Leibeigene der

---

287 Ich beziehe mich hier beispielsweise auf die Erzählung „Polikuschka", in der Lew Tolstoi das unsäglich erbärmliche Leben der siebenköpfigen Familie Polikej schildert, Leibeigene einer Gutsherrin in Pokrowskoje.

288 Tuchtenhagen, Ralph: Die Ural-Aufstände 1754-1766, S.273

289 Die Edelsteinblume, S. 23

290 Ebenda, S. 139

Turtschaninows war, wurde die Heirat durch die Baronin anbefohlen. Auch der Pope und der Schreiber gehorchten der Gnädigen Frau ohne Widerrede. Wagte ein Leibeigener eine unverblümte Rede oder wurde eine Beschwerde vorgebracht, so hatte das schlimme Folgen für Leib und Leben.

Überall und bei jeder Gelegenheit wurde gepeitscht: um die Arbeitsleistung zu erhöhen, kleine und größere Vergehen zu strafen oder einfach aus Willkür. Ob Possessionsarbeiter im Hüttenwerk, leibeigener Bergmann oder verschriebener Staatsbauer – alle waren dem Wohlwollen der Behörden, der Fabrikanten oder der Aufseher ausgeliefert, wenngleich in unterschiedlichem Maße. Das hing unter anderem ab von Art der Arbeit, den angewandten Technologien und den Arbeitsbedingungen. Diesbezüglich gibt der Erzähler der Geschichte *„Zwei kleine Eidechsen"* einige Einblicke in die Arbeitsorganisation und die Zusammenarbeit der Arbeitskräfte an den Hochöfen. Die Hüttenwerke im Ural waren technisch gut ausgestattet, und sie brauchten einen Vergleich mit anderen Fabriken im Ausland nicht scheuen.[291] In der vorgenannten Erzählung heißt es dazu: Turtschaninows Männer aus Solikamsk „sahen sich das Werk an und fanden, dass es viel besser ausgerüstet war als ihr altes."[292] An den Hochöfen und in den Hammerwerken arbeiteten Meister und Hilfsarbeiter sowohl in Gruppen zusammen als auch arbeitsteilig nach einzelnen Arbeitsgängen getrennt. Allein sie wurden aus gutem Grund ständig von Aufsehern beobachtet.

„Die Leute steckten hier immer in Haufen beisammen, der Raum ist eng."[293]

Aus dieser Art der Arbeitsverrichtung folgt, dass der Hüttenwerksverwalter und die Aufseher an den Schmelzöfen besondere Vorsicht walten ließen. Die Arbeit in eingespielten Gruppen trug dazu bei, dass die Männer trotz drohender Körperstrafen zunehmend Widerstand entwickelten. Mehrere Verwalter waren hier schon durch ungeklärte Umstände zu Tode gekommen.

---

291   Ebenda, S. 269
292   Ebenda, S. 114
293   P. P. Bashow: Die Malachitschatulle. S. 134

„Ein jeder hat sein Werkzeug bei sich, kann einem mit der Zange eins auf den Schädel geben, mit dem Hammer zuhauen, mit einem Winkeleisen oder einer Eisenstange zuschlagen. [...] Sie können einem auch den Kopf zwischen die Walzen schieben oder in den Flammofen stecken."[294]

Hier wird authentisch die Arbeit der Männer in den Hüttenwerken beschrieben, und zudem deutlich gemacht, dass sich die Aufklärung dieser Art von Unfällen offensichtlich als schwierig erwies. Dazu heißt es weiter in der Erzählung *„Zwei kleine Eidechsen"*:

„Man hatte die Leute, versteht sich, daraufhin die Rute kosten lassen, des Verwalters wegen. Nur dass man die Schuldigen trotz alledem nicht fand. [...] Vom Kohlendunst ist ihm wohl schwarz vor Augen geworden."[295]

Auch in der zehnten und jüngsten Kupferbergerzählung *„Die Grasfalle"*, deren Handlung in eine spätere Zeit fällt – etwa in die 1830er Jahre – bildet sich ein gewisser Gruppenwiderstand ab. So lauerte dem Obersteiger manchmal eine Gruppe junger Männer auf und verprügelte ihn übel. Da die Schuldigen nicht gefunden wurden, peitschte man als Vergeltung diejenigen aus, die bei der Herrschaft bereits in Ungnade standen.

Darüber hinaus konnten sich die Bergleute zu der Zeit schon die bescheidene Freiheit erlauben, mit wenig Respekt zu ihrem Vorgesetzten zu sprechen. Sobald sie dem Obersteiger begegneten, überhäuften sie ihn mit beißendem Spott. Am Ende verlor der Obersteiger den Verstand und das Leben. Die Bergleute hatten damit nichts zu tun; es war die Tat der Herrin des Kupferberges. Die Dämonin tötete am Schluss dieser letzten der zehn Kupferbergerzählung zwei durchtriebene und gegenüber der Natur des Berges übergriffige Männer. Sie hatten es auf den kleinen Rest des verbliebenen Malachiterzes im Kupferberg abgesehen.

---

294 Ebenda, S. 134
295 Ebenda

Arbeitsalltag in dem gefürchteten Kupfererzbergwerk

Im Vergleich zu den Hüttenwerksarbeitern und den verschriebenen Arbeitskräften im Umfeld der Werke hatten die Bergleute die schwersten Arbeitsbedingungen. Die Arbeit unter Tage war eine starke körperliche Belastung. Die ständige Gefahr von Einstürzen, Dunkelheit, Staub und Feuchtigkeit machte die Bergmannsarbeit vornehmlich bei den verschriebenen leibeigenen Bauern zu der Tätigkeit, vor der ihnen am meisten grauste. Sie kannten die Redensart „des Bergmanns Arbeitskleid ist auch sein Sterbehemd". Die Mehrzahl der Bergleute wurde kaum älter als fünfunddreißig Jahre. Dazu kam, dass es sich um Zwangsarbeit handelte. Dem Befehl, unter Tage zu arbeiten, war nicht zu entkommen. Ein größeres Unglück hätte sich für die Männer nicht ereignen können.

Je länger ein Bergwerk existierte, desto länger wurden auch die Wege unter Tage. Oft mussten die Arbeiter in den Stollen mehrere hundert Meter in den Berg hineinlaufen oder kriechen, bis sie vor Ort waren, dort, wo sie das Kupfererz schlugen. Mit Haue, Kratze, Schaufel oder mit der Hand rangen die Hauer dem Berg das Erz ab, das von den Schleppern eimerweise nach oben getragen oder durch die Pferdekünste über Tage gebracht wurde. Anschließend erfolgte der Transport in Karren und Pferdewagen zu den Hüttenwerken nach Polewskoi oder Sysert.

Die Arbeit vor Ort war am gefährlichsten, weil hier die höchste Einsturzgefahr bestand. Zwar wurden die ausgehauenen Hohlräume mit Holzbalken verbaut, aber diese konnten einen richtigen Bergsturz nicht aufhalten. Die Ursache dafür lag in der Milde des Gebirges. Das heißt, das Gesteinsmaterial, welches das Kupfererzvorkommen von Gumeschewsk umgab, war locker geschichtet und von geringer Festigkeit. Es gab wiederholt Einstürze. Dazu kam, dass die Luft vor Ort immer dünner und schwüler wurde. Der mit Kupfer und Schwefel angereicherte Staub erschwerte das Atmen und färbte die Haut und die Augen grün. Das Grubenwasser, das aus den Klüften des unterirdischen Gebirges zulief, brachte in Gumeschewsk nicht nur dem Obersteiger Probleme, weil er sie beheben musste. Es bildete auch den giftigen Grubenschlamm, der die Haut der Männer verätzte.

Am Ende eines langen, schweren Arbeitstages gingen die Bergleute erschöpft nach Hause in ihre Hütten, die sich direkt neben dem Werk befanden. Es lagen noch viele hoffnungslose Tage vor ihnen, ausgefüllt mit Grubenarbeit und begleitet von der Frage, wann wohl die letzte Schicht verfahren sein würde.

Hier im Gumeschewsker Bergwerk wurde durch die Phantasie der Bergleute die Figur der Herrin des Kupferberges geschaffen. Ja, sie hatte die Bergleute im Auge, aber nur die unverheirateten waren ihre Augensterne; und sie brachte Unglück, wenn sie einem schlechten Menschen begegnete. Die Männer, die hier arbeiteten und mit denen sie Kontakt aufnahm, waren bestimmt keine schlechten Menschen – nur verschlossen, zuweilen eigentümlich und eine absonderliche Bergmannssprache sprechend. Das war ohne Belang, denn begegnete sie einem guten Menschen, so hatte auch er wenig Freude daran.[296]

Das Schicksal des Bergmanns Lewontjew aus der Erzählung *„Der Schlangenkönig"* steht für die Bergleute, die schon in jungen Jahren verstarben oder die aus der Leibeigenschaft entlassen wurden, weil sie krank und verbraucht waren. Letzteres bedeutete für die Betroffenen das Todesurteil. Niemand scherte sich um sie, wenn sie nicht mehr arbeiten konnten. Der Erzähler wusste über Lewontjew zu berichten, dass der Bergmann schon seit frühester Jugend in Gumeschewsk Kupfererz geschlagen hatte. Seine besten Jahre verbrachte er unter Tage. Der Körper war von dem Kupfer durch und durch grün gefärbt. Die feuchte Kälte im Berg schädigte die Muskeln. Lewontjews Gelenke waren im Laufe der Jahre versteift, und er hatte Schwierigkeiten, sich zu bewegen. Der Staub, der bei der Grubenarbeit entstand, gelangte in seine Luftröhre und in die Lunge. Der Bergmann litt unter Atembeschwerden, vielleicht auch unter einer lebensbedrohlichen Krankheit, wie Tuberkulose. Nicht zuletzt der giftige Grubenschlamm, der die Haut zerfraß, sorgte für das Schwinden seiner Gesundheit wie der Schnee im Frühling.

Als der Gnädige Herr sah, dass Lewontjew so schwach war, dass er nirgendwo mehr Nutzen bringen konnte, erwies er ihm die „Gunst", für sich selbst arbeiten zu dürfen, auch ohne jährliche Zinsabgabe. Er entließ ihn in die Freiheit. Wie sollte ein kranker und verbrauchter Mensch freie Lohnarbeit leisten? Niemand gab dem Lewontjew eine Beschäftigung. Er besaß kein Geld, kein Arbeitsgerät und auch kein Stück Land, das seine Familie hätte ernähren können. Zu Lewontjews

---

296   Ebenda, S. 21

Haushalt gehörten seine Ehefrau und zwei zehnjährige Söhne; er war ja selbst noch nicht alt. Kurze Zeit nach seiner Entlassung aus der Leibeigenschaft starb der Bergmann, unheilbar krank und bettelarm. Die Herrin des Kupferberges kam dem Bergmann nicht zu Hilfe. Wahrscheinlich lag es daran, dass Lewontjew kein junger lediger Mann war, sondern verheiratet. Er hatte bereits eine Familie, und die Dämonin war auf der Suche nach einem Ehemann.

Der alte Semjontitsch aus der Fabriksiedlung nahm sich der Kinder an. Er wusste, was Not bedeutet, denn er war als junger Mann der beste Schmiedemeister im Betrieb gewesen. Weil er gegenüber dem Verwalter seine Meinung äußerte, wurde er ausgepeitscht. Er leistete Widerstand. Das brachte ihm ein Leben als Soldat des Zaren ein. Nach fünfundzwanzig Jahren kehrte er nach Hause zurück und half nun den notleidenden Menschen seines Dorfes.

Viele Hunderttausende von Bergleuten und Fabrikarbeitern im Ural befanden sich in einer vergleichbaren sozialen Situation und mussten sich in die Gegebenheiten fügen. Für diejenigen, die das nicht akzeptieren wollten, gab es nur zwei Möglichkeiten, sich gegen Fronarbeit, Körperstrafen oder Zwangsheirat zu wehren: Flucht oder Widerstand.

Aufbegehren und Aufstände. Die Figur Dunjacha aus „Die Katzenohren"

Die Handlung der Erzählung *„Die Katzenohren"* stand in Verbindung mit den Unruhen im Syserter Bergwerksbezirk während der Pugatschow-Aufstände von 1773 bis 1775. Die Geschichtsforschung über die Ural-Aufstände[297] hat nachgewiesen, dass schon zwischen 1754 und 1766 zahlreiche Unruhen grassierten. Die verschriebenen Bauern wollten in ihre Höfe zurückkehren.

Die Arbeitsniederlegungen beeinträchtigten die Eisen- und Kupferproduktion derart erheblich, dass Katharina II. (1762-96) im Jahre 1762 eine Kommission in die betroffenen Uralwerke entsandte. Die Ursachen für die Proteste und Arbeitsniederlegungen wurden

---

297   Tuchtenhagen, Ralph: Die Ural-Aufstände 1754-1766, S. 282 ff.

untersucht, und neben der militärischen Einschüchterung gewährte man den Aufständischen auch einige Zugeständnisse.[298]

Nach eigenen Angaben der Zarin hatten etwa neunundvierzigtausend Arbeiter die Arbeit verweigert. Von den Aufständen betroffen waren überwiegend die Fabriken des Demidow-Unternehmens, aber auch in den Hüttenwerken von Polewskoi, Sewersk und Sysert sollen sich in den Jahren von 1759 bis 1763 Unruhen ereignet haben.[299] Turtschaninow erwarb die Werke am Kupferberg in der zweiten Hälfte der 1750er Jahre. Demnach musste er sich auf jeden Fall mit den Unruhestiftern auseinandersetzen. Wie in der Erzählung „Zwei kleine Eidechsen" geschildert wird, entfernte er in der Tat die unerschrockenen und Kritik übenden Arbeiter aus dem Unternehmen.

Aus den Berichten über die Pugatschow-Erhebungen, an denen sich neben den Bergleuten und Hüttenarbeitern auch meuternde Gruppen von Altgläubigen, Kosaken und Baschkiren beteiligten, ist zu schließen, dass der Unternehmer aller Wahrscheinlichkeit nach dazugelernt hatte seit den zehn Jahre zurückliegenden Erfahrungen des Umgangs mit Aufsässigen. Er setzte bei den ersten Anzeichen von Unruhen sofort auf das bewährte Mittel der militärischen Einschüchterung. Turtschaninow hatte während der Regierungszeit von Zarin Elisabeth (1741-62) ein militärisches Patent erhalten, das ihm erlaubte, den Rang eines Generals der Infanterie zu bekleiden.

„Dreimal am Tage machten jetzt die Wächter die Runde und suchten alle Häuser auf, um festzustellen, ob die Arbeiter zu Hause wären" wird in der Geschichte „Die Katzenohren"[300] geschildert. Aus Polewskoi durften sich die Arbeiter nur in Begleitung von Uniformierten entfernen, und auf den Wegen nach Sysert hatte das Militär Sperrposten eingerichtet, die jeden abfingen, der das Dorf in der Absicht verlassen könnte, sich den Aufständischen anzuschließen.

---

298   Nach Tuchtenhagen bestand die Untersuchungskommission der Regierung gegenüber den Bergwerksbesitzern darauf, dass den Meistern und verschriebenen Bauern unter anderem der Status von freien Arbeitern einzuräumen sei und die Entlohnung nach Arbeitsleistungen und Billigkeit erfolgen sollte.

299   Tuchtenhagen, Ralph: Die Ural-Aufstände 1754-1766, S. 282

300   Bashow, P.P.: Die Malachitschatulle, S. 158

Die Stadtchronik von Polewskoi berichtet, dass Pugatschows Abteilungen 1774 bis in die Nähe des Dorfes gekommen wären. Auch in Sysert patrouillierten die Bewaffneten dreimal am Tage im Hüttenwerk und in der Wohnsiedlung. „Aber hier schien es noch strenger zuzugehen. War einer geflohen, so wurden seine Angehörigen sofort in Ketten geschlagen und hinter Schloss und Riegel gesetzt,"[301]

Mit diesem Druckmittel versuchte die Obrigkeit, die Geflüchteten zurückzuholen. Sysert war von den Kampfhandlungen direkt betroffen. Pugatschows Abteilungen griffen die Siedlung und das Dorf mehrfach an. Infolgedessen war die Produktion für ein Jahr stillgelegt, und Turtschaninow verwandelte das Hüttenwerk in eine Festung. Die Beschäftigten mussten die Anlagen verteidigen, denn ein Ukas aus dem Jahr 1763 verpflichtete die Bevölkerung, die Militärkommandos bei der Bekämpfung von Aufständischen zu unterstützen.[302] Für die Hüttenarbeiter bedeutete das, sich entweder für das Werk und die Obrigkeit zu entscheiden oder Partei für die Aufständischen zu ergreifen.

Zu den Anführern der Aufständischen gehörte auch eine junge Frau namens Dunjacha aus Polewskoi, deren Beteiligung an den Unruhen den tragenden Teil der Handlung der Geschichte „Die Katzenohren" bildet. Sie schaffte es ganz allein, die Sperrposten zu überwinden und Sysert auf dem gefährlichen Weg durch die Sümpfe zu erreichen. Die junge Frau erhielt die neuesten Nachrichten über die dortigen Aufstände und machte sich umgehend auf den Rückweg. Nachdem Dunjacha, von Wölfen bedroht, unbeschadet in ihr Dorf zurückgekehrt war, setzte sie sich an die Spitze der Protestbewegung.

„Packt die Herrschaftlichen an der Gurgel! Ihre Zeit ist um! In den anderen Hüttenwerken hat man mit ihnen schon längst Schluss gemacht!"[303]

Mit ihrem Aufruf konnte Dunjacha die Dorfbevölkerung von

---

301 Ebenda, S. 163
302 Tuchtenhagen, Ralph: Die Ural-Aufstände 1754-1766, S. 273
303 P.P. Bashow: Die Malachitschatulle, S. 169

Polewskoi für kurze Zeit mobilisieren. Dann dauerte es nicht lange, und die Soldaten hatten die alte Ordnung wiederhergestellt. „Die Bevölkerung wurde rasch unter die Fuchtel genommen."[304]

Dunjacha sowie andere Wortführer der Aufständischen mussten in die Wälder ziehen und von dort ihren Kampf gegen die Herren fortsetzen.

Flucht als Ausweg, der Zwangsarbeit zu entkommen

Die Flucht vor den unsäglichen Arbeitsbedingungen ergriffen vor allem und immer wieder verzweifelte Bergleute. Sie schlossen sich als Läuflinge anderen Außenseitern in den Wäldern an. Manche fanden bei den Kosaken Aufnahme, manche sind von den Soldaten wieder eingefangen worden. Der Uralreisende Pallas bemerkt dazu nach der Besichtigung mehrerer Gruben im Mittleren Ural: „Es trägt sich unterweilen zu, dass [...] Bergleute von den hiesigen Gruben entlaufen und sich in dem waldigen Gebirge lange Zeit herumtreiben [...] Zur Aufsuchung [...] sind zuweilen Kommandos ins Gebirge geschickt worden."[305]

Die Regierung war der Läuflingsbewegung seit den Anfängen der unbeschränkten Leibeigenschaft bis zum Beginn des neunzehnten Jahrhunderts nicht Herr geworden. Die Anzahl der Ukase, die von den Läuflingen handelten, soll sehr groß gewesen sein. Nach Ansicht von Tatischtschew, zu der Zeit Direktor der Hauptverwaltung der Sibirischen Bergwerke, widersprach entweder ein Gesetz dem anderen oder die Gesetze waren so unklar formuliert, dass die Richter nach Gutdünken entschieden.[306]

Strenge Strafen wurden denjenigen angedroht, welche Läuflinge aufnahmen. Gutsbesitzer und Gemeindeälteste sollten dafür sorgen, dass die Geflüchteten eingefangen und abgeliefert wurden.

---

304 Ebenda

305 Pallas, Peter Simon: Reise durch verschiedene Provinzen des russischen Reiches. Erster Theil, S. 209

306 Engelmann, Johannes: Die Leibeigenschaft in Russland, S. 107

Auch nach dem Ende des Pugatschow-Aufstandes machte die Hüttenwerksverwaltung verzweifelte Anstrengungen, der geflohenen Dunjacha habhaft zu werden, erzählten die Bergleute. Sie ritt einen schnellen Falben, den niemand einholen konnte.

„Ganz unverhofft tauchte sie bald hie, bald da auf, bearbeitete einen, der es verdient hatte, mit ihrer baschkirischen Reitpeitsche – und weg war sie. Die Obrigkeit gerät ganz aus dem Häuschen, lässt von neuem auf Dunjacha fahnden, sie ist aber schon anderswo und trichtert dort irgendeinem Bergbeamten mit ihrer Peitsche Verstand ein, dass er lerne, mit Bergleuten umzugehen."[307]

Was aus Dunjacha und den anderen in die Wälder Geflüchteten geworden ist, bleibt in der Erzählung *„Die Katzenohren"* offen. Entweder sie sind den Soldaten am Ende in die Hände gefallen, oder es ist ihnen gelungen, in einem der Kosakendörfer sesshaft zu werden.

Schließlich löste sich das Problem der Läuflinge und der massenhaften Fluchten in die Wälder von selbst mit dem Fortgang der Industrialisierung, weil sich die Regionen des Urallandes, in welche man fliehen konnte, durch die Gebietserschließungen für den Bau von neuen Fabriken immer weiter einschränkten. Außerdem wurden die Arbeitsbedingungen durch die fortschreitende Technikentwicklung in den Fabriken tendenziell besser.

1861: Aufhebung der Leibeigenschaft verändert Arbeitskräftesituation

Die Bergwerksindustrie im Ural gehörte zu den Wirtschaftszweigen, die am längsten an der Zwangsarbeit festhielten. Noch im Jahre 1825 wies die Arbeitskräftestatistik der Branche mehr als die Hälfte der Gesamtbeschäftigten als leibeigene Arbeiter aus.[308]

Nach der Aufhebung der Leibeigenschaft im Jahre 1861 zeigten sich die Folgen der jahrhundertelangen Zwangsarbeit unter anderem in einem empfindlichen Absinken der Produktion des russischen Eisengewerbes.

---

307 Bashow, P.P.: Die Malachitschatulle, S. 171
308 Tugan-Baranowski: Geschichte der russischen Fabrik, S. 121

„Als es den Arbeitern möglich wurde, sich der schweren Arbeit, an die sich so viele hasserfüllte Erinnerungen knüpften, zu entledigen, verließen sie in Massen die Werke und siedelten nach anderen Gouvernements über. So kehrten z.B. dem Bogoslover Kreis [...] etwa drei Viertel der männlichen Arbeiter [...] den Rücken."[309]
Die Bergwerksindustrie im Ural verlor plötzlich einen bedeutenden Teil der Arbeitskräfte, und die Wegziehenden konnten nicht ersetzt werden. Der Arbeitslohn vervielfachte sich. Trotzdem gelang es nicht, durch diese Maßnahme den Mangel an Arbeitern zu beheben.

Auch in der Kupferbergregion mündete diese Situation in einer Krise und in einem Rückgang der Produktion. Dazu kamen die Zahlungsunfähigkeit der Turtschaninow-Erben im Jahre 1864 und das nahezu erschöpfte Malachiterzvorkommen des Kupferberges. Mit der Aufhebung der Leibeigenschaft wurde ein Ventil geöffnet, zu spät, als dass es weitreichende Lösungen dieser Probleme ermöglicht hätte.

Dorfansicht, Aquarell, 32x24

---

309 Ebenda, S. 372

KAPITEL

08

Steinhandwerk und das Ende der Herrin des Kupferberges

„... so Herrliches werden wir schaffen, dass die Menschen aus aller Welt herbeiströmen werden, bloß um einen Blick darauf werfen zu dürfen. Und das wird unsere Arbeit sein! Ein Werk dieser Hände da!"[310]

Industrialisierung und Handwerk in der Kupferbergregion

Die Industrialisierung im Mittleren Ural hatte zur Folge, dass während der ersten Hälfte des 18. Jahrhunderts in der Kupferbergregion die Bergwerke, die Hütten- oder Hammerwerke wie Pilze aus dem Boden wuchsen. Tiefgehende wirtschaftliche und soziale Konsequenzen daraus ergaben sich nicht nur für die Bauernwirtschaften, sondern auch für das Hausgewerbe der Uraldörfer. Von jeher war in den Waldregionen das Handwerk verbreitet. Es gründete sich auf die vorhandenen natürlichen Ressourcen - die ausgedehnten Waldbestände und die Bodenschätze. In der Region des Kupferberges wurden Matten geflochten, Siebe, Bastschuhe, Räder oder Schlitten angefertigt. Schmiede stellten Gebrauchsgüter aus Eisen her, wie Scheren, Messer, Draht oder Nägel. Zudem war die Bearbeitung von Edelmetallen nicht selten. Ob und wie sich in der relativ kurzen Zeit seit dem Beginn der russischen Kolonisierung im 16. Jahrhundert bis zu den rasanten Prozessen des Entstehens der Großindustrie bereits eine Handwerkstradition im Ural herausgebildet hatte, an die spätere Entwicklungen anknüpfen konnten, darüber wird die wissenschaftliche Diskussion noch geführt.[311]

Die Geschichte *„Der lebendige Funke"* ist eigens diesen Handwerken gewidmet. Der Erzähler führt Tätigkeiten „der unterschiedlichsten Art" auf und schildert, dass häufig in den Hütten der Dorfbewohner „in ein und derselben Stube am Ofen Messer- und Gabelgriffe mit Mustern verziert, am Fenster Steine geschliffen und auf den Pritschen Bastmatten geflochten wurden."[312] Daher bezeichnete man diese Art

---

310 Bashow, P.P.: Die Malachitschatulle, S. 132

311 Dmitrijew, A.: Masterow podarenje. In: www.uraloved.ru, aufgerufen am 9.4.2021

312 Bashow, P.P.: Die Malachitschatulle, S. 112

der Arbeitsverrichtung auch als Hausgewerbe beziehungsweise als Kustargewerbe.

Der Arbeitskräftehunger der Montanindustrie[313] verschlang die Bauern. Das gleiche Schicksal ereilte nun auch die Kustari[314], die fortan als Fabrikarbeiter in den Bergwerken und an den Hochöfen eine ihnen ungewohnte und meist auch verhasste Arbeit verrichten mussten. Ganze Familien wurden in den Sog der Fabrikarbeit gezogen. Die familiäre Arbeitsteilung veränderte sich.[315] Den Höfen wurden die Bauern entzogen, dem Hausgewerbe die Handwerker, die damit zeitweise oder auf Dauer ihre Existenzgrundlage verloren.

Gleichwohl war bereits in der zweiten Hälfte des 18. Jahrhunderts ein deutliches Wachstum der gewerblichen Produktion zu verzeichnen, insbesondere im handwerklichen und im Werkstattbereich.

Die Kupferbergerzählungen wurden bisher reflektiert unter dem Aspekt der Industrialisierung und der sozialökonomischen Verhältnisse in der Montanwirtschaft. Jedoch widerspiegelt der Kupferberg-Zyklus auch die landesübliche Handwerksarbeit: die Malachitbearbeitung in den Hauswerkstätten der Kupferbergdörfer und die Kunst des Steinschleifens. Zu Beginn der Erzählung *„Die Edelsteinblume"* heißt es:

„Nicht nur Bildhauer in großen Städten, die mit Marmor arbeiten, haben sich durch ihre Kunst hohen Ruhm erworben. Auch bei uns im Ural gab es Meister in diesem Gewerbe. Sie arbeiteten allerdings mit Malachit. [...] Daraus wurden von ihnen erstaunliche Kunstwerke geschaffen"[316].

Die Erzählungen der Malachitmeister, Steinschneider oder Schleifer über die Herrin des Kupferberges waren genauso wie jene der Bergleute und Hüttenwerksarbeiter das überlieferte Erzählgut ihrer Berufsgruppe, der Steinhandwerker. Allerdings sahen diese Männer

---

313   Sammelbegriff für die Wirtschaftszweige Bergbau und rohstoffverarbeitende Schwerindustrie

314   Eine andere Bezeichnung für das Hausgewerbe ist Kustargewerbe, für die Handwerker entsprechend Kustari.

315   Pallas hat dazu folgende Beobachtung notiert: Die Männer hauen das Erz in den Gruben. Ist es nach oben gefördert, tragen es die Frauen und Kinder zu Haufen zusammen, damit es später geschmolzen werden kann. In: Pallas, Peter Simon: Reise durch verschiedene Provinzen des russischen Reiches. Zweiter Teil, S. 77

316   Die Edelsteinblume, S. 62

in der Dämonin die Hüterin der Geheimnisse echter Handwerkskunst und der Wunder der Schönheit. Die Steinhandwerker vermieden es ebenso wie die Bergleute, über das Wesen zu sprechen oder ihm zu begegnen. Doch zuweilen orakelte der eine oder andere alte Meister, durch Alkoholkonsum beflügelt, dass eine Edelsteinblume in dem unterirdischen Garten der Herrin wüchse, eine Schöpfung von makelloser Schönheit. Nur wenige Menschen hätten dieses Wunder erblickt. Zu ihnen gehörten die Bergmeister, die die Dämonin in ihrem unterirdischen Steinreich für sich arbeiten ließe. Sie hätten durch den Anblick dieser Edelsteinblume handwerkliches Können von höchster Vollendung erlangt, müssten als Preis dafür aber ein beklagenswertes Leben im Inneren des Kupferberges führen.[317] Diese und andere Reflektionen über die mystische Figur der Herrin des Kupferberges seitens der erzählenden Steinhandwerker finden sich vor allem in den Geschichten *„Die Edelsteinblume"*, *„Der Bergmeister"* oder *„Das zerbrechliche Zweiglein"*. Bis heute führt der Zauber dieser Erzählungen dazu, dass immer wieder von ihnen inspirierte phantastische Werke der schönen Künste entstehen. Im Weiteren und wiederum als Kontrast zum Phantastischen folgen nun sach- und zeitgerechte Einblicke in das Malachithandwerk des 18. und 19. Jahrhunderts, in die Werkstätten der Malachitmeister. Zudem werden die Arbeitsbedingungen bei der Malachitbearbeitung beleuchtet, so, wie von den Erzählenden übermittel. Es folgen die wirtschaftlichen Beziehungen zwischen dem Steinhandwerk, den örtlichen Hüttenwerken und den Fabriken der Marmorbearbeitung. Nicht zu übergehen sind die schillernden Mineraledelsteine, die die phantastischen Erzählungen schmücken. Die Schürfer spüren sie im Gebirge auf, und die Meister des Feinschleifens verarbeiten die edlen Steine zu kostbaren Juwelen. Es ist zudem der Stolz auf das eigene Können, über den die Männer erzählen, der Stolz auf die

---

317 Die Kupferbergerzählungen geben keinen weiteren Aufschluss über die handwerkliche Ausrichtung der Bergmeister. Die Erzähler verwenden für die Berufsbezeichnungen der Meister mehrere Begriffe: Malachitmeister, Meister der edlen Steinschneidekunst oder des Steinschleifens. Als Steinschleifer werden auch die Schleifer von Edelsteinen bezeichnet, als Steinmetze die Bearbeiter von großformatigem Dekorationsgestein. Die Herrin selbst verwendet in der Geschichte „Die Grasfalle" den Sammelbegriff „Kamneres" – Steinmetz - für alle Männer der Berufsgruppe, der sie ihre Aufmerksamkeit schenkt.

Meisterwerke, die durch harte Arbeit geschaffen werden, und das angesichts eines unsäglich kargen Lebens unter den Bedingungen der Leibeigenschaft, der Zwangsarbeit und der Körperstrafen.

Kunsthandwerk und Malachitbearbeitung im Hüttenwerk Sysertskij Sawod

Einige der Kustargewerbe der Holz- und Metallbearbeitung wurden während der Gründerjahre der Großindustrie zusehends integriert in die betriebliche Arbeitsteilung der Hüttenwerke. Der Uralreisende Pallas schrieb Ende der 1760er Jahre nach der Besichtigung der Hüttenwerke im Mittleren Ural, dass die großen Betriebe „eine Menge von allerlei Eisenwaren" herstellten wie Schlösser, Draht, Nägel, Sensen oder Kessel, Töpfe und Pfannen. Auch Kupfergeschirr wurde angefertigt. Obwohl kleine Handwerksbetriebe wie die Schmiede, die Schlosserei, die Tischlerei oder die Sattlerei von ihrem Wesen her keinen Großbetrieb erfordern, profitierten sie von der Infrastruktur, den technischen Möglichkeiten und den modernen Produktionsmethoden der Hüttenwerksfabriken. Zudem entwickelten sich neue Gewerbe innerhalb der Großproduktion der Hüttenwerke wie die Marmorschleiferei, die Bunt- und Edelmetallverarbeitung oder das Kunsthandwerk. In der Kupferbergregion gehörte nach Aufzeichnungen von Pallas zu diesen Betrieben auch Sysertskij Sawod.[318] Auf dem Werksgelände soll sich ein Fabrikgebäude befunden haben, in dem eigens die Künstler und Kunsthandwerker untergebracht waren. Es gab eine Zeichenstube für das Anfertigen von Rissen, Mustern, Modellen und Formen, eine Kammer zum Steinschleifen sowie Räume, in denen Silber, Kupfer oder gefärbtes Metall und Messing bearbeitet wurden.[319] Das Malachiterz

---

318 Pallas, Peter Simon: Reisen durch verschiedene Provinzen des russischen Reiches. Erster Teil, S.178

319 Pallas, Peter Simon: Reise durch verschiedene Provinzen des russischen Reiches. Zweiter Teil, S. 82. An anderer Stelle äußert sich Pallas über den Kunstverstand Turtschaninows. „Die vortrefflichsten Arbeiten in allerlei Metallen, die vielfärbigen Zubereitungen des Kupfers mit dem Zink, welche er in Russland zuerst und zwar mit einer auch den Ausländern beneidenswürdigen Vollkommenheit ausgeübt hat, die Nachahmung der besten europäischen und asiatischen Kunstwerke." In: Reisen durch verschiedene Provinzen des russischen Reiches. Erster Teil, S. 139

aus Gumeschewsk verschmolz man in den Hochöfen nicht allein zu Kupfer für die Münzproduktion, sondern es lieferte außerdem das Material für das Kopieren bekannter asiatischer und europäischer Kunstwerke. Malachiterz konnte darüber hinaus als Schmuck- oder Dekorationsstein verwendet werden. Der Erzähler der Geschichte „Die Edelsteinblume" schildert, dass der junge Malachitmeister Danilo Nedokormysch wegen eines Vergehens an eine neue Arbeitsstelle am Arbeitsort des Verwalters[320] strafversetzt wurde. Damit konnte nur Sysertskij Sawod gemeint sein, denn in Sysert befand sich die Verwaltung der Turtschaninow-Werke. Hier bekam der Meister eine Werkbank zugewiesen, und das Malachitmaterial wurde ihm zur Verfügung gestellt. Er erhielt den Auftrag, in einer vorgegebenen Zeit zwei geschliffene Schalen mit Fuß zu schneiden. Nachdem der Auftrag erledigt war, musste Herr Turtschaninow entscheiden, welchen beruflichen Weg der Leibeigene in Zukunft gehen durfte: Entlassung aus der Fabrik und freie Handwerksarbeit in der heimischen Werkstatt, verbunden mit Zinszahlung an den Unternehmer, oder Verbleib in der Fabrik, Fertigung „nach Geheiß" und Arbeitszeit von Sonnenaufgang bis Sonnenuntergang unter Aufsicht.

Das Malachithandwerk in der Hauswerkstatt

Während der zweiten Hälfte des 18. Jahrhunderts sind solche Handwerksgewerbe wie die Malachitbearbeitung oder das Kunsthandwerk zunehmend wieder aus den Kernbereichen der Hüttenwerke in ihre Peripherie verlagert worden, das heißt, in die zu den Hüttenwerken gehörenden Wohnsiedlungen der Arbeiter. Einfache Formen von Werkstätten soll es dort allerdings schon in den 1720er Jahren gegeben haben.[321]

Ebenso wie in den Hüttenwerken Fabrikmeister arbeiteten, wurden die Malachitwerkstätten von Handwerksmeistern betrieben. Lehrlinge absolvierten bei ihnen eine Ausbildung. Am Ende der Lehrzeit fertigten sie eine Arbeit an, auf deren Grundlage die Ernennung zum Meister erfolgte. In der Geschichte „Die Edelsteinblume" beschreibt

---

320 P.P. Bashow: Die Malachitschatulle, S. 68
321 www.stonecarving.ru, aufgerufen am 14.4.2021

der Erzähler die Unterweisung des Lehrlings Danilo Nedokormysch in der Technik der Malachitbearbeitung. Es wurde vermittelt, „wie man einen Stein behaut, wie man ihn zersägt, schleift, womit und wann man ihn zusammenleimt, wie man poliert, wie man ihn auf Kupfer oder Holz befestigt."[322] Sollte ein großer Gegenstand entstehen, ein Tisch oder eine hohe Vase, oder etwa eine Wand oder eine Säule mit Malachit verkleidet werden, musste das Material in kleine Täfelchen geschnitten werden. Auf einer Unterlage aus Marmor, Kupfer oder einem anderen Metall wurden die Täfelchen so miteinander verklebt, dass der Eindruck eines massiven Steins entstand. Diese Technik ist unter der Bezeichnung „Russisches Mosaik" bekannt geworden.

Von dem Geschick des Steinschneiders hing es ab, welche Muster sich auf der Oberfläche des veredelten Gegenstands ergaben. Die Malachitverarbeitung nach der Art des „Russischen Mosaiks" wurde vor allem in den großen Steinschleifereien in Peterhof und Jekaterinburg angewandt, die im Auftrag der Regierung arbeiteten. Den kleinen Werkstätten in den Hüttendörfern fehlten dazu die technischen Möglichkeiten. Sie produzierten in der Regel kleinformatige Erzeugnisse wie Schmuck- und Dekorationsstücke, die sich als Marktware leichter verkaufen ließen.

Am Ende seiner Lehrzeit schliff Danilo Nedokormysch als Meisterstück ein Armband aus Malachit. Es stellte eine Schlange dar. Das Schmuckstück war von auserlesener Schönheit, und so erfuhr er durch den Verwalter von Sysertskij Sawod die Anerkennung als Malachitmeister.

Nachdem der Hütteneigentümer für den neu ernannten Meister freie Arbeit in der Hauswerkstatt sowie jährliche Zinszahlung bestimmt hatte, wurde er aus der Fabrik entlassen und nach Polewskoi zurückgeschickt. Dort wohnte und arbeitete er Seite an Seite mit seinem alten Lehrmeister Prokopjitsch in der Siedlung des Hüttenwerkes.

Die Organisation der Malachitbearbeitung als selbstständige Heimarbeit, verbunden mit Zinszahlung, hatte für den Unternehmer Turtschaninow den Vorteil, dass die Handwerker oder Künstler in ihrer Kreativität nicht eingeschränkt wurden - im Gegensatz zu der Arbeit nach Vorgaben. Außerdem entfiel das Absatzproblem für den Gnädigen Herrn. In der Erzählung *„Das zerbrechliche Zweiglein"*

---

322   P.P. Bashow: Die Malachitschatulle, S 66

werden seine Klagen über die hohen Lagerbestände von liegengebliebenen Malachitarbeiten erwähnt. Es handelte sich vornehmlich um Stücke, die „auf Geheiß" hergestellt worden waren. Turtschaninow sagte, „er wäre heilfroh, hätte er all die Arbeiten aus den vergangenen Jahren verkaufen können."[323]

Demnach bedeutete die freie Arbeit in der Werkstatt in Polewskoi für die Malachitmeister auch, von Zeit zu Zeit die Händler aufzusuchen, um möglichst viele der Malachitarbeiten zu verkaufen. Der eigene Lebensunterhalt, die Steuern und Abgaben an den Staat sowie die Zinszahlung an den Unternehmer waren von diesen Einnahmen zu bestreiten.

Die Malachithandwerker stellten im Wesentlichen kunstgewerbliche Dinge und Schmuck her. Infolgedessen unterschieden sich ihre Sortimente kaum voneinander: Broschen, Armbänder, Anhänger, Leuchter, gedrechselte und geschnittene Blätter oder Blüten.[324] In der Erzählung „Der Bergmeister" wird dazu bemerkt:

„Allzu viel neue Meister befassen sich heutzutage mit diesen Kleinigkeiten."[325]

Die Glasschränke der Händler waren voll davon. Nur wer mit außergewöhnlichen Steinmustern und mit meisterlicher Qualität aufwartete, wie Meister Nedokormysch oder Meister Prokopjitsch, konnte verkaufen und einen guten Preis erzielen.

„Prokopjitsch war nicht ohne Mittel. Mochte er auch ein Höriger sein, aber er arbeitete selbstständig, zahlte seinem Herrn Zins und verdiente nicht schlecht."[326]

Das konnte sich allerdings jederzeit ändern durch unglückliche Zufälle oder Launen des Hüttenwerkseigentümers, denen die Malachithandwerker ausgeliefert waren. Ihre Situation als Leibeigene brachte es mit sich, dass ihnen von heute auf morgen ein mühsam ersparter halber Rubel oder andere Habseligkeiten genommen werden

---

323 Ebenda, S. 103
324 Ebenda, S. 67
325 Ebenda, S. 89
326 Ebenda, S. 64

durften. Bei Malachitmeister Nedokormysch reichte der Umstand aus, dass seine Söhne Schuhe trugen und nicht wie die Kinder anderer Leibeigener barfuß liefen. Willkürlich und aus einer Laune heraus erhöhte der Gnädige Herr den Jahreszins des Malachitmeisters auf das Doppelte.

Das bedeutete eine grundlegende Änderung des Lebens im Hause der Familie Nedokormysch. Die Werkstatt musste vergrößert werden, weil nun auch die Kinder in verschiedene Arbeitsgänge der Malachitbearbeitung einbezogen wurden. Das war unerlässlich, denn am Ende des Jahres war der Meister gezwungen, den Wucherzins an Herrn Turtschaninow sowie die Steuern und Abgaben an den Staat zu zahlen. Für den Lebensunterhalt blieb nur das Allernötigste übrig. Die Familie stürzte in bittere Armut.

Arbeitsbedingungen bei der Malachitbearbeitung

Alle Verrichtungen der häuslichen Werkstattarbeit, die mit der Malachitbearbeitung zu tun hatten, waren nicht minder schädlich wie die Arbeit im Kupfererzbergwerk von Gumeschewsk. In der Geschichte *„Das zerbrechliche Zweiglein"* zeichnet der Erzähler folgendes Bild:

„Bei der Zubereitung kann man vor Staub nicht atmen, beim Behauen kann man leicht ein Auge einbüßen, und löst man zum Polieren gar Zinn in Scheidewasser auf, so kann man an den Dämpfen ersticken."[327]

Es gab keine Abzugsvorrichtungen, Luftfilter, Schutzbrillen oder sonstige Arbeitsschutzvorkehrungen. Die Malachitbearbeitung erfolgte auf engstem Raum. Der Meister und zwei seiner älteren Söhne arbeiteten an den Werkbänken im Anbau des Hauses. Ein Kind zersägte das Material, ein Kind war mit dem Schleifen beschäftigt.

Das äußere Erscheinungsbild des Meisters Danilo Nedokormysch hatte sich bereits von dem eines stattlichen, hochgewachsenen Mannes mit lockigem Haar in das eines Greises gewandelt. Die älteren Kinder wurden durch den typischen Husten geplagt, der als Folge einer vom

---

327 Ebenda, S. 104

Malachitstaub geschädigten Lunge auftrat. Auch die Gesundheit der jüngeren Söhne war sichtbar angegriffen. Es lag auf der Hand, dass ihnen kein langes Leben beschieden war, genauso wie den Bergleuten im Gumeschewsker Kupfererzbergwerk.

Nedokormysch und Prokopjitsch – zwei Malachitmeister aus der Erzählung „Die Edelsteinblume"

Bashow wurde nachgesagt, dass er ein genauer Beobachter seiner Umgebung und ein guter Zuhörer gewesen sei. Da er selbst einer Familie von Bergwerksarbeitern entstammte, konnte ihm niemand in Bezug auf die Arbeit im Kupfererzbergwerk, an den Schmelzöfen oder in den Malachitwerkstätten etwas vormachen. So entlehnte er sogar die Figuren des Malachitmeisters Danilo und des alten Meisters Prokopjitsch von realen Personen. Es ist erwiesen, dass beide Männer tatsächlich gelebt haben. In welchem Maße sie als Vorlage für die Malachitmeister der Kupferbergerzählungen gedient haben, darüber sind Historiker unterschiedlicher Meinung.[328] Auch inwiefern sie Bashows Textsammlung selbst durch Beiträge bereichert haben, ist Spekulation. Tatsache ist jedoch, dass sich Bashow und der berühmte Steinschleifer Danil Swerew (1858-1938) kannten. Dieser soll ein hervorragender Kenner der Volkserzählungen seiner Heimat gewesen sein. Ein Foto im Familienalbum der Familie Swerew zeigte die beiden Männer im Gespräch, über einen Stein gebeugt. Genau wie der Malachitmeister Danilo erlitt auch Danil Swerew das Schicksal eines Waisenkindes, geboren und aufgewachsen in einem kleinen Dorf südlich von Jekaterinburg, unterernährt, klein und schwächlich. Beiden Knaben, Danilo und Danil, entliefen beim Hüten der Kühe einige Tiere. Sie wurden übel misshandelt und sind nach ihrer Genesung schließlich von Meister Prokopjitsch in die Lehre genommen worden. Von da an enden die Gemeinsamkeiten zwischen den lebenden Personen und den literarischen Helden.

Danil Swerew erntete bei seinen Zeitgenossen hohe Anerkennung für die meisterhafte Beherrschung der Steinschneidekunst, unter anderem des

---

328   http://stonecarvers.ru, aufgerufen am 26.4.2021

dreidimensionalen Mosaiks[329]. Er war zudem ein hervorragender Kenner von Edelsteinen. Es hieß, er würde schon von Weitem die Fundorte der wertvollsten Schmucksteine aufspüren. Vornehmlich als Schätzer von Edelsteinen machte er sich einen Namen in Moskau und Sankt Petersburg. Der Malachitmeister Danilo Nedokormysch gelangte gleichermaßen zu hoher Meisterschaft. Am Beispiel einer Stechapfelschale, die nach der Zeichnung eines berühmten Künstlers angefertigt werden musste, wurde die künstlerische Auseinandersetzung des Meisters mit dem Material Malachit in der Erzählung *„Die Edelsteinblume"* beschrieben. Es war der „lebendige Funke", der jedem Meisterwerk vorauseilte und der ihn umtrieb. Erfahrene Steinschneider wussten, dass jeder Stein die zu ihm passende Form erforderte. Wahre Meisterschaft bedeutete, die natürliche Schönheit eines Steins durch die Bearbeitung noch stärker hervorzuheben. Danil Swerew erreichte dieses durch Intuition, Begabung und harte Arbeit. Danilo Nedokormysch arbeitete bei der Herrin des Kupferberges als Bergmeister.

Herrin sucht Malachitmeister Nedokormysch auf

Der Höhepunkt der künstlerischen Auseinandersetzung des jungen Meisters mit dem Material Malachit fiel ausgerechnet in die Zeit kurz vor seiner Hochzeit. Die Unzufriedenheit über seine begrenzten Fähigkeiten war so groß, dass manche Leute dachten, der Malachitmeister sei nicht ganz richtig im Kopf. Die Vermutung lag nahe, denn er strich zuweilen gebückt und mit starrem Blick auf den Boden durch die herbstlichen Wiesen.

Sein Kummer wäre, so sagte Danilo Nedokormysch, „dass alles scheinbar so gut ist, das Muster ist sauber, die Zeichnung stimmt, aber wo ist die Schönheit? [...] Seht mal, hier läuft im Stein ein Äderchen, aber ich muss der Zeichnung nach gerade hier Löcher bohren und Blumen schnitzen. Mein Herz blutet dabei, weil ich die natürliche Schönheit des Gesteins vernichten muss."[330]

---

329 So bezeichnet man Figuren, die aus mehreren bearbeiteten Einzelsteinen verschiedener Gesteinsarten zusammengesetzt sind.
330 Die Edelsteinblume, S. 77

Bei seiner Braut fand der verzweifelte Meister kein Verständnis. Auch Prokopjitsch und die anderen Meister konnten nicht nachvollziehen, was den jungen Burschen beschäftigte.

„Der Stein ist eben ein Stein, und wir sind die Meister. Unsere Sache ist schneiden und schleifen."[331]

Niemand konnte Zugang zu Nedokormysch finden. Er fühlte sich am Ende seiner Kräfte - völlig erschöpft und ausgebrannt. In dieser Gemütslage suchte ihn die Herrin eines Tages am Schlangenberg auf. Immerhin war der Malachitmeister ein junger, attraktiver und unverheirateter Mann, der noch dazu über eine große künstlerische Begabung verfügte. „Zeig mir die Edelsteinblume", verlangte er von der Herrin des Kupferberges. Selbst die Warnung der Dämonin, dass er es hinterher bereuen würde, konnte den verzweifelten Mann nicht umstimmen. So trat er kurz darauf den Dienst an als Bergmeister im unterirdischen Reich der Herrin des Kupferberges. Dort entwickelte sich sein handwerkliches Können zu höchster Vollendung, denn er sah die Edelsteinblume, die zu der Zeit des Schlangenfestes im Herbst ihre volle Kraft entfaltete. In seinem Inneren wuchs das Gefühl für wahre Schönheit.

Die alten Meister erzählten zu vorgerückter Stunde auch, dass jeder, der die Edelsteinblume einmal sah, einen hohen Preis dafür zahlen müsste. Ein solcher Mensch würde für sein ganzes Leben unglücklich sein.[332] Doch vorerst schien es, dass die Herrin von der Liebe der Braut zu Danilo so überzeugt war, dass sie ihn als Bergmeister entließ und in die Oberwelt zurückschickte. Die genaue Lage seines Aufenthaltsortes in der Unterwelt des Kupferberges musste er vergessen.

Nach der Heimkehr sagte Meister Nedokormysch dem Hüttenwerksverwalter, dass er in Kolywan[333] gewesen sei. Er habe sein Können in der berühmten Steinschleiferei im weit entfernten Altai durch die Arbeit bei einem anderen Meister vervollkommnet. Er entschuldigte damit das lange Fernbleiben von seiner Werkstatt, die er ohne

---

331   Ebenda
332   Ebenda, S.66
333   Neben Peterhof und Jekaterinburg befand sich in Kolywan die dritte der großen Steinschleifereien Russlands.

Erlaubnis des Verwalters verlassen hatte - er war eben ein Leibeigener.[334]

Die Erinnerung an all das, was der Malachitmeister in der unterirdischen Welt der Dämonin gesehen hatte, fiel nicht dem Vergessen anheim. Die Herrin machte eine Ausnahme und erklärte sie als Geschenk angesichts seiner Arbeit als Bergmeister. Die erworbene künstlerische Meisterschaft ermöglichte der Familie Nedokormysch einige Jahre ein gutes Auskommen. Dann brachte der Wucherzins des geldgierigen Herrn Turtschaninow schlimmes Elend über den Meister und die Seinen.

Vielleicht war es die späte Rache der Herrin des Kupferberges dafür, dass sie seinerzeit von Meister Nedokormysch verlassen wurde. Was aus ihm und seiner Familie geworden ist, blieb offen in den Kupferbergerzählungen. Die alten Meister wussten jedoch aus Erfahrung, dass die Unholdin selbst guten Menschen kein Glück brachte.

Anfänge des industriellen Steinmetzgewerbes in Sewerskij Sawod

Vor dem Hintergrund der sich ausbreitenden Bergwerksindustrie entwickelte sich in der Kupferbergregion neben dem Malachithandwerk auch das Gewerbe des Marmorschleifens. Der Erzähler von *„Die Edelsteinblume"* eröffnet die Geschichte mit der Bemerkung, dass die Meister der edlen Steinschneidekunst des Malachits in der Gegend von Gumeschewsk zu finden wären, weil es hier Malachit der besten Sorte „in Mengen" gab. Zugleich wurden das Steinmetzhandwerk und die Marmorverarbeitung erwähnt.

„[...] die Leute aus den Marmorbrüchen waren als Steinmetzen rühmlich bekannt."[335]

Marmor war vor allem ein begehrtes Baumaterial. Das Wachstum der Hauptstädte, der Drang nach Repräsentation und Prunk hatten zur Folge, dass die Prospektoren der Zaren nicht nur nach Kohle, Eisen- oder Kupfererzen suchten, sondern auch nach Bau- und

---

334 Die Edelsteinblume, S. 99
335 P.P. Bashow: Die Malachitschatulle, S. 55

Dekorationsgesteinen. Marmor und farbige Natursteine, zudem Edelsteine, wurden bekanntlich das Forschungsziel der durch die Regierung teuer finanzierten Exkursionen. In der Kupferbergregion gab es neben Eisen- und Malachiterz auch reiche Marmorlagerstätten[336]: weiß, schwarz und blau, in bester Qualität. Es mangelte jedoch an Betrieben, die das Material verarbeiten konnten.

Die erste Fabrik zum Schneiden und Schleifen von Marmor wurde 1738 im Dorf Gornoschitskij[337] erbaut, nahe bei Jekaterinburg und direkt neben den dortigen Marmorbrüchen; so erwähnt es der Erzähler der Geschichte *„Zwei kleine Eidechsen"*. Außerdem ist der Abhandlung zu entnehmen, dass dieses Dorf als eines der ersten als Festungsdorf gebaut wurde zum Schutz der Bodenschätze vor Plünderung, ebenso wie später viele andere Dörfer. Außerdem sollten die hier stationierten Soldaten die alte Handelsstraße in Richtung des Kaspischen Meeres bewachen.

Der erste Steinbruch in der Kupferbergregion ging 1743 auf dem Gelände des späteren Dorfes Mramorskoje in Betrieb. Von hier aus wurde der Marmor in das nahe gelegene Sewerskij Sawod transportiert und gesägt, geschnitten sowie geschliffen. Die Infrastruktur des staatlichen Eisenhammerwerkes bot die notwendigen Voraussetzungen für das Bearbeiten von Stein. Vornehmlich der Hüttenteich gewährleistete die erforderliche Wasserversorgung für das Schneiden und Schleifen. Ein Großauftrag von Zarin Elisabeth (1741-61) über achttausend Platten schwarzen und weißen Marmors hatte zur Folge, dass die Regierung 1750 beschloss, die Anlagen in Sewerskij Sawod durch einen Neubau zu ersetzen. Die reichen Marmorvorkommen in der Umgebung rechtfertigten die Kapazitätserweiterung. In Jekaterinburg wurde zeitgleich eine Steinmetzfabrik errichtet, um den Großauftrag zu bewältigen. Beide Fabriken sind nach einem Jahr Bauzeit eröffnet worden.[338] Meister aus Jekaterinburg und verschriebene leibeigene

---

336 Das hing mit den Besonderheiten der Bildung der Malachiterzlagerstätte in Gumeschewsk zusammen, siehe auch Kapitel Drei: Die Kupfererzlagerstätte gibt Uralreisenden und Forschern Rätsel auf.

337 Das Dorf gehörte nicht zum Syserter Bergwerksbezirk und damit nicht zum Turtschaninow-Unternehmen.

338 Koshevnikov, A.: Polewskoi. www.uraloved.ru, aufgerufen am 30.4.2021. In Sewerskij Sawod waren damals in zwei Gebäuden acht Steinschneidemaschinen und eine Schleif- und

Bauern aus der Umgebung des Kupferberges verrichteten Tag und Nacht die schwere Steinmetzarbeit.

Die gesundheitlichen Folgen der Marmorbearbeitung wurden in der Geschichte „*Sinjuschkas Brunnen*" erwähnt. Kam es vor, dass ein Bursche ein Mädchen aus einer Familie heiratete, die zu den Marmorwerken gehörte, hielt sein Glück nicht lange an.

„Die Mädchen von den Marmorwerken waren durch ihre Schönheit weit bekannt, aber, wenn man sie heiratete, blieb man schnell allein. Sie wuchsen von Kindheit an in ungesunder Umgebung auf und hatten fast alle die Schwindsucht."[339]

Steinmetzfabrik Mramorskoje beliefert Steinschleiferei in Jekaterinburg

Ende des Jahres 1752 war der Auftrag von Zarin Elisabeth erfüllt, weitere Staatsaufträge folgten, bis 1765 die Bearbeitung von Marmor im Hammerwerk Sewerskij Sawod eingestellt wurde. Die Trennung des Steingewerbes von der Gusseisenverarbeitung stand sowohl in Verbindung mit dem neuen Eigentümer Turtschaninow als auch mit dem Ausbau der Eisenerzverhüttung, die hier seit Anfang der 1770er Jahre forciert werden sollte. Zudem sind technische Fortschritte gemacht worden hinsichtlich der Mechanisierung und des Antriebes der Maschinen für das Bearbeiten großformatiger Steine. Damit war in der Kupfergregion der Weg geebnet zu dem Entstehen eines von der Bergwerksindustrie unabhängigen Steinmetzgewerbes.

Außerdem ist dokumentiert, dass 1765 im Zusammenhang mit einer Exkursion unter Leitung von J.I. Dannenberg neue Marmorlagerstätten nahe bei Polewskoi und Kosoj Brod entdeckt wurden. Infolgedessen erhielt Dannenberg von der Regierung den Auftrag, direkt neben dem Mramorskojer Steinbruch eine Fabrik zur Marmorverarbeitung zu errichten, einschließlich der Wohngebäude für die Handwerker.

Die Steinmetzfabrik in Mramorskoje wurde als Zweigstelle der staatlichen Jekaterinburger Steinschleiferei geführt, und sie erhielt von dort ihre Aufträge. Die Produktion umfasste Vasen, Tisch- und

Lackiermaschine in Betrieb.
339   Die Edelsteinblume, S. 190

Kaminplatten, Kaminverkleidungen, Säulen und Fassadenelemente. Der Uralreisende Pallas besuchte die Fabrik im Sommer 1770. Zu der Zeit wurde gerade nicht gearbeitet. Er bemerkte: „Wir konnten indessen wenig darin sehen, [...] da man die Arbeiter zur Heuernte entlassen hatte, und [...] man die fertigen Gegenstände stets im Frühjahr bei hohem Wasserstande abschickt."[340]

Zudem machte Pallas auf dem Gelände die Beobachtung, dass unfertig bearbeitete Teile einer großen Säule herumlagen, die zu Ehren von Jermak Timofeitsch errichtet werden sollte und die „in keinem sehr guten Geschmacke ausgeführt war"[341].

Die Marmorbearbeitung stellte im Wesentlichen ein industrielles Gewerbe dar. Eine Verlagerung aus der Fabrik in den haushandwerklichen Bereich kam schon deshalb nicht in Betracht, weil die technischen Voraussetzungen der Produktion dieses nicht zuließen. Dessen ungeachtet haben nach der Aufhebung der Leibeigenschaft viele Marmorarbeiter die Fabrik verlassen und mit ihren Kenntnissen ein Kustargewerbe betrieben. Mangelnde Nachfrage und niedrige Preise hatten zur Folge, dass von den Kustari große Mengen von Marktware mit niedriger Qualität produziert wurden.[342]

Die Auseinandersetzung um die Qualität sowohl des industriellen Steinmetzgewerbes als auch des Kunsthandwerks in den Feinschleifereien wurde vornehmlich in den staatlichen Schleifwerkstätten in Jekaterinburg geführt. Hier entstanden großformatige Steinmetzprodukte aus farbigem Naturstein, Marmor oder Malachit; aber auch Edel- und Schmucksteine wurden geschliffen.

Historiker bezeichnen das Jahr 1751 als den Wendepunkt im Gewerbe des Steinschleifens. In dem Jahr begannen Meister mehrerer bis dahin isoliert arbeitender Werkstätten aus Jekaterinburg und Umgebung, in der Feinschleiferei zusammenzuarbeiten. Der Erfahrungsaustausch über Technik und Formen sowie der Einfluss der

---

340 Pallas, Peter Simon: Reisen durch verschiedene Provinzen des russischen Reiches. Erster Teil, S. 246

341 Ebenda

342 Kuleschow, Nikolai: Gornych sawodow Schitt. www.1723.ru, aufgerufen am 20.4.2021

Akademie der Künste führten dazu, dass seit den 1790er Jahren zwei Arbeitsrichtungen verfolgt wurden: Hochkarätige Meister erschufen kostbare Kreationen von höchster künstlerischer und technischer Qualität. Gleichzeitig wurden die Hauptstädte mit soliden, groß-formatigen Steinmetzprodukten aus farbigen Natursteinen und aus Marmor versorgt.

Schürfgewerbe am Kupferberg und anderenorts

Jede neue Entdeckung von Edelsteinmineralen oder Gold zog Vertreter der Staatsmacht, professionelle freie Schürfer, aber auch frem-des Volk in die Gegend der Fundorte. Der Erzähler von „Sotschenjs Steine" schildert, dass nach dem Tod des Bergmanns Stepan Petrowitsch viele Menschen zu der Eisenerzgrube nach Krasnaja Gorka kamen. Sie wollten ebensolche kostbaren Smaragde aufspüren, wie sie in der erstarr-ten Hand des verstorbenen Stepan Petrowitsch gefunden wurden. Den Erzählungen der Bergleute zufolge waren es die Tränen der Herrin des Kupferberges, ein Abschiedsgeschenk an den Bergmann aus der Erzählung „Die Herrin des Kupferberges". Es zeigte sich bald, dass die Suche nach den begehrten Steinen nicht von Erfolg gekrönt war. Dazu wurde in der Geschichte „Sotschenjs Steine" folgendes erläutert:

„Die Edelsteinschürfer wissen schon Bescheid, wo etwas zu suchen und zu erwarten ist. Als in Krasnaja Gorka nur Eisenerz gefunden wurde, gaben sie es auf, nach Kupfersmaragden zu suchen. Auch das Begleitgestein sprach dagegen, dass man dort Smaragde finden könnte."[343]

In der Regel gehörte zu jedem Gelände, auf welchem nach Edelsteinmineralen oder Gold geschürft wurde, ein Minenbetreiber oder ein Eigentümer. Die freien Schürfer, welche die Suche nach Edelsteinen und Gold als Gewerbe betrieben, erhielten von diesen Personen eine Schürfgenehmigung. Die leibeigenen Schürfer brauch-ten keine Genehmigung, sie waren Zwangsarbeiter und mussten ihren Frondienst ableisten, dort, wohin man sie schickte. Es waren vor allem

---

343 Die Edelsteinblume, S. 50

die leibeigenen Schürfer, die in den Geschichten über die Goldgräber und Schürfer im Mittelpunkt der Handlung standen. Da gab es beispielsweise den Burschen Ilja, Waisenkind, der auf den Goldfeldern erwachsen wurde. Mehr als sieben Jahre schürfte er dort nach Gold. Der junge Mann hatte nie das Glück eines größeren Fundes. Am Ende erlangte er zwar einen kleinen Goldschatz und konnte sich aus der Leibeigenschaft freikaufen - aber nur mit Hilfe einer Zauberin.

Sogar kleinen Mädchen gab man damals „ein Streichbrett auf einer langen Stange in die Hand und jagte sie mit anderen Mädeln und Weibern hinaus, den Sand nach Gold und Edelsteinen abzusuchen."[344]

War das Schürfen erfolgreich, kontrollierten die Bewacher die Funde. Besonders spektakuläre Fundstücke wurden sofort beschlagnahmt. Sie kamen in den Staatsschatz. Die Fund- und Grabungsorte wurden gewöhnlich von uniformierten Aufsehern der Bergbehörden beaufsichtigt; und unabhängig davon, ob ein freier Schürfer oder ein Leibeigener nach Edelsteinen oder Gold suchte, die Wachen sollten jegliche Diebstähle in den Schürfgebieten verhindern.

„Manch ein Stein wandert, statt in die Bank, in die eigene Tasche oder unter die Matratze, je nach dem Rang, den der Betreffende innehatte. Nicht umsonst sagt man: Was ein großer Herr in der Tasche wegträgt, steckt ein kleiner Mann in den Mund."[345]

In der Geschichte „*Sotschenjs Steine*" schildert der Erzähler nun weiter, dass neben den Wachen auch Spitzel, wie Wanja Sotschenj, in das Gelände geschickt wurden, um die Schürfer auszuspionieren und mögliche Diebstähle bei dem Grubeneigentümer oder den Uniformierten anzuzeigen. Nicht nur den Schürfern war dieser Sotschenj ein Dorn im Auge, sondern auch die Bergleute verachteten ihn. Er war ein wirklich übler Mensch. Manchmal verprügelten sie den Spitzel. Die gerechte Strafe aber bekam er für sein Verhalten von der Herrin des Kupferberges. Sie war besonders zornig, weil Sotschenj den Namen ihres Augensterns Stepan Petrowitsch in demselben Atemzuge aussprach wie seine hinterhältigen Absichten.

War das Tagwerk zu Ende, und ging ein freier Schürfer zufrieden mit einem kleinen Fund nach Hause, dann wurde er bald auf den

344   Bashow, P.P.: Die Malachitschatulle, S. 247
345   Bashow, P.P.: Malakhitovaja Shatulka, S. 87

harten Boden des Lebens geholt, denn er musste das „Steinchen"[346] bei den Händlern in der Stadt zu Geld machen. Eine erste Schwierigkeit beim Verkauf bestand darin, den Wert eines frisch geschürften Mineraledelsteins zu erkennen. Dazu war jahrelange Erfahrung notwendig, und in der Geschichte „Der Schlüsselstein" erläutert ein Schürfer die Eigenheiten der Edelsteine:

„Ein Stein ist hübsch groß, der andre viel kleiner, und beiden haftet der gleiche Glanz an; wenn du indes beide prüfen lässt, so findet sich ein Unterschied. Den großen nimmt keiner [...] nach dem kleinen aber strecken sich alle Hände: der ist, sagt man, von unerhört reinem Wasser."[347]

Mangelndes Wissen eines Schürfers zahlte sich demnach schmerzlich für das Geschäft aus.

Dazu kam, dass die Händler naturgemäß immer darauf bedacht sind, billig einzukaufen und teuer zu verkaufen. Einem Schürfer oder einem Schleifer blieb daher nicht erspart, vor „den Gaunern zu katzbuckeln", damit sie überhaupt etwas abnahmen. Wollte er obendrein etwa einen an den Aufsehern vorbeigeschmuggelten Stein oder ein Goldnugget verkaufen, gab es keine Hoffnung auf einen annehmbaren Preis. Dafür machte der Händler ein gutes Geschäft.

Handwerksmeister und Kunsthandwerker in Feinschleifwerkstätten

Die Erfolge der Prospektoren und die steigende Zahl neu entdeckter Edel- und Schmucksteine erzeugten gleichzeitig eine wachsende Nachfrage seitens der Hersteller von edlen Schmuckerzeugnissen.

Im Unterschied zu der fabrikmäßigen Bearbeitung von Marmor oder von farbigen Dekorationsgesteinen fand das Schleifen der Edelsteine[348] in spezialisierten Feinschleifwerkstätten statt. Diese waren vornehmlich in den hauptstädtischen Schmuckmanufakturen

---

346 Die Schürfer bezeichnen die Mineraledelsteine in ihren Gesprächen als „Steinchen".

347 Bashow, P.P.: Die Malachitschatulle, S. 246

348 Edelsteine sind Minerale, die geschliffen oder geschnitten, als Schmuck getragen oder zu Verzierungen genutzt werden. Sie sind härter als die meisten Naturstoffe und dadurch gegen Abnutzung geschützt. Die wertvollsten der Mineraledelsteine sind zugleich die härtesten. In: Brauns, Reinhard: Das Mineralreich. Stuttgart: Fritz Lehmann Verlag 1903, S. 188

verortet. Feinschleifwerkstätten breiteten sich zudem im hausgewerblichen Bereich aus.

So wurden in den Werkstätten der Kupferbergregion neben dem Malachit auch Edel- und Schmucksteine geschliffen, meist Aufträge der Jekaterinburger Steinschleiferei. Dabei handelte es sich überwiegend um halbfertige Schmuckstücke oder Zulieferteile für die Weiterverarbeitung.

Das Schneiden und Schleifen von Edelsteinen erforderte von den Meistern nicht nur handwerkliches Geschick, sondern sie mussten auch ein umfangreiches Wissen über die Eigenschaften und die Ästhetik dieser Minerale haben. Die phantastischen Erzählungen, die von den Schürfern und den Feinschleifern handeln, widerspiegeln dieses reichhaltige Erfahrungswissen der Schleifmeister sehr detailreich. Es kam zuweilen vor, dass ein Meister im Steinschleifen zugleich ein großes Talent besaß, im Gebirge oder in den Erzminen Fundorte von Edelsteinen aufzuspüren. Die Fähigkeit, an den richtigen Orten zu suchen und die Phantasie, wie sich ein Stein nach dem Schleifen verändert, erforderte viel Erfahrung, aber auch Intuition.

Die alten Meister wussten, dass die natürliche Beschaffenheit der Mineraledelsteine häufig ihre besonderen Eigenschaften nur unvollkommen hervortreten ließ. Die meisten Edelsteine sind in ihrem Naturzustand eher unscheinbar. Der „unter einer rauen Schale" verborgene edle Kern musste durch das Schleifen erst freigelegt werden. Alles hing ab von der Meisterschaft des Schleifers. Dieser veränderte die natürliche Gestalt des Edelsteins zuweilen unter hohem Substanzverlust. Eine neue Form entstand, die die Eigenschaften des Steins am besten hervorbrachte.

In der Geschichte „Der Schlüsselstein" wird erläutert, warum der Meister, bevor er mit dem Schleifen anfing, erst einmal die Hälfte abschlug.

„Das stört nur, [...] so was trübt das Feuer. Und von dem halben Stein wird dann noch die Hälfte abgeschliffen [...] Und wahrhaftig, der Stein ist kleinwinzig geworden, und doch: jetzt erst scheint er zu leben, als ob er hell lachte. Na, und sein Preis scheint ebenfalls zu schillern [...] Der Kuckuck kenne sich da aus in dem Gewerbe!"[349]

---

349 Bashow, P.P.: Die Malachitschatulle, S. 246

Die Art und Weise des Schliffes, die der Meister wählte, richtete sich sowohl nach den optischen Eigenschaften des Steins als auch nach seinem natürlichen Äußeren. Das Verhältnis von Breite zu Tiefe war ebenfalls von Bedeutung. Schließlich wurde der Schliff davon beeinflusst, ob der Stein farbig oder farblos war. Es lag in der Hand des Schleifers, den edlen Stein noch edler zu machen und seinen Glanz noch heller erstrahlen zu lassen. In Jekaterinburg soll es gegen Ende des 19. Jahrhunderts mehr als einhundert hochkarätige Meister und Künstler der Edelsteinbearbeitung gegeben haben. Zu ihnen gehörten der bereits erwähnte Danil Swerew (1858-1938) und A.K. Denisow-Uralsk (1864-1926). Beide sind weit über die Grenzen Russlands hinaus bekannt geworden, und beide erhielten Auszeichnungen und Preise für die Meisterwerke, die sie aus Edelsteinen schufen.

Der Reiz von Edelsteinen liegt auch in ihrem begrenzten Vorkommen in der Natur. Seltene Minerale von hoher Qualität werden am meisten geschätzt, wie zum Beispiel der Diamant. In dem Maße, wie die Verfügbarkeit auf den Märkten steigt, verringert sich ihr Wert.

In einer Welt voller Armut stand weniger die Schönheit als die Werteigenschaft dieser Steine im Vordergrund, denn wem das Glück hold war, einen Edelstein an den Wachen vorbei zu schmuggeln, der konnte sich vielleicht aus der Leibeigenschaft freikaufen, oder seine Familie musste keine Not mehr leiden. So wurden die edlen Steine schillernde Objekte der Träume von einem besseren Leben, das für die meisten Menschen jedoch genauso endete wie es anfing.

Die Erzählungen des Kupferberg-Zyklus glitzern und blinken nur so vom Feuer dieser Steine. Diamanten, Topase, Rubine, Granate zierten den Schmuck, den Tanjuschka im Zarenpalast trug. Meister Mitja verarbeitete Steine wie Achat, Topas oder Jaspis. Tische, voll von Bergen funkelnder Edelsteine, illustrieren die Handlung mit Farbe oder Glanz. Die einen schillerten rötlich, andere glitzerten mit grünlichen Lichtern, auch himmelblaue gab es, und gelbliche, und alle waren von seltener Schönheit.[350]

Die Geschichte „*Das zerbrechliche Zweiglein*" gibt Einblicke in die Werkstatt des jungen Meisters Mitja, der in Polewskoi aufwuchs, der Heimat der Malachitmeister. Da er von schwacher Gesundheit war, sollte er keinen Malachit schneiden, erzählten die alten Meister. Seine

---

350   Ebenda, S. 252

Eltern gaben ihn in die Lehre zu einem namhaften Edelsteinschleifer in der Stadt, und hier entwickelte sich Mitja zu einem anerkannten Meister. Er arbeitete als Leibeigener selbstständig gegen Zinszahlung an Herrn Turtschaninow. Die Käufer überschütteten den Edelsteinschleifer mit Aufträgen; und die Juwelenhändler fanden schnell heraus, dass sie durch diesen jungen Mann große Gewinne erzielen konnten.[351]

Je nach der herrschenden Mode bevorzugte man diese oder jene Steine. Dementsprechend wünschten die Gnädigen Damen oder Herren, dass der eine Edelstein durchsichtig, der andere farblos oder farbig sein sollte. Handelte es sich um trübe Steine, sollten sie ein auffallendes Colorit besitzen, wie der Türkis, oder besondere Farbeneigenschaften zeigen, wie das Katzenauge oder der Mondstein.

Im Verlauf des 19. Jahrhunderts wurden die Richtungen und die Formen der Edelsteinbearbeitung weiterentwickelt. Die Werkstätten verfeinerten die Schleiftechniken und erweiterten das Spektrum der verwendeten Steinarten. Damit in Verbindung kam die Mode auf, aus Edelsteinen Beeren zu schleifen.[352] Die Kunst bei dieser Arbeit bestand darin, für jede Beere einen ganz bestimmten Edelstein zu verwenden. Schwarze Johannisbeeren schliffen die Meister aus Achat, weiße Johannisbeeren aus hellen Topasen, Erdbeeren aus rotem Jaspis oder Weintrauben aus Amethyst.

Einige der Edelsteine mussten durch Lieferanten beschafft werden, da sie in der Kupferbergregion nicht vorkamen. Meister Mitja überlegte unentwegt, mit welchen einheimischen Steinen er arbeiten könnte, um sich von den Händlern unabhängig zu machen. Neben dem Malachit wurden manchmal gelbgrüne und olivgrüne Chrysoprase gefunden. Aus Malachit ließen sich nur Blätter schleifen, aber mit aufwändiger Verarbeitung.[353] Meister Mitjas Traum war es, seine Stücke aus einfachen Steinen zu schleifen, damit auch ärmere Menschen ihre Freude daran fänden.

---

351 Die Edelsteinblume, S. 106

352 Helden. Geschichte in Meisterwerken Uraler Steinkünstler. www:stonecarving.ru, aufgerufen am 14.4.2021

353 Die Edelsteinblume, S. 107

Der „lebendige Funke" in seinem Inneren trieb ihn um. Er fand jedoch keine Lösung. Zudem hatte ihm sein alter Meister schon mehrfach an das Herz gelegt, sich nicht von neuen Ideen hinreißen zu lassen. Es wäre schon vorgekommen, dass einem Menschen wegen seiner Einfälle Arme und Beine gebrochen wurden. Der Erzähler der Geschichte *„Das zerbrechliche Zweiglein"* führt nun aus, wie Meister Mitja von der Herrin des Kupferberges aufgesucht worden ist.

Dämonin besucht Mitja, Meister im Schleifen von Edelsteinen

An einem heißen Tag im Sommer saß Mitja wie immer an seiner Werkbank, schnitt Beeren und grübelte wieder einmal darüber, wo einheimische billige Steine zu finden wären, um daraus Beeren zu schneiden. Da schob sich durch das offene Fenster eine Frauenhand, geschmückt mit einem Ring am Finger und einem Armband um das Handgelenk. Die Hand legte eine Tafel aus Serpentin vor Mitja ab, auf der ein Stück Schlacke lag. Damit nicht genug: die Hand schob außerdem ein großes Blatt einer Kletten-Pflanze auf seinen Tisch. Darauf lagen ein Traubenkirschenästchen, Kirschen sowie ein Stachelbeerenästchen mit reifen Beeren. Der junge Meister war außer sich vor Freude über die Anregung, denn Serpentin und Schlacke-Abfälle von der Kupferhütte gab es in großen Mengen. Er könnte sich von den Edelsteinhändlern unabhängig machen, denn das war das einfache Material, von dem er schon immer träumte. Meister Mitja wusste auch sofort, was er zuerst daraus schleifen würde: ein Stachelbeerenästchen.

Zugleich war er verwirrt und fragte sich, woher die Hand käme und wer seinen Spott mit ihm triebe. Da strich diese Hand auch noch über seine Schulter, und eine Frauenstimme lobte seine Tüchtigkeit und seine Sachkenntnis. Jetzt wusste er, mit wem er es zu tun hatte. Meister Mitja war in Polewskoi aufgewachsen und kannte die Geschichten über die Herrin des Kupferberges. Er hätte sie für sein Leben gern gesehen, sagte sich aber, dass die Malachitniza einem Behinderten mit ihrer Schönheit wohl nicht die Sinne verwirren wollte.

Nun machte er sich ans Werk, beschaffte Serpentinstein und Schlacke. Er probierte, entwarf, verwarf und schliff. Schließlich entstand ein zauberhaftes Kunstwerk - ein Stachelbeerenästchen. Die

Blätter schliff er aus hauchdünnen Serpentinblättchen. Er schaffte es sogar, am Stiel winzige Stacheln anzubringen. Bei jeder Beere schienen die Kerne hindurch. An manchen Blättchen waren kleine Löcher zu sehen, wie von Käfern angefressen, an anderen befanden sich kleine Rostflecke, ganz wie echte.[354] Meister Mitja bekam von den Fachleuten viel Lob für seine Meisterwerke. Er schliff auch Edelsteine zu Trauben und Kirschen. Seine Arbeiten waren sehr beliebt und verkauften sich gut. Nur das Stachelbeerenästchen gab er nicht weg. Alle Künstler, so auch Mitja, hüteten das erste und durch neue Ideen geschaffene Kunstwerk wie ihren Augapfel.

Nach einiger Zeit trat die Herrin des Kupferberges noch einmal in Erscheinung als Wächterin und Beschützerin echter Handwerkskunst. Der Erzähler von „Das zerbrechliche Zweiglein" schildert am Ende der Geschichte, dass der Gnädige Herr in einem Anfall von Wut und Jähzorn das Stachelbeerenästchen zerstörte. Mitja wehrte sich, ergriff den Stock des Barin und versetzte ihm einen Schlag. Die entsetzten Anwesenden fielen in Schockstarre. Dafür hatte die Dämonin gesorgt.

Die Herrin des Kupferberges brachte dem Meister zwar kein Glück; immerhin konnte Mitja unbehelligt durch die Helfer Turtschaninows sein Dorf verlassen und untertauchen. Der Erzähler hatte zudem gehört, dass Meister Mitjas Arbeiten noch lange Zeit den Menschen der Gegend zu Gesicht kamen.

Was den Malachitmeister Shelesko und die Herrin des Kupferberges verband

Die Zeit von 1850 bis zur Oktoberrevolution galt als die Blütezeit des Schleifhandwerks und der Juwelierkünste in Russland[355]. Während dieser Jahre erlangten der Juwelier Fabergé ebenso wie die staatlichen Schleifereien Peterhof, Jekaterinburg und Kolywan weltweite

---

354 Ebenda, S. 109
355 Bulgak, L.W., Godowikow, A.A., Smirnowa, M.A., Tschistjakowa, M.B.: Das Fersmann-Museum Moskau: Mineralogisches Museum der Akademie der Wissenschaften der UdSSR, S. 20

Berühmtheit durch edle Steinkunst, kostbare Juwelen und betörende Preziosen.

Fabergé hatte das Unternehmen 1872 von seinem Vater übernommen. In den Sankt Petersburger Werkstätten arbeiteten bis zu fünfhundert Handwerker und Künstler. Der Erzähler von *„Sheleskos Deckel"* lässt Herrn Fabergé sogar leibhaftig auftreten. Als Kaiserlicher Hofjuwelier kümmerte er sich persönlich um ein Geschenk des Zaren Nicolaj II. (1894-1917) für seine Ehefrau, Zarin Alexandra Fjodorowna (1894-1917). Fabergé „dachte lange nach und ging dann, sich mit seinen Meistern zu beraten." Sie einigten sich schließlich auf ein Malachitschmuckstück. Die erfahrenen Schleifer in den Jekaterinburger Werkstätten sprachen damals mit großer Hochachtung über einen alten Malachitmeister namens Shelesko aus Polewskoi. Sie waren es auch, die Herrn Fabergé rieten, das Geschenk zu Ehren der Zarin durch diesen Meister anfertigen zu lassen.

Allerdings war das grüne Mineral auf dem Markt selten geworden und aus der Mode gekommen. Die Turtschaninow-Urenkel hatten die Förderung von Malachiterz im Kupfererzbergwerk Gumeschewsk bereits 1871 eingestellt; dementsprechend war die Grube geflutet worden.

In den nachfolgenden Jahren, besonders „kurz nach neunzehnhundertfünf", so heißt es in der Erzählung *„Sheleskos Deckel"*, trat auch bei den Meistern, die sich mit Edelsteinen befassten, eine Materialkrise auf. Die Kaufleute, die mit Schmuck und Schnitzereien handelten, hatten nur billige Ware im Angebot. Folglich wurden „wertlose Steinchen" verarbeitet: recht bunt und in Fassungen aus Gold und Silber, eine Arbeit, die einem guten Juweliermeister wenig Freude macht.[356]

Den Malachitmeistern erging es ähnlich. Selbst die Halden des Bergwerkes in Gumeschewsk, früher die beste Materialquelle, waren schon unzählige Male nach übersehenen Stücken abgesucht worden. Nur einige der ganz alten Meister gaben nicht auf und beschafften sich Malachit aus ihren eigenen Quellen. Zu ihnen gehörte auch Jewlacha Shelesko. Er wohnte in der Werkssiedlung des Hüttenwerkes, und

---

356 Bashow, P.P.: Die Malachitschatulle, S. 120

seine Werkstatt befand sich in der Gartenhütte seines Anwesens.

„Die Leute munkelten, dass dieser Jewlacha viel Malachit in einer kleinen Grube versteckt halte."[357]

Dieses Gerücht ging schon siebzig Jahre früher um. In der Geschichte *„Die Grasfalle"*, deren Handlung etwa in die 1830er Jahre fällt, führt die Erzählerin Ustenka aus, dass die Herrin des Kupferberges immer noch einen kleinen Vorrat an Malachiterz besäße, den sie versteckt hielte. Die Lagerstätte war mit Gras überwuchert. Nur die Erzählerin Ustenka kannte den Ort des Malachitvorkommens, nach dem die Obersteiger des Turtschaninow-Unternehmens fieberhaft suchten. Es gelang nicht, das Geheimnis zu lüften. Die gegenüber ihrem besten Schatz, dem Malachiterz, übergriffigen Männer erlitten durch die Macht der Dämonin ein schreckliches Ende, und die Grube geriet mit der Zeit in Vergessenheit. Ein Ende hatten auch die Gerüchte, bis sie etwa 1905 in Verbindung mit dem Geschenk für die Zarin wiederauflebten, so wie es der Erzähler von *„Sheleskos Deckel"* schilderte.

Es ist nicht unwahrscheinlich, dass Meister Shelesko das Malachiterz dieser Grube für seine Arbeiten verwandte, denn die Erzählerin der Geschichte *„Die Grasfalle"* war seine Urgroßmutter, und sie könnte das Geheimnis an ihren Urenkel weitergegeben haben. Die Gerüchte der Dorfbevölkerung enthielten häufig ein Körnchen Wahrheit. In dem Fall hätte sich die Herrin des Kupferberges noch einmal gezeigt als die Wächterin über die Geheimnisse echter Handwerkskunst, indem sie das letzte Malachiterz aufbewahrte für den letzten Malachitmeister und seine kunstvollen Schöpfungen. Am Ende verblasste jedoch die Figur der Dämonin im Bewusstsein der Bergleute und der Steinhandwerker zusammen mit dem Fluten des Kupfererzbergwerkes in Folge der erschöpften Malachiterz-Vorräte am Kupferberg.

Stolz und Selbstbewusstsein – Vermächtnis der Herrin des Kupferberges

Die Steinhandwerker bewahrten nun selbst die Geheimnisse echter Handwerkskunst und die Wunder der Schönheit – ohne die Kräfte eines mystischen Wesens. Jewlacha Shelesko hatte mit dem Geschenk

---

357 Ebenda

zu Ehren der Zarin ein Kunstwerk geschaffen und die Schönheit des Malachitsteins eingefangen, „leuchtend, wie junges Lenzgras im Sonnenschein, wenn es ein lauer Wind bewegt. Wie Wellen wogte das Grün."[358]

In Bezug auf die Geheimnisse echter Handwerkskunst eröffnete die Erzählung *„Sheleskos Deckel"* noch eine ganz neue Sicht auf die Arbeit der Malachistmeister gegenüber den Zeiten der Herrin des Kupferberges. Es ging um ein unter den Händlern kursierende Gerücht: Meister Shelesko sei in der Lage, künstliche Malachitsteine herzustellen und zu verarbeiten. Fabergé sah darin keinen Qualitätsmangel, im Gegenteil. „Mags auch ein künstlicher Stein sein, an Schönheit steht er aber einem echten nicht nach, und das macht ein Meisterwerk noch wertvoller."[359]

Die Bevollmächtigten von Fabergé taten alles, um zu erfahren, wie sich künstlicher Malachit herstellen ließe. Auch die Meister der Peterhofer Steinschleiferei waren erpicht auf Sheleskos Geheimnis. Mit viel Geld wurde versucht, den Meister zu bestechen, aber ohne Erfolg. Die einheimischen Meister erzählten, dass der Alte sein Handwerk höher schätzte als Geld.

„Wenn er nicht will, so nützen dir all deine Rubel nichts, erwärmt er sich aber für etwas, so begnügt er sich mit wenigem und macht seine Sache so, dass man seine Arbeit zur Ausstellung, ja selbst dem Zaren in dessen Palast schicken kann. Sein Werk wird ihm überall Ehre machen."[360]

Hier ging es nicht mehr allein um die Würdigung der Schönheit des grünen Mineraledelsteins. Das Selbstbewusstsein und der Stolz der Steinschneider auf die künstlerische Leistung rückten in den Focus der Betrachtung. Natürlich trugen die Hände des Meisters, das Material und das Werkzeug dazu bei, ein Kunstwerk entstehen lassen, aber erst die Persönlichkeit seines Schöpfers, seine Erfahrung, seine Weisheit und seine Werte verliehen ihm die Einzigartigkeit.

Es ist möglich, dass Bashow der Person des Jewlacha Shelesko noch einmal biografische Daten von Danil Swerew zugeschrieben hat. Danil

---

358 Ebenda, S. 124
359 Ebenda, S. 125
360 Ebenda, S. 123

Swerew lernte nie Lesen und Schreiben, ebenso wie Jewlacha Shelesko. Beide erarbeiteten sich durch ihre Persönlichkeit und ihr außergewöhnliches Können in ihrem Handwerk Ruhm und Anerkennung. Beide Meister trugen „den lebendigen Funken" in sich, was auch in der folgenden Vision am Ende der Erzählung *Sheleskos Deckel* "seinen Ausdruck findet:

„Nicht nur Deckel für ein Zarenalbum, nein, so Herrliches werden wir schaffen, dass die Menschen aus aller Welt herbeiströmen werden, bloß um einen Blick darauf werfen zu dürfen."[361]

Der Meister Shelesko nahm schließlich seine Geheimnisse mit in das Grab. Er starb während des Bürgerkrieges (1917-22). Mit dem Beginn der Oktoberrevolution verschwand für viele Jahre das Interesse an Steinen und Kunstobjekten. Es lebte erst wieder auf nach Bashos Tod in den sechziger Jahren des zwanzigsten Jahrhunderts.

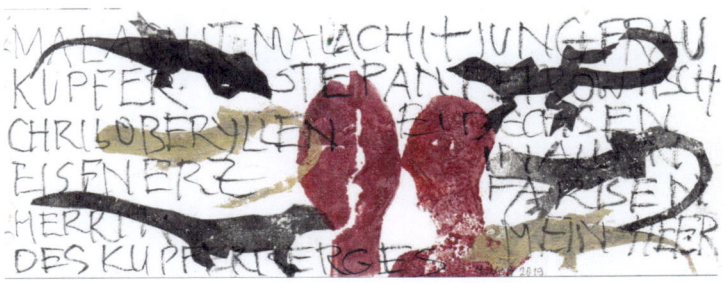

Herrin des Kupferberges neun, , Collage, gespiegelt, 31x12, 2019

---

361   Bashow, P.P.: Die Malachitschatulle, S. 132

Herrin des Kupferberges fünf, Collage, 26x34, 2019

Herrin des Kupferberges zehn, Collage, 28,5x21, 2019

KAPITEL

09

Nachwort

Alte Mythen und neuer Mythos.

Im Verlauf meiner Recherchearbeiten wurde immer augenfälliger, dass sich die Geschichten des Kupferberg-Zyklus' heute, mehr als achtzig Jahre nach der Veröffentlichung der „Malachitschatulle", der ersten Sammlungsedition überlieferter Volkserzählungen, einer ungebrochenen Aufmerksamkeit in der Region und im Land erfreuen. Bashows Oeuvre wird als literarisches Erbe der russischen Bevölkerung im Ural gewürdigt, was sich nicht zuletzt darin zeigt, dass die Geschichten in den russischen Schulen zum Lehrstoff der höheren Klassen gehören.[362] Historiker, Soziologen oder Kulturwissenschaftler, die die Volkskultur der Uralbevölkerung erforschen, betrachten Bashows Werk aus immer neuen Blickwinkeln.[363] Im Zentrum der wissenschaftlichen Arbeiten über das Leben und das Werk des Schriftstellers Pawel Bashow steht die Uralische Staatliche Berguniversität Jekaterinburg.[364]

Auch im Alltag der Uralbevölkerung sind die Kupferbergerzählungen vielerorts präsent. Die Figur der Herrin des Kupferberges wurde integriert in die Pflege der Bergbau- und Hüttentraditionen im Mittleren Ural. So fand die Dämonin Aufnahme in die Heraldik der Hüttenwerksstädte Polewskoi, Sysert und Jekaterinburg. Auf den Stadtwappen dieser Orte ist sie in ihrer Erscheinungsform als Eidechse dargestellt. Die Begleittexte zu der Geschichte der Wappen von Jekaterinburg[365] und Sysert nehmen umfangreich auf Bashow und sein Oeuvre Bezug.[366]

---

362 Die Schüler beschäftigen sich zum Beispiel mit der Mundart, in der die Geschichten erzählt wurden.

363 U.a. Mamajewa, N. I.: Istorija roda Turtschaninowych w zikle skasow P.P. Bashowa „Malakhitovaja Schkatulkam". Material der wissenschaftlichen Konferenz der Uralischen Staatlichen Universität Sankt Petersburg 2004 anlässlich des 125. Geburtstages von Pawel Bashow, www.elib.uraic.ru, aufgerufen am 11.3.2020 und Bobrichin, A.A.: Wklad P.P. Bashowa w formirowanie uralskoj identitschnosti // Nowoje slowo w nauke: perspektiwi raswitija, a.a.O.

364 Die nachfolgenden biographischen Ausführungen beruhen im Wesentlichen auf den umfangreichen wissenschaftlichen Veröffentlichungen der Uralischen Staatlichen Berguniversität Jekaterinburg.

365 Jekaterinburg hieß während der Zeit der Sowjetunion Swerdlowsk

366 http://www.heraldicum.ru/russia/subjects/towns/sysert.htm, aufgerufen am 20.4.2020

Folklorefestivals werden veranstaltet, bei denen Volkskünstler als die Herrin des Kupferberges oder als Katja und Malachitmeister Danilo auftreten und die Geschichten über den Kupferberg und seine Menschen immer wieder neu erzählen. Denkmale, Museen oder Gedenkstätten tragen dazu bei, dass Bashow im Gedächtnis der Uralbevölkerung geblieben ist. Ohne nachhaltige Erinnerungskultur verblasst überliefertes Kulturgut schnell in der heutigen Erlebnis- und Mediengesellschaft. Damit in Verbindung sind auch die visuellen Medien, Filme oder Fernsehen zu nennen, das virtuelle Medium Internet nicht zu vergessen. Die Anzahl der Beiträge, die sich im russischsprachigen Teil des Internets auf Bashow oder sein Erzählwerk beziehen, ist unübersehbar umfangreich. Die Posts reichen vom redaktionellen Feature über den Schülervortrag bis zur Dissertation. Sofern sich Bezüge auf Bashows Texte finden lassen, verzichtet kein Autor in einer Publikation auf ein einschlägiges Zitat.

Hier zeigt sich, dass Erzählungen auf Menschen nachhaltig wirken und zu Mythen werden, wenn sie Befindlichkeiten wie Heimatverbundenheit oder Traditionsbewusstsein ansprechen[367]. Die Geschichten des Kupferberg-Zyklus' beziehen sich auf eine vergleichsweise kleine Region im Uralgebirge und auf im damaligen Zarenreich völlig unbekannte dörfliche Ansiedlungen. Doch die Mythenbildung ist nicht unbedingt abhängig von der Größe eines Siedlungsgebietes. Vielmehr zählt, dass die einheimische Bevölkerung das vertraute Lebensumfeld und das ihrer Vorfahren wiedererkennt. Dazu gehören der schaurige Sjuselska-Sumpf, der Berg Asow, die heute erschöpften Marmorbrüche ebenso wie die Metallurgischen Werke Sysert oder die ehemalige Werksschule. Die Menschen sind stolz auf ihre Geburtsorte. Sie alle stammen aus Polewskoi, Sysert oder Mramorskoje. Schon ihre Vorfahren hatten hier gelebt, im Bergwerk gearbeitet, im Hüttenwerk Gusseisen und Kupfer geschmolzen oder in der Werkstatt Malachit geschnitten. Die heutigen Generationen zeigen Interesse am Leben der früheren Generationen von Bergarbeitern oder Malachitmeistern, an ihren Leiden und Ängsten während der Arbeit, ihren familiären Freuden und Kümmernissen. Der Stolz auf das grüne Mineral, das

---

367 Waechter, Matthias: Mythos, Version: 1.0 in: http://docupedia.de/zg/waechter_mythos_v1_de_2010, S. 6, aufgerufen am 2.7.2021

weltbekannte Malachiterz des Kupferberges, reicht bis in die heutige Zeit. So gesehen widerspiegeln die Kupferbergerzählungen eine ganz eigene Art regionaler Identität der russischen Bevölkerung,[368] und ihre Nachhaltigkeit zeigt, dass sich daran bis heute nichts geändert hat.

Erzählungen werden auch zu Mythen, wenn sie sich auf gemeinsam erlebte Geschichte beziehen.[369] Bashow rekonstruierte die gesellschaftlichen Räume der Zeit seit dem Beginn der Industrialisierung des Urallandes auf bezeichnende Weise. Er versetzte die Kupferbergerzählungen in den Rahmen der „gemeinsam erlebten Geschichte" der Region, und er hat der Nachwelt einen bedeutenden Abschnitt der Montangeschichte überliefert – von Bergleuten erzählte Geschichte. Dem ersten Eindruck nach scheinen die Erzählungen auf eine überzeitliche Ebene gehoben zu sein.[370] Jedoch führen die in den Texten genannten Personen, Orte oder Sachverhalte hin zu dem jeweiligen zeitgebundenen Kontext. Schlussfolgerungen sind möglich auf Jahreszahlen, dokumentierte Ereignisse oder bekannte historische Tatsachen wie die Bauernaufstände um Pugatschow oder die Geschichte der Unternehmerfamilie Turtschaninow.

Die im Uralgebirge verbreitete Vorliebe für Narrative, vor allem, wenn sie mystische Elemente beinhalten, ist zudem ein guter Boden für das Wachsen von Mythen. In den Kupferbergerzählungen war es die Figur einer Dämonin, der Herrin des Kupferberges, die dazu beitrug, dass aus den Geschichten der Bergleute und Steinschneider im Laufe der Zeit Mythen wurden. Wesentlich war in dem Zusammenhang, dass die Phantasiegestalt der Bergleute Eigenschaften der natürlichen Lebensräume ebenso in sich trug wie Merkmale der sozialen Umwelt der Menschen am Kupferberg.

---

368   Bobrichin, A.A.: Wklad P.P. Bashowa w formirowanie uralskoj identitschnosti // Nowoje slowo w nauke: perspektiwi raswitija. https://www.academia.edu/14711483, aufgerufen am 11.3.2020

369   Die vollständige Formulierung lautet: „Mythos bezieht sich auf gemeinsam erlebte und durch herausragende Individuen geprägte Geschichte, die auf eine besondere Weise präsentiert wird." In: Waechter, Matthias: Mythos, S. 5

370   Diese Eigenschaft ist Märchen und Mythen eigen.

Die Kupferbergerzählungen sind ein Beispiel dafür, dass überliefertes Erzählgut, alte oder neu entstehende Mythen in der heutigen Vorstellungswelt der russischen Menschen ihren Platz haben. Die Russen selbst sagen von sich, dass das Interesse am Mythischen zum russischen Wesen gehöre.

Schon vor Jahrzehnten gaben westeuropäische Historiker wie Cherniavsky zu bedenken, dass diese Mythen, so russisch oder so speziell sie auch sein mögen, nicht ohne Bedeutung sind für diejenigen, die nicht zu Russland und seiner Geschichte gehören.[371] Gerade angesichts des russischen Übergriffes im Februar 2022 auf die Ukraine, im Angesicht von Krieg und Unsicherheit der Zukunft, sollten historische Ereignisse und russische Mythen neu betrachtet werden, „wenn wir verstehen wollen, wohin Russlands Geschichte führt".[372] Der russische Staat macht bei der Neuerfindung der russischen Geschichte von beidem Gebrauch.

Seit Beginn der 1990er Jahre haben auch politische Mythen eine Konjunktur. Die Kupferbergerzählungen reflektieren unter anderem die zaristischen Stände- und Rechtsordnungen im „russischen Haus". Spuren davon findet man bis heute in den Staatsideologien. Demnach soll Russlands Stärke in den traditionellen russischen Werten wie Patriotismus, Kollektivismus und Unterwerfung unter den Staat liegen.[373] Und entsprechende Verhaltensmuster wie diese reflektieren auch die Texte Bashows: die sklavische Untertänigkeit gegenüber der Obrigkeit aus der „Stadt", gegenüber den Beamten der Prikase, dem Fabrikeigentümer Turtschaninow oder den Hüttenwerksverwaltern.

Mehr noch: Die Volkserzählungen beschreiben darüber hinaus das Hinnehmen unsäglicher Arbeitsbedingungen ebenso wie das Erdulden von Prügelstrafe und Folter. Man könnte das als Schicksalsergebenheit bezeichnen, die unter anderem Gontscharow, einer der berühmten Klassiker der russischen Literatur des 19. Jahrhunderts, in seinem Roman „Oblomow" beschrieben hatte. Gontscharow verallgemeinerte sogar dieses sich Abfinden mit unbequemen Umständen als einen nationalen Hang der Russen zum Nicht-tätig-werden.

---

371 Cherniavsky, Michael: Tsar and People. Studies in Russian Myths. New Haven and London 1961, S. 1

372 Ebenda, S. 364

373 Figes, Orlando: Eine Geschichte Russlands. Stuttgart 2022, S. 371

Bashow hat sich auch außerhalb des Erzählwerkes, in seinen Briefen, zu diesem Phänomen geäußert. Das nachfolgende Zitat könnte als Gegenentwurf in Bezug auf die neuen Staatsideologien verstanden werden.

„Vergeblich wiederholt man, dass der russische Mensch geduldig ist. Das ist nicht der Punkt. Es geht um Mut, um ein nüchternes Verständnis für die Vorgänge des Lebens. An den scharfen Wendungen in der Geschichte sieht man, dass es keinen anderen Ausweg gibt: durch das Feuer, den Tod muss man gehen. Ohne Jammern und Feigheit stellt man sich also der schwierigen Aufgabe."[374]

Wir können uns nicht Rat suchend an Bashow wenden, um zu erfahren, in welchen Zusammenhängen diese Gedanken entwickelt wurden. Folglich bleibt die Interpretation offen.

Heute posten die Dörfer und Städte im Mittleren Ural, die eine Verbindung zu dem Schriftsteller herstellen können, Bashows Leben und Werk marketingwirksam in Verbindung mit ihren Internetauftritten. Bashow wurde im positivsten Sinne „Werbe-Ikone" für die Kupferbergkommunen. Ortsfremde Russen und Touristen bezeichnen die Gegend südlich von Jekaterinburg als „Bashowland". Wahrscheinlich ist es nur eine Frage der Zeit, bis die Touristikwirtschaft dieses „Bashowland" als Marke erfindet. Rein faktisch gesehen bedeutet das: Nicht nur die Kupferbergerzählungen sind zu Volksmythen geworden, die heute noch ziemlich lebendig sind, sondern auch die Person des Schriftstellers Bashow ist ein Mythos für die uralische Bevölkerung.

Welche Steigerung gäbe es noch, im Gedächtnis der Menschen zu bleiben, als dass eine große Region wie die des Mittleren Urals, nach dem Namen eines einzigen Mannes benannt wird?

---

[374] Sorokino, L.: Sohn des arbeitenden Urals. In: Bashow, P.P.: Malakhitovaja Shatulka, S. 14

Pawel Bashow (1879-1950)

Bashow wurde im Januar des Jahres 1879 in der Werkssiedlung der Turtschaninow-Fabriken in Sysert geboren, und er wuchs in einer Familie auf, deren Männer ihr Leben lang als Bergleute oder als Metallschmelzer gearbeitet haben. Bashows Vorfahren könnten noch Leibeigene gewesen sein, denn die Leibeigenschaft wurde erst 1861 aufgehoben. Die Heimatdörfer des späteren Journalisten und Schriftstellers, die heutigen Industriestädte Sysert und Polewskoi vor den Toren von Jekaterinburg, sind als Handlungsorte in den Kupferberg-Zyklus eingegangen. Es ist bekannt, dass die Faszination Bashows für das überlieferte Erzählgut der Menschen seiner Umgebung bis in die Kindheit zurückreicht. Es wird schwer sein, eine andere Gebirgsregion zu finden, in der mehr Legenden oder Sagen unter der Bevölkerung kursieren als im Mittleren Ural. Zum Zeitpunkt von Bashows Geburt war das Kupfererzvorkommen von Gumeschewsk fast vollständig ausgebeutet, so dass das Bergwerk geflutet wurde. Die Situation des Verlustes musste sich auch in den Gesprächen der Bergarbeiter abbilden, die Jahrzehnte ihres Lebens in der Grube verbracht hatten. Über den Vater Pjotr Wassiljewitsch Bashow wird erzählt, dass er ein starker Mann war, der gern die Probleme direkt benannte. Gegenüber den Vorgesetzten nahm er kein Blatt vor den Mund. Folglich wurde er mehrmals von einem Hüttenwerk in ein anderes versetzt. Durch den häufigen Wohnortwechsel hörte und sah der junge Bashow mehr als andere Kinder seines Alters. Wahrscheinlich haben die mystischen Geschichten über die Malachitniza die Neugier und das Interesse des klugen Knaben geweckt. Bashow hat schon als junger Mensch gespürt, welche wertvollen literarischen Schätze die „Skazy" verbargen, die die Alten über das Malachiterz und den Kupferberg erzählten. Die Jahre zwischen 1892 und 1895, während er die Syserter Fabrikschule und später die Jekaterinburger Religionsschule besuchte, waren eine besonders intensive Zeit des Hörens und Bewahrens des heimatlichen Erzählgutes. Es sollte mehr als vierzig Jahre dauern, bis ein Teil der altüberlieferten Geschichten im Jahre 1939 als Sammlungsedition „Die Malachitschatulle" veröffentlicht wurde.

Doch vorerst begann 1899 Bashows berufliche Laufbahn, nachdem er das Permer Theologische Seminar abgeschossen hatte. Aus finanziellen Gründen konnte er nicht studieren, sein Vater war bereits gestorben. Als Priester wollte er nicht arbeiten, und so entschloss sich Bashow, Grundschullehrer zu werden.

In Verbindung mit den Unruhen und Streiks während der Revolution von 1905 soll der junge Lehrer wegen der Teilnahme an einer Versammlung kurzzeitig verhaftet worden sein. Möglicherweise war die Mitgliedschaft in der Partei der Sozialrevolutionäre die Ursache für Bashows Verhaftung.[375]

In den Jahren von 1907 bis 1913 unterrichtete Bashow Russisch an der Frauenschule der Jekaterinburger Eparchie. 1911 heiratete er Walentina Alexandrowna Iwanitska, eine ehemalige Schülerin, und sie gründeten eine Familie. Das Paar bekam sieben Kinder, von denen drei schon im Säuglingsalter starben.

Bashow war siebenunddreißig Jahre alt und Familienvater, als die Oktoberrevolution ausbrach.

Während der Bürgerkriegszeit hielt er sich von 1919 bis 1921 als Frontsoldat mit seinem Regiment in dem 2000 Kilometer entfernten Ust-Kaminogorsk in Ostkasachstan auf, heute Öskemen. Er schrieb journalistische Berichte, Essays und Kurzgeschichten für die Zeitung „Okopnaja Prawda". In Verbindung mit einer schweren Erkrankung und einer Denunziation „wegen Untätigkeit während der Herrschaft von Koltschak" bei dem dortigen Revolutionskomitee wurde Bashow in den Ural zurückbeordert.[376]

Er verarbeitete seine Erlebnisse literarisch in einem Zyklus historisch-publizistischer Skizzen über den Bürgerkrieg und die Revolutionszeit.

Es folgten von 1923 bis 1931 die Jahre publizistischer Tätigkeit für die Regionalzeitung „Krestjanskaja Gaseta". Während dieser Zeit widmete sich Bashow seinem Textarchiv, und er setzte die literarische Arbeit an den Volkserzählungen fort. Sein erstes Essaybuch mit dem Titel „Erzählungen aus dem Ural" ist 1924 erschienen.

Seit Beginn der 1930er Jahre war Bashow als Redakteur im Swerdlowsker Buchverlag tätig. Einer seiner Aufträge bestand darin,

---

375 Bashow soll 1906/07 als Sozialrevolutionär während der 1. und 2. Staatsduma registriert gewesen sein.

376 http://nashural.ru/culture/ural-charakters/pavel-bazow, aufgerufen am 17.4.2023. In anderer Quelle wird dazu ausgeführt, dass Bashow in den Berg- und Hüttenwerksdörfern des Altaigebirges im Untergrund arbeitete.

eine Abhandlung über den Bau der Papierfabrik in Krasnokamsk zu schreiben. Noch während der Arbeit am Manuskript verschwanden die Hauptpersonen in den Wirren der politischen Repressionen, und das Buch wurde nicht veröffentlicht. Wahrscheinlich in dieselbe Zeit fiel eine erneute Denunziation gegen Bashow wegen einer Unstimmigkeit bezüglich seiner Parteizugehörigkeit. Er wurde 1933 aus der Kommunistischen Partei ausgeschlossen, aber nach einigen Monaten wiederaufgenommen.

Im Jahre 1936 veröffentlichte er im Journal „Krasnaja Now" die Volkserzählung „Das Mädchen von Asowka". Bedeutenden Einfluss auf die literarische Karriere Bashows hatte seine Mitarbeit an der literarischen Sammlung „Vorrevolutionäre Uraler Folklore", die der Swerdlowsker Buchverlag im Dezember 1936 herausgab. Er verantwortete die Redaktion der Sammlungsedition, und er beeinflusste sowohl „die Idee der Sammlung" als auch „die Grundsätze für die Auswahl der Texte".[377] Darüber hinaus betätigte sich Bashow als Autor von Kommentaren. Zudem schrieb er eigens für die Sammlung die drei Erzählungen „Der liebe Name", „Die Herrin des Kupferberges" sowie „Über den großen Polos".[378] Kurz nach dem Erscheinen der Sammlung „Vorrevolutionäre Uraler Folklore" wurde Bashow 1937 durch einen Arbeitskollegen, wahrscheinlich nach einem fachlichen Streit, zum dritten Mal denunziert, wiederholt aus der Kommunistischen Partei ausgeschlossen und aus dem Verlag entlassen. Seit 1927 hatte Stalin während seiner Regierungszeit eine totalitäre Diktatur errichtet[379], und ein Parteiausschluss konnte unliebsame Folgen für die berufliche Tätigkeit haben. Millionen von Menschen sind damals in Verbindung mit den politischen „Säuberungen" der 1930er Jahre hingerichtet oder zu jahrelanger Verbannung und Zwangsarbeit in Gefangenenlagern verurteilt worden. Auch Bashow hatte eine Mitteilung des NKWD[380] erhalten, sich im Swerdlowsker Büro zu melden. Er wusste, was das bedeutete und kam der Aufforderung nicht nach, eine mutige und

---

377 Blazhes, V.V. (2003): K istorii sozdaniya bazhovskih skazov. [To the history of creating Bazhov's tales.] Izvestia UrGU [Proceedings of the Ural State University], 28, S. 9

378 Ebenda

379 Die Regierungszeit von Stalin dauerte von 1927-1953. Bashow und der Diktator waren im selben Alter. Bashow wurde nur wenige Wochen nach Stalin (1878-1953) geboren, und Stalin hat Bashow um drei Jahre überlebt.

380 Volkskommissariat für Innere Angelegenheiten

kluge Entscheidung, denn in den Wirren und dem Chaos der Zeit wurde Bashow vergessen. Aus Angst vor der drohenden Verhaftung gingen er und seine Frau ein ganzes Jahr lang nicht mehr aus dem Haus. Sie machten sich unsichtbar. Die große Familie lebte von dem Gemüsegarten und dem kleinen Gehalt der Schwägerin, die als Lehrerin arbeitete und im Hause der Bashows wohnte. Während dieser zwangsweise auferlegten „freien" Zeit widmete sich Bashow mit hoher Intensität dem aufbewahrten Erzählgut seiner Heimat, und er bereitete den Druck einer ersten großen Sammlungsedition von Volkserzählungen vor.

Dann trat die damals häufige Situation ein, dass die Ermittler von 1937, die für den Parteiausschluss des Literaten gesorgt hatten, selbst ins Gefängnis gesteckt wurden. Infolgedessen holte der Verlag Bashow zurück. Zudem wurde er durch die Kommunistische Partei rehabilitiert. Man könnte diese unsäglichen Vorgänge einem streitbaren Charakter Bashows zuschreiben, möglicherweise ein väterliches Erbe. Das jedoch war ohne Belang. Während der Jahre der Massenverhaftungen 1937/38 brauchte nur ein Verdacht des Nachbarn oder des Arbeitskollegen vorgebracht zu werden, ein „Volksfeind" zu sein, und der Denunzierte fand sich, auch ohne Prozess, im sibirischen Gulag wieder. Bashow entging diesem Schicksal.

Im Jahr 1939 wurden vierzehn Volkserzählungen in dem Sammelband „Die Malachitschatulle" veröffentlicht. Bashow war sechzig Jahre alt, als das Werk erschien, das ihn im Uralland und darüber hinaus bekannt machte und das er in der Folgezeit durch weitere Sammlungseditionen ergänzte[381].

Während des Erscheinungsjahres der „Malachitschatulle" begann der Zweite Weltkrieg, der das kulturelle Leben für viele Jahre in Europa unterbrach. Es ist ein Glücksumstand, dass Bashows Erzählwerk in den Kriegswirren nicht verloren ging oder vergessen wurde. Im Gegenteil. Das Oeuvre des Schriftstellers fand in der Sowjetunion Anerkennung durch die Staatsführung. Die Geschichten der „Malachitschatulle" begeisterten gleich nach der Erstausgabe 1939 ein millionenfaches Lesepublikum. Unter Literaturwissenschaftlern wird vermutet, dass die außergewöhnliche Resonanz der Volkserzählungen in Verbindung stand mit den Traumata des Terrors und des Todes während der

---

381   Im Jahr 1942 erschien „Der Schlüsselstein", 1943 „Erzählungen der Ausländer".

Schreckensherrschaft Stalins und der Kriegszeit.[382] Inwieweit diese Vermutung zutrifft, auch in Bezug auf die Person Bashow und sein Schaffen während der Zeit der Isolation, bleibt Gegenstand der weiteren wissenschaftlichen Erforschung von Leben und Werk.

Neben der schriftstellerischen Arbeit während seines letzten Lebensjahrzehntes unterrichtete Bashow an der Uraler Staatsuniversität im Fach Volkskunde. Er war einflussreich beteiligt an den Auseinandersetzungen um die wissenschaftliche Ausrichtung der im Aufbau befindlichen Fachrichtung „Volksschaffen des Urals". Bashow wurde zum Methodiker des Faches, und als Berater initiierte er die ersten volkskundlichen Fachexpeditionen in die Bergbau- und Fabrikregionen des Urals. Seine Arbeitsweise, Gespräche „vor Ort" mit den Trägern des Volksschaffens zu führen, brachte ihm aus dem akademischen Umfeld mitunter spöttische Bemerkungen ein. Bashow war der festen Überzeugung, „dass die künstlerische Wahrheit nur dann vollwertig ist, wenn sie mit den wichtigsten Zeichen des Ortes und der Zeit versehen ist"[383].

Pawel Bashow starb hochgeschätzt und verehrt im Jahre 1950. Er hinterließ zwei autobiographische Essays, „Die grüne Heuschrecke" aus dem Jahre 1939 und „Fern und doch nah", erschienen 1949. Nach seinem Tode erhöhte sich der Bekanntheitsgrad von Bashows Erzählwerk in einem von ihm zu Lebzeiten wahrscheinlich nie geahnten Ausmaß. Sein Oeuvre ging in die russische und die sowjetische Literaturgeschichte ein. *„Die Malachitschatulle"* hat heute den Status eines wissenschaftlichen Denkmals. Anlässlich des 140. Geburtstages Bashows im Jahre 2019 wurde diese, heute nahezu legendäre Sammlung von Volkserzählungen aus dem Ural als wissenschaftliche Enzyklopädie veröffentlicht, das heißt, als „erste wissenschaftliche Ausgabe eines Klassikers der russischen Literatur des 20. Jahrhunderts".[384]

---

382 Siehe dazu auch: Lipovetsky, M: The uncanny in Bazhov's Tales. Questio Rossica 2014, Nr. 2. http://hdl.handle.net/10995/27732

383 Sorokino, L.: Sohn des arbeitenden Urals. In: Bashow, P.P.: Malakhitovaja Shatulka. Moskwa: Chudoshestwennaja Literatura 1992, S. 12

384 Kubasov, A.V.: Encyclopedia of One Book; „The Malachite Casket" by P.P. Bashow (Review of the book: „The Malachite Casket" by Pavel Petrovich Bazhov / D.V. Zherdev, M.A. Litovskaya, E.A. Fedotova. Moscow; Ekaterinburg: Kabinetny Uchenity, 2019)

Herrin des Kupferberges sieben, Collage, 28x10, 2019

Im Kupferberg zwei, Collage, 30,5x12, 2019

KAPITEL

10

Pawel Bashow[385]

Die Grasfalle

Es geschah nicht in unserer Fabrik, sondern in der Syserter Hälfte - und vor gar nicht allzu langer Zeit. Meine Großen waren schon als Gehilfen in der Fabrik unterwegs: einer an der Kugelmühle, der andere an der Kohleschütte, der dritte in der Schlosserei, zuweilen auch in der Schmiede. Eben dort, wo sie die Minderjährigen während der Leibeigenschaft eingesetzt haben. Zu der Zeit fing auch das Gerede über die Grasfalle an.

So soll sich die Sache zugetragen haben.

Turtschaninows Witwe und seine Kinder und Enkel verprassten ihr Erbe. Dann verkauften sie die Hälfte der Fabriken an Barin[386] Salomirski[387]. Von da an entstand bei denen auch das Durcheinander. Obwohl sie ihre Anteile verkauft hatten, wollten sie weiterhin Geld aus den Turtschaninow-Werken kassieren. Salomirski ist dagegen und sagt:

„Ich bin der Haupteigentümer, ich bekomme das ganze Geld; und Sie so viel, wie ich Ihnen zuteile." Sie stritten sich und kamen überein, die Sache dem Hüttenwerksverwalter zu überlassen. Angeblich haben sie gesagt: „Soll er doch wirtschaften wie er denkt, aber uns das auszahlen, was jedem nach Anteilen zustehen würde."

So schien es ihnen bequemer zu sein. Und genau das ist es:

---

385 Übersetzt und neu erzählt von Heide Damaschun.

Es ist die zehnte und letzte Geschichte des Kupferberg-Zyklus´, die Bashow 1939 in Schriftform gefasst hat. Er behielt den Duktus der mündlichen Erzählung bei, den Dialekt der Menschen der Hüttenwerksdörfer, ihre eigene, teils sehr drastische Sprache. Der etwas ungewöhnliche Lesefluss des deutschen Textes ist dem Bestreben geschuldet, möglichst nah an Bashows Original zu bleiben. Die Handlung bezieht sich etwa auf die 1830er Jahre, und das Besondere an der Geschichte ist, dass die bisher getrennt voneinander erzählenden Bergleute, Hüttenarbeiter und Steinhandwerker nun während der Handlung gemeinsam auftreten

386 Barin und die weibliche Form Barina sind veraltete Bezeichnungen für adlige Herren und Damen, Barone oder Gutsbesitzer.

387 Der genannte Salomirski war ein Ururenkel des Unternehmers Turtschaninow.

Turtschaninows Erben hatten noch nie eine Ahnung, wie man eine Fabrik führt. Der neue Herr erwies sich auch nicht als klüger, wie es scheint. Es heißt, er entstamme illegitim irgendeiner Zaren- oder Fürstensippe. Sie kauften ihm Fabriken und sorgten für allerhand Vorrechte.

Er trug immer enganliegende weiße Hosen und einen perlenbesetzten Pferdeschwanz auf seinem Hut. Mit diesen Kleidern gehst du doch nicht in das Hammerwerk oder die Schweißerei! Und dem Hochofen komme ganz und gar nicht nahe! Aber der neue Herr sehnte sich auch nicht danach. Er dachte sich eine andere Beschäftigung nach seinem Geschmack aus: dreijährige Hengste an einem Seil im Kreis herumtreiben.

Damals beschäftigte auch eine Barina die Köpfe der Turtschaninows. Sagen wir, sie war die verwegenste Großmutter. Schüttet man einen Berg aus Gold auf sie, dann bleibt kein Stäubchen davon übrig. Diese Barina sah Salomirski mit den Hengsten spielen. „Ich bin doch nicht schlechter als er", denkt sie. „Ich trainiere besser."

Und tatsächlich, sie baute in Scherbakowsk ein ganzes Gestüt auf, und rasch trieb auch sie dreijährige Hengste herum.

Unser Hüttenwerksverwalter kam von außerhalb. Er wurde, warum auch immer, mit „Pan" angesprochen.

Nun, dieser „Pan" hat den Herrschaften erst einmal ein paar Bröckchen hingestreut. Er köderte sie, wie man so sagt, mal mit dem Bestandsverkauf, mal mit Verpfändung. Er befahl, das Erz direkt neben der Fabrik zu nehmen, und Kohle nicht auf den Straßen zu verbrennen. Du siehst, er kratzt den Schotter mit allen Mitteln zusammen. Den brauchen die Barins, und sie reden sich ein: „Am Anfang ist es immer so. Später wird es bessergehen."

Der Hüttenwerksverwalter sieht, dass die Herrschaften von ihm überzeugt sind. Er bediente sich und blendete sie, so viel er konnte. Dann hat der Hundesohn das Unternehmen verschuldet, das ganze Volk um Hab und Gut gebracht, sich die Mütze aufgesetzt, ja, und hat kehrtgemacht.

„Ich hätte mir gern ewig Ihre Hengste und Stuten angeschaut, aber dafür habe ich keine Zeit. Ich habe zwei Grundstücke gekauft - die muss ich bewirtschaften."

Es kam fast zu einer Schlägerei zwischen den Barins. Der eine beschuldigt den anderen. Sie können sich nicht einigen und riefen das Gericht an. Dann kamen sie in ihrem beschränkten Geist auf die Idee, getrennt in zwei Bereichen zu wirtschaften. In der einen Hälfte wurde ein Hüttenwerksverwalter eingesetzt, in der anderen ein anderer. Das gleiche machten sie für die untere Leitung. Der eine sagt dies, der andere sagt das. Sie verwirrten die Menschen und brachten sie dann gegeneinander auf. Das heißt, die einen wurden „Turtschaninower", die anderen „Salomirskis". Mit einem Wort, die Sache war verfahren. Und das Schlimmste aber war, dass es um einen Bodenschatz ging, ein Malachiterzvorkommen.

Sie sorgten sich nicht, wie das Erz zu finden und zu fördern wäre, sondern wie die Entdeckung dem anderen Herrn zu verheimlichen sei. Jeder dachte bei sich selbst: neigt sich das Schicksal auf meine Seite, werde ich ein Bergwerk an dem neuen Fundort eröffnen.

Zu dieser Zeit war Sanko Maslitschko Obersteiger bei Barin Salomirski. Der Mann war durchtrieben, hinter allem war er her, allein er verstand etwas von der Sache. Für die Bergleute und die Schürfer jedoch war er der Gemeinste von allen.

Bei den Turtschaninows war Jaschka Sorko Steiger. Dieser war die falsche Wahl für eine solche Stelle. Er war natürlich schon seit seiner Jugend in den Bergwerken, aber um herauszufinden, wer herumlungert. Nun, er war eine Lachnummer.

Ein Kerl wie ein Bulle, und sein Gesicht hätte man nicht erfinden können: So rot wie eine Rübe und darauf weiße Haarbüschel. Kalkige Stellen dort, wo den Männern die Haare wachsen. Und auf dem Kopf sind diese Büschel ausgefallen. Deshalb hieß er „der Glatzkopf".

Im Allgemeinen ist das belanglos. Wer weiß, was einem Mann alles passieren kann. Aber Jaschka prahlte vor dem Volk.

„Ich bin ein Vorgesetzter", soll er sich aufgespielt haben, „und wer bist du?" Nun, Jaschka war nicht beliebt. Auch vor den Bergleuten hat er sich wichtig gemacht.

„Mich kann man nicht täuschen", schrie er. „Ich durchschaue alle eure Tricks schon von Weitem!"

Geschenkt, ein Blinder bleibt blind. Jaschka war kurzsichtig. Wenn er schrieb, war er mit der Nase über der Tinte. Die Bergleute nannten ihn wegen seiner Prahlerei auch „Sorko", „den Scharfsichtigen". Ab und zu wurde er verspottet:

„Unser Sorko verwechselt sicher nicht den Handschuh mit der Mütze. Er kann einen Arschin[388] weit in den Boden sehen."

Jemand bläst diesen Spruch in das Ohr von Barina Turtschaninowa. Sie, die bekanntlich alles in Beschlag nimmt, griff danach:

„Wo hält sich dieser Mensch auf?"

Man sagte ihr, dass er angeblich in dem und dem Bergwerk in der Umgebung tätig sei. Die Barina rief Jaschka herbei und fragte:

„Du kannst wirklich einen Arschin weit in den Boden sehen?"

Jaschka will der Barina nichts von seinem Pech mit den Augen erzählen, also antwortet er:

„Wenn ich mich bücke, kann ich jeden Stein sehen."

Die Barina war erfreut. „Du bist der, den ich brauche", schreit sie. „Du wirst Obersteiger in meiner Hälfte werden."

Das ist schmeichelhaft für Jaschkas kleinen Verstand. „Ich bin erfreut", sagt er, „ich werde mich bemühen." Die Barina ermahnt ihn: „Sorge dafür, dass niemand von Salomirski herumstreicht, wenn du ein neues Erzvorkommen findest!"

Jaschka Sorko wedelte verständlicherweise mit dem Schwanz.

„Seien Sie unbesorgt! Seien Sie unbesorgt! Was ich entdecken werde, kann kein einziger Hund von Salomirski erschnüffeln."

So wurde Jaschka Obersteiger in der Hälfte der Turtschaninows, erzählte man. Zuerst hatte er ein wenig Angst. Immer wieder bringt er der Barina ein Beutelchen mit Steinchen aus irgendeinem alten Bergwerk. Er machte ihr vor, dass er diese Stücke entdeckt habe, so wird es jedenfalls erzählt.

Es gab nur ein Thema bei der Barina:

„Pass auf, dass keiner von Salomirskis Leuten das herausfindet.

---

388 1 Arschin = 71,12 cm

Wenn der Prozess[389] vorbei ist, zeigst du mir diesen Platz."

Nun, wenn der Prozess vorbei ist! Jaschka Sorko sieht, dass es sich um einen langwierigen Fall handelt und wird mutiger. Hoch zu Ross reitet er durch das ganze Fabrikdorf – und mehr nicht. Er trägt eine Brille, kein Lorgnon, doch seine Augen blinzeln immer noch so, als ob er schlecht sieht.

Wann immer Bergarbeiter zusammenstehen, zeigen sie Jaschka die Feige[390], und sie ziehen ihn auf:

„Respekt, Jakow Iwanitsch! Alle Leute der Siedlung haben gehört, dass du jetzt irgendwie weit sehen kannst!"

Jaschka Sorko, natürlich, die Nase ist oben. Er streicht sich über die Lippen.

„Macht mir nichts vor, und dreht die Sache nicht um. Ihr kennt mich vielleicht, ich lasse mich nicht von Kleinigkeiten aufhalten."

Flugs treibt ein Bergmann seinen Scherz mit Jaschka und sagt:

„Sieh dich in der Gabejewka um, auf der fünften Werst. Mein Großvater hat mir da was erzählt."

Ein anderer wiederum redet über Anzeichen, die es am Birkenwall geben soll. Nun, jeder erzählt was anderes ... Was man sich so ausdenkt.

Jaschka ist auch ein Tüchtiger, der die Ordnung aufrecht hält. Es sieht so aus, als ob er auf die Andeutungen nicht reagiert, aber heimlich geht er ihnen nach. Er besucht die Orte einen nach dem anderen. Die Bergleute finden das lustig.

Einmal während einer solchen Unterhaltung sagt einer der Bergleute:

„Was sind das für Sachen, Kinder, ihr kommt zu Jakow Iwanitsch mit Lappalien. Für ihn zeigt sich das Kupfererz von ganz allein, so, dass wir darauf spucken. Wenn er die Witwe Schawricha heiratet, wird sie ihm ein Männerloch mit Malachit zeigen - das ist schon alles. Dann haben wir ein Kupfererzbergwerk auf unserer Hälfte, mit Erz, noch reiner als das aus Gumeschewsk. Wird man sie „Jakowlewski-Zeche"

---

389 Die Nachkommen des Unternehmensgründers stritten sich nach dessen Tod mehrere Jahrzehnte vor Gericht um das Erbe.

390 Obszöne Geste

oder vielleicht „Sorkowski-Grube" nennen? Was würde dir besser gefallen, Jakow Iwanitsch?"

Wie üblich tut Jaschka so, als ob er das Gespräch nicht mitbekommen hat und denkt: sie könnten recht haben. Es gab das Gerücht, dass der verstorbene Schawrin irgendwo eine Malachitgrube hatte. Vielleicht weiß die Witwe wirklich Bescheid.

Jaschka war schon in den Jahren und unverheiratet. Die Mädchen neckten ihn, und er würde jede Witwe heiraten, die er finden konnte. Von dieser Schawricha war er sehr angetan. Die Sache mit der Hochzeit rückte heran, aber da wurde Jaschka von der Barina zum Obersteiger ernannt. Er hielt es nun unter seiner Würde, eine Witwe aus ärmlichen Verhältnissen zu heiraten. Sofort vergaß er den Weg zu der Straße, in der diese Schawricha wohnte. Mehr als zwei Jahre war er nicht dort. Dann hat er sich erinnert, ist dorthin geritten und soll sich wieder gebrüstet haben: „Du kennst unsereinen! Ich bin nicht irgendwer, sondern der Obersteiger!"

Zu der Zeit wuchs bei der Witwe deren Tochter Ustja heran. Sie war in dem Alter, in dem Mädchen verheiratet werden. Jaschka Sorko war zwar kurzsichtig, aber auch er hat die Tochter entdeckt und schnell seine Fühler nach ihr ausgestreckt. Als die Mutter sieht, welche Wendung eingetreten ist, leistet sie keinen Widerstand. Sie freut sich sogar darüber.

„Sieh an", soll sie gesagt haben, „welches Glück die Ustja hat! Schau, und ich werde in Frieden hinter dem Rücken von Jakow Iwanitsch leben, und niemand wird mir Angst machen. Er ist ein echter Vorgesetzter, allein er vergaß, wie man zu Fuß unterwegs ist und bewegte sich immer nur zu Pferd."

Schawricha hatte auch ihre Gründe, so zu denken. Ihr Mann, der selig Verblichene, war ein selbstständiger Charakter. Ein Unbeugsamer. Deshalb, so erzählte man, ging er „auf die Bretter". Seht mal, er beschäftigte sich mit Malachit, und es ging das Gerücht um, er hätte seine Grube irgendwo ganz in der Nähe der Fabrik.

Nun, die herrschaftlichen Schnüffler ließen ihn nicht aus den Augen. Einmal erwischten sie ihn fast, aber Schawrin fing es schlau an und harrte im Sumpf aus. Hier wurde er auch krank. Und als er starb, begannen sie, seine Frau zu bedrängen:

„Sag uns, wo die Malachitgrube ist!"

Schawricha war eine sanfte Frau. Es kann sein, dass sie nichts über die Angelegenheiten ihres Mannes wusste - was soll sie sagen? Sie spricht die Wahrheit, aber man bedrängt sie immer stärker:

„Erzähle!" ... „Wie du willst!"

Sie bedrohten sie auf jede Weise, sie schüchterten sie ein, steckten sie ins Gefängnis und schlugen sie mit Peitschen. Mit einem Wort, sie haben sie gequält. Sie hat sich kaum gewehrt. Seitdem hat sie fürchterliche Angst vor den Schlägern des Barin.

Die Ustja dieser Witwe ist, wie man sagt, weder ihrer Mutter noch ihrem Vater ähnlich. Von morgens bis abends ist sie bei der Arbeit, ihre Kleidung ist ärmlich, doch sie singt immer. Es gibt niemanden in der Fabrik, der fröhlicher ist als dieses Mädchen. Ustja war die erste, die während der Feste draußen auf dem Platz vor den Toren der Fabrik sang. Deshalb wurde sie auch „Ustja Nachtigall" genannt. Sie tanzte sehr gern, jedoch am liebsten allein. Sie war eine Meisterin im Scherzen, aber über jemanden spotten, das erlaube sie nicht. Auch sich selbst gegenüber war sie streng. Mit einem Wort, sie glich einer lebenden Blume, ein Trost.

Hinter diesem Mädchen reihten sich trotz seines armen Lebens die Verehrer – und da kommt einer im jungen Eschenmonat auf seinem falben Wallach angeritten: Jaschka Sorko Glatzkopf! Natürlich wollte Ustenka gleich seinen Antrag abwehren. Sie machte ihn lächerlich. Einzig Jaschka verhielt sich ganz ruhig. Spucke ihm in die Augen, wie es heißt, und er wird „Gottes Tau" sagen. Doch Ustja lässt sich trotzdem nicht entmutigen.

„Warte", denkt sie, „ich spiele dir einen Streich. Es wird dich nicht noch einmal locken, zu mir zu kommen."

Sie brachte in Erfahrung, wann Jaschka wiederkommen würde, schickte ihre Mutter weg, versammelte die ganze Hütte voll mit Freunden und befestigte ein Seil an der Türschwelle. Als Jaschka Sorko in das Haus kam, zog Ustja an dem Seil, und er fiel mit der Nase auf den Boden, so dass das ganze Geschirr in der Anrichte schepperte. Das Gelächter der Mädchen erhob sich bis an die Zimmerdecke, aber Jaschka verstand es nicht. Er stand auf und sagte:

„Gebt mir nicht die Schuld, Mädels, ich konnte euren Streich nicht vorhersehen. Ich bin es gewohnt, in die Ferne zu blicken, aber zu meinen Füßen habe ich nichts bemerkt."

Was sollte man mit so einem anfangen?

Das andere Mal legte Ustenka einen Rosendorn unter den Sattel von Jaschkas Wallach. Der Wallach war sonst fügsam, aber hier bockte er, und Jaschka flog mit dem Schädel gegen irgendein Tor. Er nahm es jedoch gleichgültig hin.
Ustinjas Freunde waren jetzt besorgt.
„Wie willst du dich wehren, Ustenka! Jaschka hat keine Scham, und sein Kopf ist aus Gusseisen. Schau mal, er hat das Tor fast durchbrochen, und es machte ihm nichts aus."
Und Ustenka war auch traurig.
Nun machten sich die Burschen Gedanken, wie sie dem Mädchen aus seiner Not heraushelfen konnten. Natürlich war das erste, was sie taten, Jaschka Sorko an einem ruhigen Ort abzupassen und ihn zu verprügeln. Ihre Fäuste haben sie selbstverständlich nicht geschont. Nur, Jaschka erholte sich auch davon, und die Leute machten sich keine größeren Sorgen mehr um ihn.

Gewöhnlich waren sich die Herrschaften nie einig, hier aber sind sie einstimmig geworden:
„Sofort herausfinden, wer es gewagt hat, den Obersteiger zu schlagen!"
Denn, wenn das so weitergeht, wird es zu guter Letzt auch für die Barins ungemütlich!

Daher waren die Schnüffler auf beiden Seiten aktiv. Natürlich fand man die Schuldigen nicht, aber viele von denen, die bei der Herrschaft schon in Ungnade standen, mussten den Rücken hinhalten. Auf der Seite von Salomirski schlugen sie mit Stöcken, auf der Seite der Turtschaninows mit einer Peitsche. Was süßer ist, müsst ihr selbst herausfinden.

Viele Leute wurden ausgepeitscht, und ein schwarzer Bursche - ich habe seinen Namen vergessen - wurde auf beiden Seiten ausgepeitscht. Er erwies sich als der Schuldigste von allen.

Über das ganze Geschehen rümpfte Jaschka Sorko nur die Nase. Die Barina dachte sich nun, man sei wütend auf Jaschka, weil er für die fürstliche Hand arbeite. Sie lobt ihn natürlich. Dann fragt sie: „Brauchst du irgendetwas?"

Jaschka, nicht unbescheiden, sagt:

„Heiraten möchte ich. Ein Mädchen aus eurem Gut, Ustinja, die Tochter der Witwe Schawricha."

„Das ist möglich."

Und sie befahl, die Schawricha herbeizuholen. Diese kam angelaufen, und erklärt vor der Barina, dass sie die Heirat angeblich von ganzem Herzen möchte, aber Ustja widersetze sich. „Alt", meint sie, „und kahlköpfig".

Die Barina schrie und keuchte:

„Wie kann sie es wagen! Sich selbst aussuchen, welchen Mann sie bekommt! Ich möchte, dass sie morgen verheiratet wird!"

Zum Glück war gerade Fastenzeit. Nach den Kirchenregeln wurde nicht getraut. Daran hatte die Barina nicht gedacht. Sie rief trotzdem den Priester und sagt:

„Suche das Mädchen auf, und verheirate es sofort! Ohne jede Nachsicht, sieh zu!"

Das schärfte sie ihm ein und fuhr los nach Scherbakowsk, um Hengste anzutreiben.

Schawricha ging nach Hause und verkündete Ustja den Willen der Barina. Ustja rührte sich nicht.

„In Ordnung", sagte sie.

Die mitfühlenden Freundinnen kamen herbeigelaufen und klagten: „Wie es aussieht, wirst du den Glatzkopf heiraten müssen."

„Was kann man tun" erwidert Ustja darauf. „Die Menschen leben auch mit Glatzköpfen."

Die Freundinnen wunderten sich, was mit dem Mädchen geschehen war und liefen davon. Dann erschien der Bräutigam selbst bei Ustja, und trotz alledem begrüßte sie ihn. Jaschka freute sich: „Nun erkennt das Mädchen sein Glück. Jetzt wird die Malachitgrube bald mir gehören."

Gerade als er darüber nachdachte, spricht ihn Ustjucha an: „Die Leute fragen mich, ob ich etwas über die Malachitgrube meines Vaters weiß, aber ich schweige."

Jaschkas Schädel fing an zu summen: „Das musst du auch! Das musst du auch! Erzähle niemandem etwas, nur mir!"

„Gerade vor dir fürchte ich mich besonders, darüber zu sprechen", antwortet Ustenka. „Dann wirst du mich noch abweisen, und die Leute werden mich verspotten."

Jaschka beschwor sie: „Ich werde dich niemals abweisen! Sogar die Barina hat es befohlen. Wie kann man sich dem Befehl der Herrin widersetzen?"

Ustenka zögerte noch ein wenig, dann sagte sie: „Das ist eine verquickte Sache, Jakow Iwanitsch, es könnte sein, dass sie für dich nicht gut ausgeht."

Jaschka spielte den Tapferen. „Ich habe vor niemandem Angst. Zeige mir die Stelle!"

„Das ist es ja eben", antwortete Ustenka, „Niemand kennt den Ort, an dem sich das Malachiterz befindet. Aber ich kann dir sagen, zu welcher Zeit und wo die Stimme zu hören ist."

Er fragt: „Welche Stimme?"

„Diejenige, die auf den Bodenschatz hinweist."

Ustenka sprach weiter: „Mein seliger Vater hat oft mit mir darüber geredet. In der Nähe des Kliminsker Bergwerkes gibt es eine bemerkenswerte Birke, so wird erzählt. Sie ist vom Schwamm befallen und zerfressen[391] und krümmt sich zu einem Bogen. Nur drei gesunde Ruten sind übriggeblieben, wie drei unter dem Bogen gespannte Pfeile.

Unter dieser Birke muss man sich nachts aufhalten, gerade um die

---

391 Es handelt sich wahrscheinlich um den Birkenporling.

Zeit herum, wenn die Gräser saftig werden: vom Andreas-Tag[392] bis zum Iwan-Kupala-Tag[393]. Du musst einen Besen - einen Badebesen - in den Händen halten und fest auf dem Boden stehen, dich nicht umdrehen, nicht zurückschauen.

Nun hörst du, wie eine Frauenstimme ein Lied singt. Danach wird dich diese Stimme fragen, wer du bist, und warum du gekommen bist. Und während du sprichst, werden Steine und Sand um dich fliegen, und die Stimme wird erneut fragen:

„Welchen brauchst du?"

Sobald du mit der Hand erspürt hast, welchen du unbedingt willst, dann rufe schnell:

„Diesen hier."

Die Stimme wird dir einen Ort nennen. Und von da an ist die Sache ganz einfach.

Ziehe an dieser Stelle am Gras, und eine Fundgrube wird sich öffnen. Es zeigt sich ein Weg in den Berg hinein. Dort gibt es so viel Sand oder Erz wie du willst, sogar ganze Fuhrwerke voll.

Nur unter die Birke musst du dich zu Fuß begeben. Wenn du mit dem Pferd kommst, wirst du nichts hören. Und lass den Badebesen nicht los! Trifft dich ein Stein, musst du es irgendwie ertragen und nicht schreien!"

Nachdem Jaschka dies alles gehört hatte, machte er sich noch am selben Tag auf die Suche nach der Birke. Er hat sie leicht gefunden. Alle Merkmale waren vorhanden.

Am Abend nahm Jaschka einen Sack, steckte den Badebesen hinein und ging zu der besagten Stelle. Nachts im Wald, selbst

---

392 Tag des heiligen Andreas von Kreta, nach Gregorianischem Kalender am 4. Juli. Das Landvolk feiert diesen Tag zudem als Andreas-Naliwy-Tag, weil etwa um die Zeit des Geburtstages des Heiligen das Getreide körnt. Der Hafer hat beispielsweise die Hälfte seiner Erntehöhe erreicht. Die Bauern sagen, die Winterernte „strömt" auf die Felder „ein".

393 Tag des heiligen Iwan, auch Feiertag von Johannes dem Täufer. Nach dem Gregorianischen Kalender wird der Iwan-Kupala-Tag am 7. Juli gefeiert. Es ist das Fest der Sommersonnenwende. Der Name des Tages leitet sich von den russischen Bezeichnungen für Johannes und Baden bzw. Taufen ab.

im Sommer, ist es allein und ohne Feuer langweilig. Nun, Jaschka dachte darüber nicht nach, schon vor Tag und Tau rechnete er sich aus, wie viel ihm von dem abgezapften Erz zufallen wird. Wie ein Klotz steht er da, bewegt sich nicht und hält den Badebesen in den Händen.

Als die stockfinstere Nacht hereingebrochen war hört er eine Frauenstimme singen, leise und ganz in der Nähe, ein unbekanntes Lied. Jaschka konnte daraus nur entnehmen: Geliebter und klare Augen.

Dann fragt die Stimme: „Wer bist du, junger Mann, und warum bist du gekommen?"

Jaschka nennt seinen Namen und erklärt ihr: „Ich möchte Malachiterz haben."

Und die Stimme fragt weiter: „Bist du verheiratet oder ledig?"

„Ledig", sagt Jaschka.

„So, so", sagt die Stimme, „Verheirateten helfe ich nicht."

Dann fragt sie weiter: „Bist du ein Steinschneider oder ein Bergmann?"

„Ich bin Obersteiger!"

„Sieh an!" Die Frau war etwas verwundert.

„Das heißt, du bist also auf allerhand Gebirgsgestein aus? Nicht nur einkassieren, auch noch wählen, wie liebenswürdig."

Dann fielen Steine und Sand auf Jaschka. Sie schlagen ihn so hart, dass er sich nur mit Mühe und Not auf den Beinen halten kann, obwohl er ein vor Gesundheit strotzender Mann ist. So war es ihm weder möglich, Steine auszusuchen, noch in der Dunkelheit einen Stein in die Hand zu bekommen. Eine Platte kam etwas höher herbeigeflogen als die anderen. Jaschka griff danach und schrie ohne zu zögern:

„Diese ist es! Diese hier!"

Dann sagt die Frau: „Also gut. Komm morgen um diese Zeit zum Berg Karas. Dort werde ich dir das Nötige mitteilen."

Und sie erklärte ihm, wo er warten sollte. Danach war die Stimme weg. Jaschka blieb noch eine Weile stehen. Dann fing er an, auf dem Boden herumzutasten und Steine aufzusammeln. Als es hell wurde, war der Sack voll, und er schleppte ihn nach Hause. Er war zufrieden, obwohl auf dem Weg fast die Hälfte der Steine wieder aus dem zerlöcherten Sack herausgefallen war. Jaschka hat es nicht einmal bemerkt, und er sagt auch noch: „Schau an, als ob etwas verlorengegangen ist."

Zu Hause hat er sich die Steine genau angeschaut. Es stellte sich heraus, dass Eisenerz dabei war, aber auch einige Kieselsteine und Malachit. Die Platte, die Jaschka zuerst ergriffen hatte und an seiner Brust versteckte, erwies sich ebenfalls als Malachit – und zwar von höchster Qualität.

Jaschka war froh und vergaß sofort seine blauen Flecken und Wunden.

Zugleich kommen ihm Bedenken: „Wenn nun etwas schiefgeht? Was hat sie über verheiratete Männer gesagt? Ist es in Ordnung, dass ich heiraten werde?"

Jaschka hat schließlich keine Zeit mehr, darüber nachzudenken. In der Morgendämmerung galt es, sich erst einmal umzusehen, denn der Berg Karas lag nicht gerade in der Nähe. Er verdeckte den Sack mit Gesteinsbrocken, aß und ging.

Nicht einen Gedanken richtete er darauf, dass ihn jemand beobachten könnte.

Aber genau an dem Morgen, als Jaschka auf dem Heimweg unter dem Sack stöhnte, sahen ihn Bedienstete und Steinschneider von Salomirski und hoben einen oder zwei Steine auf. Hunde wissen, wie sie sich gegenseitig beißen können. Das heißt, sie brachten diese Steine zu ihrem Herrn.

„Womit lief der Steiger der Turtschaninows auf der Stadtstraße herum, und wohin schaut unser Steiger?"

Der Barin erhob sich nicht schlechter als seine dreijährigen Hengste auf die Hinterbeine, als man ihm berichtete, woher die Steine kamen. Er steckte seinem Steiger Sanko Maslitschko eine Malachitplatte zwischen die Zähne.

„Wie schmeckt dir das!"

Sanko wand sich: „Ich werde mein Bestes tun".

Und der Barin sprach: „Du hast drei Tage! Wenn du bis dahin nichts erfährst, stehst du vom Prügeln nicht wieder auf!"

Jetzt nahm Maslitschko die Beine in die Hand. Als erstes folgte er der Stadtstraße, um zu sehen, ob Jaschka noch dort wäre und ermahnte seine Freunde:

„Behaltet Jaschka im Auge!"

Auf der Stadtstraße fand er nichts.

Als er nach Hause kam, erzählten ihm seine Freunde, in welche Richtung Jaschka gegangen war. Maslitschko stürmte in dieselbe Richtung und erwischte Jaschka; aber kurzsichtig wie dieser war, bemerkte er nichts.

Am Abend schnappte sich Jaschka wieder einen leeren Sack und den Badebesen und machte sich auf den Weg zu dem Berg Karas. Maslitschko schlich hinter ihm her.

Jaschka erreichte schließlich einen großen Stein und blieb dort stehen. Er nahm etwas aus dem Sack und hielt es vor sich hin. Und Maslitschko versteckte sich nicht weit weg von dieser Stelle.

Als die Nacht hereinbrach, leuchtete auf der Wiese neben Jaschka Sorko ein Glühwürmchen auf. Ein anderes kam dazu, ein drittes, und sie breiteten sich aus, so, als ob sie die Erzfundgrube durch einen Ring in der Mitte kennzeichneten. Gerade als Jaschka das Gras hochheben wollte, fragt eine Frauenstimme:

„Was hast du denn da, junger Mann, ist das etwa ein Badebesen?"

Jaschka wusste nicht, was er darauf antworten sollte, also platzte er heraus: „Meine Verlobte hat gesagt, ich soll ihn bei mir tragen."

Die Frau wurde wütend: „Wie kannst du es dann wagen, zu mir zu kommen! Ich habe dir gesagt, dass ich einem verheirateten Mann nicht helfe, und einem Bräutigam helfe ich auch nicht!"

Rasch wird sich Jaschka Sorko drehen und wenden:

„Sei nicht so streng, sei gnädig! Ich bin ein abhängiger Mensch - was soll ich machen! Die Barina hat es mir befohlen. Ich selber denke nur darüber nach, wie ich mich von dieser Braut befreien kann."

„Nun", erwidert die Frau, „zuerst musst du sie loswerden. Dann komm wieder zu mir, nur nicht hierher. Nimm die Straße nach Polewskoi. Kennst du die Grigorjewski-Zeche? Dort siehst du die gleiche Birke, unter der du schon einmal standest. Unter der Birke findest du die Fundgrube. Entferne das Gras über ihr, und nimm so viel wie dir geraten scheint."

Die Frauenstimme verstummte. Jaschka blieb noch eine Weile stehen. Als es hell wurde lief er nach Hause. Maslitschko aber blieb dort am Berg Karas. Er hatte alles gehört, und er wollte sich bei Tag den Ort genau ansehen.

Als Jaschka nach Hause kam, schnappte er sich den Sack mit den Steinen und ging zu seiner Herrin nach Scherbakowsk. Er erzählte ihr, welche Geschichte sich ereignet hatte, und zeigte ihr die Steine. Die Barina begriff sofort und schrie:

„Wage es nicht, mir gegenüber noch einmal das Wort heiraten zu erwähnen! Du musst dich um den Gewinn der Herrschaft kümmern und nicht an Lappalien denken! Und sag dem Popen und dem Hüttenwerksverwalter, sie sollen das nichtsnutzige Mädchen verheiraten, so wie befohlen. Der Hüttenwerksverwalter soll ihr einen solchen Bräutigam suchen, wie er schlechter nicht zu finden ist!"

Jaschka kam nach Hause, übermittelte dem Hüttenwerksverwalter und dem Priester die Anweisung der Barina bezüglich Ustenka und rannte zur Grigorjewski-Zeche. Er suchte bis in die Nacht nach der Birke, konnte sie jedoch nicht finden.

Am nächsten Tag das Gleiche. Und so ging es weiter. Er lief von morgens bis abends auf dem Bergwerksgelände herum. Darüber vergaß er, dass der Iwan-Kupala-Tag schon lange vorbei war.

Die Menschen machten sich lustig. Bis zum Winter war die Sache abgetan, aber Jaschka stapft immer noch in der Zeche herum und sucht nach einer krummen Birke. Birken sind selten gebogen, sondern überwiegend gerade. Unter der Birke, die Jaschka Sorko in seiner Blindheit als krumm erscheint, steht er bis zur Nacht. Dann schickt er sich an, das Gras herauszureißen. Ringsherum fegt er alles blitzblank. Aber die Fundgrube kommt nicht zum Vorschein.

Mit einem Wort, er hat den Verstand verloren. Er ist ein Narr geworden; wegen seiner Gier. Schließlich versuchte die Barina noch, Jaschka zur Vernunft zu bringen. Sie ließ ihn auspeitschen unter dem Vorwand, dass er den Malachitfundort an Salomirski verraten habe, aber auch das ergab nichts. Man erzählt, dass Jaschka auf dem Gelände der Grigorjewski-Zeche unter einer Birke erfroren sei.

Und Sanko Maslitschko fanden sie tot auf dem Berg Karas. Ein Bündel aus Birkenholz wurde neben ihm zurückgelassen. Das Bündel selbst war glatt und ganz leicht, aber man sah, dass es von einer schweren Hand benutzt wurde. Es kann sein, dass Maslitschko der Birke mit dem gespannten Bogen einfach viel zu nahekam, oder jemandem auf andere Weise gefährlich wurde. Jedenfalls wurde er da erschlagen. Etwas anderes wäre auch denkbar. Es gab viele Gründe.

Barin Salomirski hat in dem Fall eine Klage eingereicht:
„Die Turtschaninows haben meinen Obersteiger erschlagen und das Malachiterz eingesteckt."
Die Turtschaninows gerade das Gegenteil:
„Salomirski hat unseren Obersteiger in den Wahnsinn getrieben und den Bodenschatz gestohlen."
Dann haben sie natürlich auf jeder Hälfte neue Steiger eingesetzt, aber ihre Aufträge sind immer noch dieselben:
„Haltet die Augen offen! Es darf nicht sein, dass die andere Seite etwas findet!"

Und so waren sie schnell bemüht, es den Wölfen gleichzutun. Sie denken nur darüber nach, ihren Teil zu bewahren und den fremden an sich zu reißen. Teuren Sand zu verschütten, betrachten sie als Belanglosigkeit, in der Wüste suchen sie nach Goldsand, oder sie verlegen Steine, wo es nicht nötig ist, und so weiter. Sie handeln ohne Verstand, kurz gesagt, sie zerreißen ganze Fäden.

Ist dagegen einem Schürfer an einem neuen Ort das Glück hold, wird er in das Büro des Verwalters gerufen. Dort gibt es eine Ansage:

„Aufhören und alles vergessen, sonst... Verstanden!"

Und wie kannst du das nicht verstehen, wenn es sich um eine alltägliche Sache handelt? Wer sich widersetzt, wird mit seiner Familie in weit entfernte Bergwerke vertrieben, zum Soldaten gemacht oder nach Sibirien geschickt, und das war's. Aber wer sich fügt, der bekommt ein Glas Wein und einen Silberrubel. Das ist leicht zu verstehen. So

gab man auf und vergaß. Manch einen hat man vielleicht ganz und
gar begraben und vergessen. Und du wirst nichts finden!

Über allem hört das Gerede über die Grasfalle nicht auf. Es wird
immer wieder belebt.

Beerensammlerinnen oder andere Leute beobachteten einen Mann ...
Dieser fuhr mit einem Fuhrwerk auf einem abgemähten, ebenen Gelände
vor. Dort entfernte er das Gras vom Boden, und die Fundgrube öffnete
sich. Der Mann stieg hinab in die Grube, stibitzte das Malachiterz und
lud es auf das Fuhrwerk. Dann verschloss er die Öffnung und fuhr leise
davon. Die Grube war wieder unter dem Gras verschwunden ...

Und was gibt es über Ustenka zu sagen? Seit Petrowka[394] ist sie verheiratet. Der Hüttenwerksverwalter hat nicht einmal nachgedacht,
wen sie heiraten sollte, und er verwies den Popen an den schwarzen
Burschen, der wegen Jaschka von beiden Parteien ausgepeitscht wurde.
Er sagte einfach zu dem Popen:

„Einen Schuldigeren als ihn habe ich nicht. Er ist einer, der überhaupt nicht mehr gehorcht. Wäre er kein guter Steinschneider gewesen,
hätte ich ihn schon längst unter die rote Kappe genommen!"

Dem Priester war es egal, von wem er das Geld bekam. Er verheiratete wie befohlen, und Ustenka hatte nichts dagegen. Sie heiratete
fröhlich und, wie man hört, bereute sie es auch nicht. Bis ins hohe
Alter gab sie ihre mädchenhaften Gewohnheiten nicht auf. Wann
immer in der Fabrik ein Lied erklang, wusste man, es singt Ustja,
„die Nachtigall".

Sie hatte ein gutes Leben mit ihrem Mann. Er war Steinschneider,
und die Kinder gingen in das gleiche Gewerbe. Shelesko, der heutzutage in Sysert allen bekannte Malachitmeister, stammt aus derselben
Familie. Er ist Ustjas Urenkel.

Diejenigen, die die Geschichte über die Nachtigall und den

---

394 Petrowka oder der Tag des Heiligen Petrus, Metropolit und Schutzpatron von Moskau, wird jährlich am 6. September gefeiert.

Obersteiger Jaschka Sorko kennen, glauben felsenfest, dass dieser Shelesko etwas über die Grasfalle weiß. Sie fragen ihn: Sag mal, an welchem Ort könnte sie sein?

Aber Shelesko ist eben Shelesko: Er lässt sich nicht ausquetschen. Viele haben schon versucht, ihn unter den Tisch zu trinken, jedoch umsonst. Die Leute erzählen, dieser Shelesko würde trinken, als ob Wasser in Sand gegossen wird. Alle sind hinüber, die Beine von sich gestreckt, die Worte auf der Zunge, aber Shelesko ist innen und außen trocken und lacht auch noch:

„Freunde, soll ich euch eine Geschichte über die Grasfalle erzählen? Wo ist sie zu suchen, auf welcher Seite ist sie zu öffnen, damit die Herren es nicht sehen?"

Genau so ist er, Ustjas Urenkel! Und wie kann man es ihm verdenken, dass er so ist.

Sobald du dich nämlich verplapperst, eröffnen sie an der Stelle ein Bergwerk, und woher soll man die Steine für die eigenen Arbeiten nehmen? Die Leute sagen, Shelesko ist unerschütterlich.

„Sucht doch selbst nach der Grasfalle!"

Nun, sie ist nicht leicht zu finden. Offenbar hat hier irgendjemand mit Verstand geschickt geholfen, dass die herrschaftlichen Steiger ihre Spur verloren haben. Auch ihr müsst den Verstand nutzen. Denn, genau besehen, gibt es sie, diese Grasfalle. Es gibt Menschen, die immer mal Kleinigkeiten aus ihr herausholen. Wirklich. Wer von euch die Gelegenheit hat, an den Fundort eines Bodenschatzes zu kommen, soll sich das merken.

Was mich betrifft, deuten die Anzeichen mehr auf den Berg Karas. Auf diesen Berg und den Karas-See sollte man ein wachsames Auge haben! Oder?

Was meint ihr dazu?

Bibliographie

Alexander von Humboldt. Minerale und Gesteine im Museum für Naturkunde Berlin. Göttingen 2019

Alexander, M. und Stökl, G.: Russische Geschichte. Hamburg 2018

Amburger, Erik: Die Anwerbung ausländischer Arbeitskräfte für die Wirtschaft Russlands vom 15. Bis ins 19. Jhd., Wiesbaden 1968

Amburger, Erik: Fremde und Einheimische im Wirtschafts- und Kulturleben des neuzeitlichen Rußlands. Wiesbaden 1982

Amburger, Erik: Geschichte der Behördenorganisation Russlands von Peter dem Großen bis 1917. Leiden: Brill 1966

Anatolevna, M. I.: Russkije predprinimateli. Dvigateli progressa. Turčaninov Aleksej Fedorovič. 1704/05 - 1787. www.staff.wikireading.ru, zuletzt abgerufen am 11.3.2022

Armstrong, Karen: Eine kurze Geschichte des Mythos. Berlin 2005

Aust, Martin: Die russische Revolution. München 2017

Barne, Ian: Ruheloses Russland. Darmstadt 2016

Bashow, P. P.: Die Malachitschatulle. Märchen aus dem Ural. Verlag für fremdsprachige Literatur. Moskau 1960

Bashow, P. P.: Malachitovaja Škatulka. Moskva: Chudosžestvennaja Literatura 1992

Bashow, Pawel P.: Die Steinerne Blume. LeiV Leipzig 2001

Berdjajew, Nikolai: Wahrheit und Lüge des Kommunismus. Edition Neue Mitte. Wien 1977

Bergbau und Bergleute. Wir-Verlag Walter Weller. Aalen 1987

Blazhes, V. V.: K istorii sozdaniya bazhovskih skazov. [To the history of creating Bazhov"s tales.] Jekatarinburg 2003. https://elar.urfu.ru/handle/10995/24155, zuletzt abgerufen am 24.11.2023

Bobrichin, A. A.: Vklad P. P. Bashova v formirovanie uralskoj identičnosti // Novoje slovo v nauke: perspektivi rasvitija. https://www.academia. edu/14711483, zuletzt abgerufen am 11.3.2023

Bol"šaja Sovetskaja Enciklopedija. Dritte Auflage. Moskva 1970

Brauns, Reinhard: Das Mineralreich. Stuttgart, Fritz Lehmann, 1903

Brauns, Reinhard (Hrg.) und Fuchs, C.W.C.: Anleitung zum Bestimmen der Mineralien. Reprint 2020

Bulgakow, Michail: Kleine Prosa. Bürgerkriegserzählungen. Berlin 1983 Čerkasova A. S. (Hsg.): Krest"jansvo Urala v epochu feodalizma. Sbornik naučnych trudov. Sverdlovsk 1988. https:www.asu.ru/files/documents/00017667, zuletzt abgerufen am 2.12.2021

Cherniavsky, Michael: Tsar and People. Studies in Russian Myths. New Haven and London. 1962

Čumanov, A., Koževnikov, A. i. drug.: Malachitovaja provincija. Kulturno-istoričeskie očerki. Jekaterinburg 2001

Cvetkovski, Roland: Modernisierung durch Beschleunigung. Raum und Mobilität im Zarenreich. Frankfurt am Main 2006

Die Edelsteinblume. Sagen aus dem Ural, gesammelt von Pawel Bashow. Stuttgart: Urachhaus, 1990

Donnert, Erich: Peter der Große. Leipzig 1988

Dostojewski, F. M.: Tagebuch eines Schriftstellers. Notierte Gedanken. München 1992

Engelmann, Johannes: Die Leibeigenschaft in Russland. Eine rechtshistorische Studie. Verlag von Duncker und Humblot, Leipzig 1884

Falk, Johann Peter: Beyträge zur topographischen Kenntniß des Rußischen Reichs. Band I-III. Akademie der Wissenschaften, Berlin 1785

Fedorowski, Wladimir: Der Kreml. Russland und seine Herrscher. München 2005

Fleischhauer, Ingeborg: Die Deutschen im Zarenreich. 2 Jahrhunderte deutsch-russischer Kulturgemeinschaft. Stuttgart 1986

Figes, Orlando: Die Tragödie eines Volkes. Berlin 1998

Figes, Orlando: Eine Geschichte Russlands. Stuttgart 2022

Fischer, Walther: Gesteins- und Lagerstättenbildung im Wandel der wissenschaftlichen Anschauung. Stuttgart 1961

Gamma Handels- und Consulting GmbH (Hrsg.): Unbekannte Schätze Russlands. Berlin 1998

Gel"gardt, R. R.: Fantastičeskie obrazy gornjackich skazok i legend. In: Russkij Fol"klor. Materialy i issledovanija. Moskva i Leningrad 1961. www.lib2.pushkinskijdom.ru, zuletzt abgerufen am 24.11.2023

Gogol, Nikolai: Die toten Seelen. Zürich 1977

Gontscharow, Iwan: Oblomow. München 2012

Graßhoff, A. (Hrsg): Katharina II. Memoiren. 2 Bde. München 1987

Grigor"ev, G. A.: Istoricheskie vzgljady P.P. Bazhova. In: P.P. Bazhov – vchera, segodnja, zavtra. Jekaterinburg 2014. https://urfu.ru/ Izvestia_2014_2_S2_02.07_all_281_29, zuletzt abgerufen am 24.11.2023

Grossmann, Wassili: Alles fließt. Berlin 1990

Helden. Geschichte in Meisterwerken Uraler Steinkünstler. www.stonecarving.ru, zuletzt abgerufen am 14.4.2021

Helmert, Gundula: Der Staatsbegriff im petrinischen Russland. Berlin 1996

Hildermeier, Manfred: Die rückständige Großmacht. Russland und der Westen. München 2022

Hildermeier, Manfred: Ständeordnung und sozialer Wandel. Russland in der Frühphase der Industrialisierung. In: Geschichte und Gesellschaft, 5 (3), 1979

Hochleitner, R., Philipsborn, H., Weiner, K.: Minerale. Bestimmen nach äußeren Kennzeichen. Stuttgart 1996

Hoffmann, E.T.A.: Die Bergwerke zu Falun. Reclams Universal-Bibliothek. Stuttgart 2021

Hollenweger, Walter J.: Umgang mit Mythen. Interkulturelle Theologie. München 1992

Hue, Otto: Die Bergarbeiter. Historische Darstellung der Bergarbeiter-Verhältnisse von der Ältesten bis in die Neueste Zeit. Band 1. Stuttgart 1910 und FB &c Ltd. London 2017

Ivanov, P. A.: Kratkaja istorija upravlenija gornoj čast" ju na Urale.

Jekaterinburg 1900. http://elib.uraic.ru/handle/123456789/40165, zuletzt abgerufen am 10.3.2023

Jekaterinburg: Kabinetny Uchenity, 2019). http://elar.uspu.ru/handle/uspu/16048, zuletzt abgerufen am 20.11.2023

Kantorovič, Jakov: Zakony o sostojanijach. Sankt Petersburg 1911

Kappeler, Andreas: Russische Geschichte. Siebente Auflage. München 2016

Kapustin, W. G. und Kornev, I. N.: Geografija Sverdlovskoj Oblasti. Jekaterinburg 1997

Kruglova, T. A.: P. P. Bažov i socialističeskij realizm. Tvorčestvo Bažova v menjajuščemsja mire, pod red. V.V. Blažesa. Jekaterinburg 2004
Kolesar, Peter; Tvrdy, Jaromir: Zarenschätze. Haltern: Bode Verlag 2006

Kubasov, A. V.: Encyclopedia of One Book. „The Malachite Casket" by P. P. Bashow (Review of the book: „The Malachite Casket" by Pavel Petrovich Bazhov / D. V. Zherdev, M. A. Litovskaya, E. A. Fedotova. Moscow,

Lepechin, I. I.: Tagebuch der Reise durch verschiedene Provinzen des russischen Reiches im Jahr 1770. Zweiter Teil. Altenburg 1775

Levkievskaja, Elena: Mify russkogo naroda. Moskva: Astrel" [u.a.], 2005

Levkievskaja, Elena: V kraju domovych i lešich. Personaži russkich mifov. Moskva: OGI 2009

Lipovetsky, M: The uncanny in Bazhovs Tales. Questio Rossica 2014, Nr. 2 http://hdl.handle.net/10995/27732, zuletzt abgerufen am 24.11.2023

Litvinenko, V. S., Paškevič, N. V., Poljarnaja, Ž. A.: Nacional"nyj mineral"no-syr"evoj universitet "Gornyj". SPb, "GALART", Sankt Petersburg 2013

Mamaeva, N. I.: Istorija roda Turčaninovych v cikle skazov P. P. Bažova „Malachitovaja Škatulkam". Material der wissenschaftlichen Konferenz der Uralischen Staatlichen Universität Jekaterinburg 2004 anlässlich des 125. Geburtstages von Pawel Bashow. http://elib.uraic.ru/handle/123456789/1103, zuletzt abgerufen am 10.11.2022

Massie, Robert K.: Peter der Große. Sein Leben und seine Zeit. Frankfurt am Main 1984

Materialsammlung der 10. Tatischtschew-Konferenz. Jekaterinburg 2016. https://uole-museum.ru/wp-content/uploads/2016/10/sbornik-materialov-Desyatyh-Tatishhevskih-chtenij.pdf

Metallurgičeskije Zavody Urala. XVII-XX W.W. Enciklopedija. Jekaterinburg 2001

Müller, Erich: Peter der Große und sein Hof: Biographie, Anekdoten, Briefe, Dokumente. Eine Sittengeschichte des russischen und europäischen Barock. Düsseldorf 1926

Münkler, Herfried: Die Deutschen und ihre Mythen. Berlin 2011

Nachamkin, S.: Egor Gajdar: „U menja korni, kotorymi možno gordit"sja". Izvestia-Nauka, 2004. http://izvestia.ru/news/286028#ixzz2viSHDnio, zuletzt abgerufen am 8.7.2023

Neef, Christian: Der Trompeter von Sankt Petersburg. München 2019

Nekljudov, E. G.: Gornaja reforma v Rossii vtoroj poloviny 19. - načala 20 V. Ot zamysla k realizacii. Sankt Petesburg 2020. https://elar.urfu. ru/10995/86069/1/iurg-2020-198-12, zuletzt abgerufen am 10.1.2021

Neukirchen, Florian: Edelsteine – Brilliante Zeugen für die Erforschung der Erde. Akademischer Verlag Springer Spektrum. 2012

Palache, C., Berman, H., Frondel, C.: The System of Mineralogy of James Dwight Dana and Edward Salisbury Dana. Yale University 1837-1892, Volume II. 1951

Pallas, Peter Simon: Reise durch verschiedene Provinzen des russischen Reiches. Erster Teil, Sankt Petersburg 1771

Pallas, Peter Simon: Reise durch verschiedene Provinzen des russischen Reiches. Zweiter Teil, Frankfurt und Leipzig, 1777

Peter der Große und seine Zeit. Marburg 1972

Prikazčikova, E. E.: Kamennaja Sila mednych gor Urala. Jekaterinburg 2003, http://hdl.handle.net/10995/24166, zuletzt abgerufen am 24.11.2023

Rose, G.: Mineralogisch-geognostische Reise nach dem Ural, dem Altai und dem Kaspischen Meere. Erster Band. Berlin: Sandersche Buchhandlung 1837

Slovcova, I., Slovcov, S.: Krestnik Solnca. LEMA Sankt Petersburg, 2018

Steuer, H. und Zimmermann, U.: Alter Bergbau in Deutschland. Sonderausgabe. Hamburg 2000

Švabauer, N .A.: Tipologija fantastičeskich personažej v folklore gornorabočich Zapadnoj Evropy i Rossii. Dissertacija. Jekaterinburg: UGU, 2002

Thomas, Ludmilla: Geschichte Sibiriens. Von den Anfängen bis zur Gegenwart. Berlin 1982

Tolstoi, Lew: Polikuschka. Frühe Erzählungen. Berlin 1983

Troyat, Henri: Peter der Große. Eine Biographie. Manfred Pawlak Verlagsgesellschaft mbH, Herrsching 1990

Tuchtenhagen, Ralph: Die Ural-Aufstände 1754-1766. In: Löwe, Heinz-Dietrich: Volksaufstände in Russland. Von der Zeit der Wirren bis zur „Grünen Revolution" gegen die Sowjetherrschaft. Wiesbaden 2006

Tugan-Baranowski, M.: Geschichte der russischen Fabrik. In: Sozialgeschichtliche Forschungen. Ergänzungshefte zur Zeitschrift für Sozial- und Wirtschaftsgeschichte, Heft V/VI, Deutsche Ausgabe. Berlin 1900

Waechter, Matthias: Mythos, Version: 1.0 in: http://docupedia.de/zg/waechter_mythos_v1_de_2010, zuletzt abgerufen am 2.7.2022

Im Kupferberg eins, Collage, 30,5x12, 2019

Heide Damaschun

nach dem Studium der Außenwirtschaft beschäftigt in Berliner Handelsbetrieben # Auslandsaufenthalte, überwiegend in Moskau # Promotion an der Humboldt-Universität zu Berlin # wissenschaftliche Assistentin und Dozentin # veröffentlichte sozialwissenschaftliche Publikationen, u.a. die Bibliographie der Zeitschrift „Sowjetwissenschaft" # Arbeit im Verlag Volk und Welt # beteiligt an der Gründung der sozialwissenschaftlichen Zeitschrift „Berliner Debatte INITIAL" # Redakteurin sowie Herausgeberin # übersetzt aus dem Russischen # führt Interviews mit Berliner Künstlerinnen # ist Verfasserin von Kurzgeschichten und Reden.

Marika Voss

seit Abschluss der Studien bei Arno Mohr und Fritz Dähn an der Berliner Kunsthochschule als Malerin sowie Grafikerin in Berlin tätig # gehört zu den Vertreterinnen der figurativen zeitgenössischen bildenden Kunst # ihr Oeuvre reicht von Ölgemälden über Aquarelle, Lithografien, Zeichnungen, Collagen bis zu Skulpturen # zahlreiche Ausstellungen im In- und Ausland # private Sammler in Deutschland und Österreich kaufen und schätzen ihre Lithografien # Kunstwerke von Marika Voss befinden sich im privaten und öffentlichen Besitz, unter anderem im Märkischen Museum Berlin, in der Berlinischen Galerie sowie der Verwaltung der Stadt Berlin.

Herrin des Kupferberges sechs, Collage, 14x10, 2019

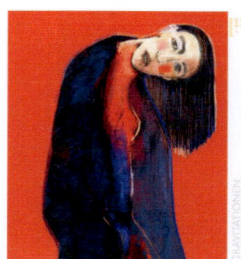

Nicht aus Adams Rippe

Michèle Meister / Boris Pfeiffer
Nicht aus Adams Rippe
Gravitationen 1 von 4

Die in Australien lebende Künstlerin Michèle Meister und der in Deutschland lebende Kinderbuchautor und Dichter Boris Pfeiffer legen nach ihrem Punk Band "Lockdown - ein C-movie" den ersten von vier Bänden ihres Werks aus Malerei und Gedicht der Jahre 1979 bis heute vor: "Nicht aus Adams Rippe".
In den Gedichten des ersten Bandes: Das Aufwachsen eines Jungen in Berlin, das Mannwerden, das Menschwerden, Liebe, Einsamkeit, Sehnsucht nach der verlorenen, weitentfernten Mutter, Begegnungen in der Großstadt, Streifzüge in die Generationen, Menschengestalten, Naturfetzen und urbane Details mit Liebe und Offenheit. In den Bildern in tiefer weiblicher Perspektive Traumschwere Visionen voller Zärtlichkeit und Härte, öffnende Hingebungen ans Leben, farbbeseelte Aufschreie, Geschenke der Empfängnis, Bildergeburten der eigenen Identität und der der anderen, bereit für das Entsetzen wie für die Liebe, bereit, uns mitfühlen zu lassen, uns frei zu lassen.

Broschiert
158 Seiten
ISBN 9783985301218